COLLOR PRESIDENTE

MARCO ANTONIO VILLA

COLLOR PRESIDENTE

1ª edição

EDITORA RECORD
RIO DE JANEIRO • SÃO PAULO
2016

CIP-BRASIL. CATALOGAÇÃO NA PUBLICAÇÃO
SINDICATO NACIONAL DOS EDITORES DE LIVROS, RJ

V759c
Villa, Marco Antonio, 1955-
Collor presidente: trinta meses de turbulências, reformas, intrigas e corrupção. / Marco Antonio Villa. – 1ª ed. – Rio de Janeiro: Record, 2016.

ISBN 978-85-01-10725-1

1. História do Brasil – política e governo – 1990-1992. 2. Corrupção na política – Brasil. 3. Collor, Fernando, 1949 – impeachment. I. Título.

16-29727

CDD: 320.981
CDU: 32(81)

Copyright © Marco Antonio Villa, 2016

Todos os direitos reservados. Proibida a reprodução, armazenamento ou transmissão de partes deste livro, através de quaisquer meios, sem prévia autorização por escrito.

Texto revisado segundo o novo Acordo Ortográfico da Língua Portuguesa.

Direitos exclusivos desta edição reservados pela
EDITORA RECORD LTDA.
Rua Argentina, 171 – Rio de Janeiro, RJ – 20921-380 – Tel.: (21) 2585-2000.

Impresso no Brasil

ISBN 978-85-01-10725-1

Seja um leitor preferencial Record.
Cadastre-se e receba informações sobre nossos lançamentos e nossas promoções.

EDITORA AFILIADA

Atendimento e venda direta ao leitor:
mdireto@record.com.br ou (21) 2585-2002.

Sumário

Apresentação	7
1. A ascensão	9
2. O poder	25
3. A glória	81
4. A soberba	121
5. A dúvida	149
6. A calmaria	189
7. A vingança	217
8. A decadência	253
9. A queda	289
10. O fim	325
Considerações finais	347
Bibliografia	359

Apresentação

Não é tarefa fácil escrever um livro sobre a Presidência Fernando Collor. A necessidade imperiosa de manter distância do objeto obriga o pesquisador a enfrentar uma bibliografia marcada por uma leitura hegemônica daquela conjuntura histórica, variando somente em alguns matizes. O entendimento de que foi uma presidência complexa, com várias camadas — algumas, inclusive, contrapondo-se às outras —, transforma o historiador em um verdadeiro arqueólogo da política, que tem de efetuar cuidadosos cortes estratigráficos e evitar que a predominância de uma das camadas acabe impossibilitando a compreensão do todo.

Este livro tem a pretensão de recolocar no debate historiográfico os anos 1990-1992. Percorri o caminho tradicional do meu ofício. Fui às fontes primárias e secundárias — algumas delas inéditas — e contei com a colaboração de várias pessoas que participaram daquela conjuntura. Achei indispensável dar voz aos atores do drama, sempre mantendo independência em relação às suas visões. Alguns deles entrevistei várias vezes — e foram sempre muito cordiais nas respostas às minhas indagações. Agradeço a Antonio Cabrera, Antônio Kandir, Antônio Rogério Magri, Celso Lafer, Dora Kramer, Eduardo Teixeira, Etevaldo Dias, Fernando Henrique Cardoso, Francisco Rezek, Gastone Righi, Ibrahim Eris,

João Santana, José Goldemberg, José Gregori, José Serra, Lafaiete Coutinho, Luiz Antonio de Medeiros, Luís Eduardo Assis, Luiz Roberto de Arruda Sampaio, Miguel Roberto Jorge, Ozires Silva, Roberto Delmanto Júnior, Sydney Sanches e Zélia Cardoso de Mello. Devo um agradecimento especial a Fernando Collor de Mello. Conversamos longamente sem que nenhum assunto fosse vedado pelo entrevistado.

O foco do livro é a gestão presidencial de Fernando Collor, de 15 de março de 1990 a 2 de outubro de 1992. Não passo pelo processo eleitoral de 1989. Evidentemente faço breve menção àquele momento, mas meu objetivo foi enfrentar os dilemas do governo, suas contradições, sua complexidade, até a renúncia — o impeachment nunca ocorreu. Deixei de lado a crônica política e de costumes, tão dominantes nas publicações que comentam aquele momento. Mesmo nas entrevistas evitei tratar de assuntos que fugiam ao escopo do livro — entretanto, alguns depoentes insistiram em relatar situações pouco afeitas às questões históricas e que acabaram sendo desprezadas pelo pesquisador.

Caminhei pelas trilhas da história, reconstruindo os acontecimentos, explicando e analisando as medidas econômico-financeiras que, para o meu ofício, são extremamente complexas. Percorri também os debates jurídicos. Procurei dar ao livro um ritmo de narrativa histórica, combinando acasos, boatos, condicionamentos político-ideológicos, vaidades, finalidades, equívocos, intenções, voluntarismo, diplomacia e contradições econômico-sociais. Enfim, procurei enfrentar este tema — que acabou se tornando "maldito" — sem *parti pris* e mantendo a devida distância em relação ao objeto.

1. A ascensão

FERNANDO AFFONSO COLLOR DE MELLO chegou à prefeitura de Maceió, Alagoas, em 1979. Foi seu primeiro cargo político. De acordo com a legislação da época, nas capitais e cidades consideradas de segurança nacional, não havia eleição direta — os prefeitos eram indicados pelo governador e recebiam a chancela meramente formal da Assembleia Legislativa estadual. Assim também foi com Collor. Fez uma gestão municipal sem brilho, anódina. Em 1982 foi eleito deputado federal — o mais votado em Alagoas. Votou pelas Diretas Já, em 1984, mas, em janeiro de 1985, no Colégio Eleitoral que elegeu o presidente da República, optou por Paulo Maluf, opositor de Tancredo Neves. Registre-se que pouco participou da vida parlamentar.

Em 1986 filiou-se ao Partido do Movimento Democrático Brasileiro (PMDB) — estava no Partido Democrático Social (PDS) — e foi eleito governador, aproveitando a popularidade do Plano Cruzado. Ficou conhecido como o "caçador de marajás"[1] devido à tentativa de combater o empreguismo e os altos salários na administração pública estadual. Da noite para o dia virou notícia

---

[1] "Eu estava em um comício atacando os altos salários de alguns funcionários públicos. Aí um espectador gritou dizendo que eu deveria acabar com esses marajás. Aproveitei e concordei com ele dizendo que iria enfrentar os marajás" (entrevista com Fernando Collor, 21 de maio de 2015).

nacional. Colocou-se também contra o governo Sarney e fez duras críticas ao Presidente da República.

Sonhou participar da primeira eleição presidencial direta sob a égide da Constituição de 1988. Sem espaço nos grandes partidos, flertou com pequenas legendas, até fundar, em fevereiro de 1989, o Partido da Reconstrução Nacional (PRN). Buscou a todo custo um candidato a vice-presidente que tivesse expressão nacional e presença no eleitorado da região Sudeste, especialmente em Minas Gerais. Tentou Hélio Garcia, mas fracassou — ele desejava ser governador do estado, e acabaria eleito no ano seguinte. Buscou Márcia Kubitschek, mas, neste caso, foi Collor quem não concordou com suas exigências para aceitar o convite.[2] Por indicação do deputado Hélio Costa, acabou fixando-se no nome do senador Itamar Franco, então sem partido: "Eu não o conhecia pessoalmente",[3] diria Collor mais tarde.

As primeiras pesquisas eleitorais foram favoráveis à sua candidatura. Sem base partidária, fez uma campanha solitária. Construiu uma eficaz estrutura de propaganda e marketing. Elaborou um discurso eleitoral direto, compreensível à maioria dos eleitores. Simplificou a complexidade dos problemas nacionais.[4] Recebeu, já próximo ao primeiro turno, apoio empresarial e obteve cola-

---

[2]"Não foi uma conversa agradável. Me entregaram em um papel dobrado as condições. Não podia aceitar, eram imorais" (entrevista com Fernando Collor, 21 de maio de 2015).

[3]Entrevista com Fernando Collor, 21 de maio de 2015.

[4]"Libertação da miséria, era o que o ano de 1989 significava para as massas. O Brasil Novo enterrando simbolicamente a Nova República simbolizava, para a maioria da população, mudanças substantivas na qualidade de vida, ou melhor, possibilidades concretas de sobrevivência ante a fome, a falta de saúde e de educação. [...] Nesse quadro, aviltada a política através da falsa ludicidade, a outra face da moeda, a sua demonização, se impõe. Ao imaginário do folguedo se superpõe o do homem providencial, acima dos partidos" (Mendonça, Kátia. *A salvação pelo espetáculo: mito do herói e política no Brasil*. Rio de Janeiro: Topbooks, 2002, p. 314).

boração nos estados dos dissidentes dos maiores partidos, cujos candidatos à Presidência não tinham conseguido obter sucesso eleitoral, como o PMDB e o Partido da Frente Liberal (Ulysses Guimarães e Aureliano Chaves, respectivamente).

A 15 de novembro de 1989 Fernando Collor venceu o primeiro turno com 28,52% dos votos. Na reta final, Luiz Inácio Lula da Silva, do Partido dos Trabalhadores (PT), venceu Leonel Brizola, do Partido Democrático Trabalhista (PDT), obtendo 16,08% contra 15,45% do pedetista. No segundo turno, Collor teve de enfrentar uma ampla aliança política que ia do Partido Comunista Brasileiro até o Partido da Social Democracia Brasileira (PSDB), passando pelo PDT, Partido Verde e até o PMDB, que decidiu votar em Lula, ainda que o apoio tenha sido recusado pelo petista.

Foi uma campanha acirrada e recheada de acusações. Nesse momento, o empresariado apoiou, sem ressalvas, o candidato do PRN. Temia-se que a vitória de Lula pudesse levar o país ao socialismo, mesmo com a queda do Muro de Berlim semanas antes, a 9 de novembro. Teve papel destacado na eleição o tesoureiro, Paulo César Farias.[5] Era ele que recebia as doações — sem registro — dos empresários. Anos depois, ao depor no Supremo Tribunal Federal (STF), PC Farias — como ficou conhecido — justificou dizendo que,

> [...] debruçado na legislação eleitoral vigente no país, verificou que, de forma alguma, era possível fazer uma campanha de maneira como está inserida na legislação brasileira; que esta legislação, uma verdadeira hipocrisia nacional, nunca foi levada a sério por nenhum dos candidatos, a qualquer cargo eletivo, vez que a proibição de doação de campanha, por parte das pessoas jurídicas, torna, de

---

[5] "Ele foi extremamente importante na eleição" (entrevista com Fernando Collor, 21 de maio de 2015).

fato, impossível o cumprimento desta legislação; que as campanhas eleitorais no Brasil são feitas com o caixa dois das empresas, e assim o foram e assim continuam, enquanto não houver uma legislação séria no país; que em função dessa dificuldade da maneira de operacionalizar uma campanha política com os entraves da legislação e orientado pela prática política que sempre norteou essas campanhas, criou-se uma conta fictícia, a qual denominou de conta de campanha, em nome de Alberto Alves Miranda; que essa conta foi operada no Banco Mercantil de Crédito.[6]

As estimativas variam sobre o total arrecadado. Em uma delas, de um aliado muito próximo de Collor, o deputado Cleto Falcão, afirmou-se que a arrecadação teria alcançado US$ 134 milhões e que sobraram, no final da campanha, US$ 52 milhões.[7] Para Mario Sergio Conti o valor era um pouco maior: US$ 60 milhões. Paulo César Farias "aprendeu novas formas de lavar dinheiro, de mantê-lo escondido no país e no exterior, de montar e gerir um caixa dois. Abriu empresas e contas no Caribe, nos Estados Unidos, na França e na Suíça".[8] Em 1994, na defesa entregue ao STF pelos advogados de Fernando Collor, o valor arrecadado na campanha foi estimado em US$ 100 milhões, dos quais teriam restado, como "sobra de campanha", US$ 28 milhões.[9] O tesoureiro

---

[6]Depoimento de Paulo César Cavalcante Farias, Sala de Audiências do Supremo Tribunal Federal, 21 de junho de 1993, p. 1.

[7]Falcão, Cleto. *Dez anos de silêncio*. Brasília: LGE, 2004, p. 51.

[8]Conti, Mario Sergio. *Notícias do Planalto: a imprensa e o poder nos anos Collor*. São Paulo: Companhia das Letras, 2012, p. 212.

[9]Paulo César Farias "aduziu que durante a mencionada campanha arrecadara 'em torno de cem milhões de dólares', dos quais 'sobraram US$28 milhões, o que pode ser provado mediante extrato da conta-corrente da conta de Alberto Alves Miranda'". Alberto Alves Miranda foi um correntista fantasma criado por PC Farias em 1989 numa conta-corrente operada no Banco Mercantil de Crédito. Moraes Filho, Antonio Evaristo; Lacombe, Cláudio; Silva, Fernando Neves da. *Caso Collor no Supremo Tribunal Federal: alegações finais*. Junho de 1994, p. 15.

esclareceu que US$ 60 milhões foram em papéis ao portador e US$ 40 milhões em depósitos bancários. Com as "sobras" comprou-se ouro e mantiveram-se os recursos no Brasil. Dos US$ 28 milhões, reservaram-se US$ 8 milhões para os futuros gastos pessoais do presidente e guardaram-se os US$ 20 milhões restantes para a campanha de 1990.[10]

No domingo, 17 de dezembro, Fernando Collor de Mello venceu o segundo turno da eleição presidencial. Obteve 35.089.998 votos (42,75%) contra 31.076.364 do seu opositor (37,86%). Abstiveram-se 11.814.017 eleitores (14,40%), 1,20% votaram em branco e 3,79% optaram pelo voto nulo. Dias após o pleito, os partidos que apoiaram Lula manifestaram que se oporiam ao novo presidente. O isolamento eleitoral deveria se manter mesmo após a vitória.

O desafio de Collor era criar condições de governabilidade sem trair os compromissos de campanha. E numa conjuntura econômica adversa. A inflação anual alcançou, em 1989, 1.782,9% (no ano anterior fora de 1.037,6%). A moeda — o cruzado — não tinha valor. Usava-se o dólar como referência monetária. Os planos de estabilização — Cruzado, Bresser e Verão — tinham fracassado. José Sarney era ridicularizado, tanto que nenhum candidato à Presidência quis ter seu apoio. Acabou sua gestão sem conseguir enfrentar a grave crise econômica.

Após a vitória no segundo turno, Fernando Collor e equipe intensificaram as reuniões visando reestruturar a organização da Presidência da República e os ministérios. A partir de janeiro, um prédio do Itamaraty, o Bolo de Noiva, foi cedido à equipe de

---

[10]Depoimento de Paulo César Cavalcante Farias, Sala de Audiências do Supremo Tribunal Federal, 21 de junho de 1993, p. 5-6, 10.

transição.[11] A Presidência ficou constituída pela Secretaria-Geral, o Gabinete Militar e o Gabinete Pessoal. Collor criou sete secretarias diretamente vinculadas ao presidente: Cultura, Ciência e Tecnologia, Meio Ambiente, Desenvolvimento Regional, Desportos, Administração Federal e Assuntos Estratégicos. Reorganizou os ministérios em apenas doze, nove civis e três militares: Justiça, Relações Exteriores, Educação, Saúde, Economia, Fazenda e Planejamento, Agricultura e Reforma Agrária, Trabalho e Previdência Social, Infraestrutura, Ação Social, Exército, Marinha e Aeronáutica: "Eu queria ter um número de ministros que pudessem sentar à mesa, todos juntos",[12] afirmaria mais tarde o presidente.

Nesta ousada reestruturação, o Ministério da Economia ampliou a área de atuação da Fazenda com a inclusão do Planejamento, o Ministério da Infraestrutura incorporou os antigos Ministérios das Minas e Energia, Transportes e Comunicações. Já o Ministério do Trabalho foi novamente fundido com o da Previdência Social e o da Agricultura assumiu também o da Reforma Agrária. Foram mantidos os ministérios militares, mas o Serviço Nacional de Informações, o SNI, foi extinto — no seu lugar, com funções mais amplas, criou-se a Secretaria de Assuntos Estratégicos. O objetivo era

> [...] racionalizar a máquina administrativa, com substancial economia na despesa pública. [...] Insere-se, portanto, no compromisso assumido, [...] durante toda a campanha eleitoral, com vistas à renovação institucional do país.

---

[11]No depoimento prestado em 15 de junho de 1993 na Sala de Audiências do Supremo Tribunal Federal, Fernando Collor explicou que, "informado de que houve saldo de recursos [da campanha eleitoral], havendo sido dada instrução, pelo depoente, para que esse saldo fosse utilizado no custeio das despesas da equipe de transição, ou seja, aquele grupo de pessoas que vieram de outros estados para trabalhar no formato final do programa de governo" (p. 3).
[12]Entrevista com Fernando Collor, 21 de maio de 2015.

A redução dos ministérios não representava "uma mera aglutinação de órgãos, mas, verdadeiramente, uma nova concepção organizacional".[13]

Além da reestruturação, foram extintas cinco autarquias: Superintendência do Desenvolvimento do Centro-Oeste (Sudeco), Superintendência do Desenvolvimento da Região Sul (Sudesul), Departamento Nacional de Obras de Saneamento (DNOS), Instituto do Açúcar e do Álcool (IAA) e Instituto Brasileiro do Café (IBC). E mais oito fundações: Fundação Nacional de Artes (Funarte), Fundação Nacional de Artes Cênicas (Fundacen), Fundação do Cinema Brasileiro (FCB), Fundação Cultural Palmares (FCP), Fundação Nacional Pró-Memória (Pró-Memória), Fundação Nacional Pró-Leitura (Pró-Leitura), Fundação Nacional para Educação de Jovens e Adultos (Educar) e Fundação Nacional do Café (FNC).

Três empresas públicas também foram fechadas: Empresa de Portos do Brasil (Portobras), Empresa Brasileira de Transportes Urbanos (EBTU) e Empresa Brasileira de Assistência Técnica e Extensão Rural (Embrater). No mesmo momento extinguiram-se oito sociedades de economia mista: Companhia Auxiliar de Empresas Elétricas Brasileiras (Caeeb), Banco Nacional de Crédito Cooperativo (BNCC), Petrobras Comércio Internacional (Interbras), Petrobras Mineração (Petromisa), Siderurgia Brasileira (Siderbras), Distribuidora de Filmes (Embrafilme), Companhia Brasileira de Projetos Industriais (Cobrapi) e Companhia Brasileira de Infraestrutura Fazendária (Infaz).

No total foram extintas 24 entidades da administração pública federal, mas acabaram sendo constituídas autarquias federais: o

---

[13]Exposição de Motivos nº 84 da Medida Provisória nº 150 de 15 de março de 1990.

Instituto Nacional de Atividades Culturais (Inac), que incorporou a Funarte e a FCP, e o Instituto do Patrimônio Histórico e Artístico Nacional (Iphan), que ficou também com as atribuições do Pró-Memória e Pró-Leitura.

Foram redefinidas as atribuições de diversas outras fundações e criou-se o Instituto Nacional do Seguro Social (INSS), autarquia federal resultante da fusão do Instituto Nacional de Previdência Social (INPS) com o Instituto de Administração da Previdência e Assistência Social (Iapas). A Central de Medicamentos (Ceme) foi transformada em empresa pública e a Telecomunicações Brasileiras (Telebras) reduziu para sete as empresas de âmbito regional.

No desmonte da velha estrutura estatal, o Executivo Federal foi autorizado a doar para estados e municípios, sem qualquer encargo para os donatários, a participação acionária da União na Companhia de Navegação do São Francisco, na Empresa de Navegação da Amazônia, no Serviço de Navegação da Bacia do Prata, na Companhia Brasileira de Trens Urbanos e na Empresa de Trens Urbanos de Porto Alegre.[14]

A reforma administrativa adotada tinha sido anunciada no ano anterior, ainda durante a campanha eleitoral: "Todos os esforços serão feitos para que se promova uma completa reestruturação do aparelho de Estado, buscando a racionalização dos recursos disponíveis, a eliminação da superposição de funções e a atenção a atividades em que a alocação de recursos é insuficiente e inadequada."[15] A surpresa foi a adoção do que foi prometido, especialmente porque representava tocar em antigos privilégios de estamentos poderosos, em um arco que ia do empresariado

---

[14]Ver Medida Provisória nº 151 de 15 de março de 1990.
[15]Diretrizes de Ação do Governo Fernando Collor de Mello. Brasília: 1989, p. 10

industrial aos artistas, dos grandes proprietários rurais aos funcionários públicos do alto escalão.

A 14 de janeiro foi divulgado o nome do primeiro ministro do novo governo: Bernardo Cabral, para a pasta da Justiça. Naquele momento, Cabral — que fora eleito senador pelo PFL (AM) em 1986 — estava sem partido. Tinha sido relator da nova Constituição e o presidente considerava-o um especialista em Direito Constitucional. Acompanhou Collor durante a campanha.

Três dias depois, conjuntamente, foram designados os três comandantes militares: para o Exército, o general Carlos Tinoco; para a Marinha, o almirante Mário César Flores; para a Aeronáutica, o brigadeiro Sócrates da Costa Monteiro. Tinoco e Sócrates já conheciam Collor desde a campanha; diversamente do almirante Flores.

Inicialmente, o presidente tinha a intenção de criar o Ministério da Defesa. Porém não deixou de lado a afirmação do poder civil e o princípio de autoridade presidencial, tão abalados durante a Presidência Sarney.

A 20 de janeiro, o presidente eleito fez sua primeira viagem internacional. Em 24 horas visitou Argentina, Uruguai e Paraguai, sinalizando a importância que pretendia dar ao Mercosul. Quatro dias depois, designou o general Agenor Francisco Homem de Carvalho para a chefia do Gabinete Militar. Teria sido uma indicação do general Tinoco. No mesmo dia iniciou um périplo internacional, visitando Washington, Tóquio, Moscou, Bonn, Roma, Paris, Londres, Lisboa e Madri, em uma excursão de vinte dias. Durante a viagem, foi anunciado o embaixador Marcos Coimbra, seu cunhado, para a chefia do Gabinete Civil.

Somente a 13 de fevereiro foram retomadas as nomeações para o governo. Nesse dia foi indicado, para o Ministério do Trabalho e da Previdência Social, o sindicalista Antônio Rogério Magri, que tinha participado ativamente da campanha presidencial e se posicionado no mundo sindical como um dos maiores opositores da Central Única dos Trabalhadores (CUT). À época presidia a Confederação Geral dos Trabalhadores (CGT).[16] Seis dias depois foi a vez de ser anunciado o nome de Ozires Silva, ex-presidente da Embraer, para o Ministério da Infraestrutura.[17]

A 1º de março saiu a tão esperada designação para o poderoso Ministério da Economia: a economista Zélia Cardoso de Mello. Ela esteve com Collor durante toda a campanha e se transformou em sua principal assessora econômica. Zélia passara, entre 1986 e 1987, por uma função de pouca relevância na recém-criada Secretaria do Tesouro dirigida por Andréa Calabi.[18] Era professora da Universidade de São Paulo na área de história econômica. Chegou ao ministério depois de vencer a disputa com Daniel Dantas, candidato ao cargo apoiado por influentes barões da economia e pelo ex-cunhado de Collor, o empresário Olavo Monteiro de Carvalho.

*

---

[16]"Conheci Collor através do seu irmão, Leopoldo. Entrei na campanha, pois acreditava nele. Ele sempre disse que queria um trabalhador dirigindo o Ministério do Trabalho. Bernardo Cabral pediu que eu fosse a Brasília. Fomos de jatinho. Lá, fui recebido pelo embaixador Marcos Coimbra. Fui levar alguns nomes, mas, para minha surpresa, Cabral disse que eu seria o ministro. A princípio, não aceitei. Tinha só o quarto ano primário. Não me sentia em condições de assumir cargo tão importante. Collor me pediu segredo até divulgar o meu nome. Aguardei dezoito dias. Acabei aceitando" (entrevista com Antônio Rogério Magri, 27 de maio de 2014). Magri foi substituído na presidência da CGT por Canindé Pegado.

[17]"Não o conhecia pessoalmente. Votei nele nos dois turnos. Confesso que recebi o convite com surpresa. Tivemos uma breve conversa e houve sinergia" (entrevista com Ozires Silva, 7 de julho de 2014).

[18]Era responsável pela negociação das dívidas dos estados e municípios com a União. Foi desta forma que conheceu o governador de Alagoas

Depois da eleição, Zélia intensificou seu trabalho de coordenação para a confecção de um plano econômico. Não se conhecia seu teor, porém imaginava-se que teria como principal papel enfrentar a inflação galopante. O ano de 1989 fechou com uma inflação de 1.782,9%, a maior da história; mesmo assim, o PIB cresceu 3,2%, pouco abaixo da média mundial (3,8%). Falava-se em um congelamento de preços e salários, na privatização das empresas públicas, na abertura da economia para o mundo, rompendo a concepção autárquica do último meio século, e numa breve recessão com um rápido crescimento econômico em 1991, entre 7% e 12%.

O grupo começou as reuniões em São Paulo e posteriormente se transferiu para Brasília, após a vitória de Collor.[19] As discussões eram sigilosas. Para evitar vazamentos, Antônio Kandir, um dos participantes, era o responsável pela guarda dos documentos: "Eu ficava com tudo registrado em disquete."[20] Collor era esporadicamente consultado. O elo da equipe com o presidente era Zélia. Somente a 15 de janeiro, em Brasília, o grupo teve a primeira reunião com Collor.

*

[19]A maioria dos economistas não tinha votado em Collor, alguns deles nos dois turnos — a exceção era Zélia. O grupo era identificado com ideias à esquerda do espectro político. O presidente tinha pleno conhecimento disso. Tanto que, numa reunião na Casa da Dinda, ainda na fase de preparação do plano, quando a equipe estava chegando para o encontro com o presidente, o embaixador Marcos Coimbra, ao vê-los, começou a assoviar "A Internacional" (entrevista com Luiz Eduardo de Assis, 23 de dezembro de 2014).

[20]Entrevista com Antônio Kandir, 29 de maio de 2014. Kandir era conhecido por ter vencido o prêmio Anpec de 1988 com o livro *A dinâmica da inflação*. Segundo Luiz Gonzaga Belluzzo, que escreve a apresentação, o livro "é a tentativa mais bem-sucedida, até o momento, de formular os lineamentos de uma teoria da inflação dentro dos cânones das tradições keynesiana e marxista". Para Belluzzo, Kandir desenvolveu no livro a "hipótese de que, nas economias complexas, com inflação crônica e sujeitas a uma crise aguda de financiamento externo e do setor público, a dinâmica da formação de preços vai cumprir uma trajetória aceleracionista, mesmo na ausência de qualquer choque exógeno". Ver Kandir, Antônio. *A dinâmica da inflação*. São Paulo: Nobel, 1990, p. 11, 15.

A 3 de março, o presidente eleito indicou Margarida Procópio, alagoana, para o Ministério da Ação Social. Dois dias depois nomeou, para o Ministério da Educação, o senador Carlos Chiarelli (PFL-RS), que se destacara na CPI da Corrupção em 1988, instalada para apurar denúncias de desvios no governo Sarney. No mesmo dia foi designado, para a Secretaria Especial do Meio Ambiente, o gaúcho José Lutzenberger, conhecido ecologista de renome internacional.[21] A 6 de março, a pedido de Fernando Collor, José Sarney indicou Ibrahim Eris para a presidência do Banco Central. Dois dias depois, após ser sabatinado, teve seu nome aprovado pelo Senado, como dispõe a Constituição. Era indispensável ao governo ter Eris à frente do Banco Central desde o dia da posse, a 15 de março.

A 7 de março, apresentou o titular da Secretaria Especial de Esportes, o jogador Zico (Arthur Antunes Coimbra). No dia seguinte, foi a vez do delegado Romeu Tuma acumular a Secretaria da Receita Federal, a direção da Polícia Federal e a presidência da Superintendência Nacional de Abastecimento (Sunab). No dia 12, Collor fez duas indicações: para o Ministério da Agricultura e Reforma Agrária, o ex-governador do Distrito

---

[21]O nome de José Lutzenberger teria sido sugerido ao presidente pelo príncipe Charles, da Inglaterra. Antes da indicação, tiveram duas longas conversas: "Tinha que ver o entusiasmo do Collor. Era como um guri admirado com o professor. Estávamos só nós três [Collor, Lutzenberger e Sùsana Burger, que relata a reunião], e a primeira coisa que o Collor fez foi perguntar sobre uma questão que não tinha entendido da primeira vez. Aquilo apaixonou o Lutz. Ele começou a acreditar nas intenções do Collor. Passaram a falar de várias questões ambientais, da Amazônia. Lutz começou a sofrer por antecipação pelo tamanho da responsabilidade, mas ali ele aceitou o convite para assumir a Secretaria do Meio Ambiente. Ele disse: 'Eu aceito, mas eu quero uma secretaria independente, no máximo quinze pessoas.' Doze meses depois ele tinha duzentos funcionários. E era apenas o começo" (Dreyer, Lilian. *Sinfonia inacabada: a vida de José Lutzenberger*. Porto Alegre: Vidicom, 2004, p. 296. Para a menção ao príncipe Charles, ver p. 290).

Federal, Joaquim Roriz, e, para o Ministério das Relações Exteriores, Francisco Rezek — ministro do Supremo Tribunal Federal e presidente do Tribunal Superior Eleitoral durante o pleito eleitoral de 1989.[22]

A 13 de março foi a vez do deputado Alceni Guerra (PFL-PR), para o Ministério da Saúde. Guerra apoiou Collor na eleição e teve papel destacado na Assembleia Constituinte nos temas referentes à saúde. No mesmo dia, designou-se o cineasta Ipojuca Pontes para a Secretaria Especial da Cultura. Era um nome de pouca presença no mundo cultural brasileiro e chegou ao cargo devido ao apoio que sua esposa, a atriz Tereza Rachel, dera a Collor durante a eleição — a maior parte do meio artístico apoiou Lula, principalmente no segundo turno.

Na véspera da posse foram nomeados mais três secretários: da Energia (Luís Oswaldo Aranha), da Ciência e Tecnologia (José Goldemberg[23]) e das Comunicações (Joel Rauben). Também foram designados Luís Octávio da Motta Veiga, para a Petrobras, Alberto Policarpo, para o Banco do Brasil, Eduardo Modiano, para o BNDES, e Lafaiete Coutinho, para a Caixa Econômica Federal. Em um ato de ousadia, Collor extinguiu o Serviço Nacional de

---

[22]Fernando Collor insistiu muito para que o senador Fernando Henrique Cardoso aceitasse o cargo: "Interessei-me tanto pelos planos iniciais de Collor que fiquei satisfeito com um convite para ser seu ministro das Relações Exteriores, embora o tivesse recusado. Depois de quatro décadas de intensas mudanças chegou a parecer por algum tempo que o Brasil finalmente estaria tomando um novo rumo" (Cardoso, Fernando Henrique. *O improvável presidente do Brasil: recordações*. Rio de Janeiro: Civilização Brasileira, 2013, p. 211).

[23]"Quem me fez o convite foi a Zélia, através de um telefonema. Fui a Brasília e foi, da parte dele, amor à primeira vista. Ele era fascinado por ciência e tecnologia e me garantiu que iria abrir e acabar com a reserva de mercado na área da informática. Sempre me tratou por 'professor'" (entrevista com José Goldemberg, 6 de agosto de 2014).

Informações (SNI)[24] e no seu lugar criou a Secretaria de Assuntos Estratégicos (SAE),[25] designando para a sua chefia o amigo Pedro Paulo Leoni Ramos, que não tinha experiência na área. Para a Secretaria de Desenvolvimento Regional indicou Egberto Baptista, que tivera importante papel na campanha presidencial.

Collor fracassou na tentativa de atrair o PSDB para o seu ministério: propôs um entendimento com o presidente do partido, Franco Montoro, e convidou o então deputado José Serra para a Fazenda e o senador Fernando Henrique Cardoso para as Relações Exteriores. Eram duas áreas vitais para o governo:

> A da Fazenda, pela situação de moratória em que se encontrava o país, em face de nossa situação econômica. E a das Relações Exteriores, para o desafio de reinserir o Brasil no novo contexto internacional, depois da queda do muro de Berlim. [...] A despeito dos meus esforços, o entendimento que busquei não se concretizou. Não por falta de iniciativa e empenho de minha parte, mas pelo fato de o acordo, depois de fechado e sacramentado, ter sido rompido de forma abrupta por exigência de um dos seus próceres.[26]

---

[24]A extinção do SNI era uma promessa de campanha. Em agosto de 1989, o então candidato Fernando Collor teve um incidente com o chefe do SNI, general Ivan da Costa Mendes. Em um dos seus arroubos, prometeu que, ao tomar posse, extinguiria o órgão: "Foi um erro a forma como encaminhei o problema. Colocamos na rua todos os arapongas que se voltaram, posteriormente, contra mim. Fiquei sem informações" (entrevista com Fernando Collor, 21 de maio de 2015).
[25]Na SAE foi criado um Departamento de Inteligência. Segundo o almirante Mário César Flores, "muitas centenas, provavelmente mais de mil funcionários do ex-SNI, não estáveis, a grande maioria, oficiais da reserva, foram demitidos. Gerou-se um clima de contrariedade e o presidente Collor ficou sem instrumento de inteligência interna" (Castro, Célio e D'Araújo, Maria Celina (org). *Militares e política na Nova República*. Rio de Janeiro: FGV, 2001, p. 102).
[26]Collor, Fernando. *Relato para a história*. Brasília: Senado Federal, 2007, p. 13-14.

Buscando acentuar a distância em relação aos governos anteriores, Collor optou por não residir no Palácio da Alvorada, que, naquele momento, passava por uma reforma. Escolheu a Casa da Dinda, denominação dada à moradia de sua família em Brasília, no setor de mansões do Lago Norte. Tinha trezentos metros quadrados de área construída, três quartos — dos quais apenas um com suíte —, sala de estar, cozinha, um pequeno gabinete e varanda. Na área externa havia uma pequena piscina, sauna e um jardim.

O presidente eleito foi advertido pela segurança de que o imóvel não oferecia condições básicas de proteção como residência oficial. Os muros foram aumentados em um metro de altura e foram edificadas cinco guaritas, alojamentos para os soldados e um heliporto. Tudo pago com os recursos de sobra de campanha, pois "o presidente manifestou a intenção de que as obras indispensáveis à segurança fossem realizadas sem ônus para o Tesouro; que assim foi feito. [...] E que todas as obras montaram perto de um milhão de dólares".[27]

Para os padrões de Brasília, era considerada uma casa relativamente simples, então avaliada em US$ 500 mil. O presidente queria apresentar um ar de austeridade ao se recusar a ocupar a residência oficial, o Palácio da Alvorada: "Hoje considero que foi um erro ter ido morar lá."[28]

---

[27] Depoimento prestado na Sala de Audiências do STF, junho de 1993, p. 4.
[28] Entrevista com Fernando Collor, 21 de maio de 2015.

2. O poder

NA QUINTA-FEIRA, DIA 15 de março, de acordo com o cerimonial, pouco depois das nove horas da manhã, o presidente seguiu a bordo do velho Rolls-Royce para o Congresso Nacional. No caminho foi saudado por populares. Ainda em ritmo eleitoral — e esquecendo que era presidente de todos os brasileiros —, fez questão de retribuir o apoio esticando o punho direito cerrado, um dos símbolos de sua campanha.

Chegou ao Congresso acompanhado de pequena comitiva e tendo a seu lado o vice-presidente Itamar Franco. Foram realizados os juramentos de praxe. Pouco depois, Collor iniciou o protocolar discurso. Um longo pronunciamento: 5.926 palavras, o mais extenso discurso de posse da história republicana.[1] A leitura ocupou 55 minutos. Nos 78 parágrafos, o presidente expôs os principais objetivos do seu governo. Em clima eleitoral, transformou a cerimônia em comício, o que não foi um bom sinal.

No discurso-plataforma, teceu considerações sobre a democracia, lembrou a crise do socialismo real na Europa Oriental e afirmou que "a meta número um do meu primeiro ano de gestão não é conter a inflação: é liquidá-la". Repetiu diversas vezes a

---

[1]Ver Bonfim, João Bosco Bezerra. *Palavra de presidente: discursos de posse de Deodoro a Lula*. Brasília: LGE, 2004, p. 369-87.

necessidade imperiosa de enfrentar a inflação, usando sempre metáforas militares: "guerra", "luta incondicional", "extermínio da praga", "combate", "destruir na fonte", entre outras. Apontava que adotaria medidas drásticas contra a "erva daninha da inflação".

Acentuou que era necessário redefinir, "com toda urgência, o papel do aparelho estatal entre nós". Collor entendia o "Estado não como produtor, mas como promotor do bem-estar coletivo". Seguindo o que à época era considerado um discurso modernizador, não se esqueceu de defender a privatização, a presença do capital estrangeiro e a livre concorrência. E atacou as "elites anacrônicas, atrasadas, que não hesitam em posar como donas do nacionalismo ou do liberalismo enquanto vivem à sombra de privilégios cartoriais, defendendo interesses do mais puro particularismo".

Demonstrando sintonia com novos temas, concedeu quatro parágrafos ao meio ambiente, ao que chamou de "imperativo ecológico". Disse que o "Brasil estará sempre disposto ao diálogo e à cooperação internacionais sobre o drama ecológico". E aproveitou para destacar a Conferência das Nações Unidas sobre meio ambiente e desenvolvimento que se realizaria no Rio de Janeiro, em 1992.

Causou estranheza o presidente ter dedicado 35 parágrafos à política externa, cerca de 40% do total do discurso. Falou de tudo um pouco. Até dissertou, ingenuamente, sobre a paz mundial: "Levarei em conta que vivemos um momento raro na história da humanidade, em que se prenuncia a efetiva construção da paz e da segurança. A paz parece estar ao alcance das nossas mãos." Ao situar o país na nova conjuntura pós-Guerra Fria, disse: "É preciso que o mundo se convença da necessidade de abrir as portas ao Brasil, e que possamos acreditar na conveniência de nos abrirmos ao mundo."

O presidente não deve ter notado o desequilíbrio presente no pronunciamento. Afinal, o Brasil tinha (como tem até hoje) pouca importância nas grandes questões mundiais. E nunca um primeiro mandatário dedicara tanto espaço à política externa — nem mesmo um presidente dos Estados Unidos. De acordo com Roberto Campos, o "texto medular tinha sido redigido pelo então embaixador do Brasil na Unesco, José Guilherme Merquior, talvez o mais erudito dos nossos diplomatas". E a

> [...] fala inaugural de Collor foi alterada em sua segunda parte pelo diplomata Gelson Fonseca, para que tivesse um tom terceiro-mundista e um aceno à América Latina. Ironizava Delfim Netto que a primeira parte fora escrita por alguém que cursara a London School of Economics, e a segunda por um estudante da Patrice Lumumba, de Moscou.[2]

Por mais estranho que pareça, o "caçador de marajás" pouco falou da corrupção. Dedicou ao tema somente um parágrafo. Reconheceu que "fiz da luta pela moralidade do serviço público um dos estandartes da minha campanha", pois sentiu a "profunda, justa revolta do povo brasileiro".

E anunciou, próximo ao término do discurso:

> O Congresso receberá a partir de amanhã, 16 de março de 1990, as primeiras propostas específicas corporificando essa visão e essa estratégia de modernização do Brasil, de reforma do Estado, de recriação das bases do nosso desenvolvimento econômico e social.

---

[2]Campos, Roberto. *A lanterna na popa*, v. 2. Rio de Janeiro: Topbooks, 1994, p. 1.230.

Foi aplaudido 33 vezes pelas dezenas de autoridades presentes, incluindo diversos chefes de Estado. O ditador cubano Fidel Castro acabou destoando entre os presentes: era o único fardado. Artistas e intelectuais não deram as caras na cerimônia. A atenção da imprensa ficou concentrada em figuras menores do meio artístico, como Claudia Raia. Para satisfação dos presentes, o discurso do senador Nelson Carneiro, presidente do Congresso Nacional, foi breve, especialmente após utilizar imagens em desuso na língua portuguesa, como "auroras do futuro" e "luzes bruxuleantes".

Pouco depois foram divulgadas as primeiras ações da nova administração: cinco medidas provisórias e quatro decretos. O governo colocou à venda 10.760 imóveis funcionais, entre casas, apartamentos e chácaras — os imóveis foram anunciados em enormes placas com os dizeres: "Vendem-se casas impopulares." E preparou as condições para a venda de imóveis oficiais. Também pôs à venda milhares de carros e dezenas de aviões. Os leilões dos veículos foram centralizados em grandes pátios e anunciados em placas: "Acompanhe o fim da mordomia no nosso país." Carro oficial só para o presidente, vice e ministros. Altos funcionários chegaram a se deslocar em Brasília utilizando kombis.

O uso de veículos oficiais e as viagens internacionais foram limitados. A Previdência Social deveria vender milhares de imóveis — estimava-se, pois não havia um registro preciso, em 14 mil — entre prédios, terrenos, casas e apartamentos.

De uma só penada, extinguiram-se dezenas de órgãos. Foram cortados 4 mil cargos de confiança. Falou-se que 10 mil funcionários públicos seriam demitidos. O governo reduziu os ministérios de 23 para doze — criando oito secretarias ligadas diretamente à Presidência da República.

Fernando Collor saiu do Congresso e atravessou a praça dos Três Poderes em direção ao Palácio do Planalto. Lá, recebeu a faixa presidencial de José Sarney — este, como de hábito, estava tenso e teve dificuldade de cumprir o ritual. Antes, pela manhã, fizera seu último "Conversa ao pé do rádio". Despediu--se dos ouvintes desenhando um retrato idílico de sua caótica presidência:

> O Brasil cresceu 25%. O desemprego é o menor da nossa história. A empresa privada está capitalizada. O país está competitivo. Deixo reservas altas de mais de US$ 7 bilhões. Deixo os nossos celeiros cheios, com mais de 15 milhões de toneladas de grãos, o que afasta o problema da fome. Enfim, deixo o Brasil em paz.

Após os cumprimentos de praxe, Collor se dirigiu ao Parlatório para discursar. Era aguardado por milhares de pessoas que, desde a madrugada, estavam impacientes esperando a fala presidencial. Os mais animados eram os membros da Renovação Carismática, que não paravam de cantar a música "Segura na mão de Deus". Às dez e meia a banda dos Dragões da Independência ocupou a área próxima ao Parlatório e distraiu o público tocando músicas gravadas por Xuxa. Trinta minutos depois, o presidente iniciou seu discurso. Como na campanha eleitoral, falou pouco: cinco minutos. Adotou o conhecido tom messiânico:

> [quero] voltar o melhor do meu pensamento e a maior das minhas preocupações para a imensa maioria de brasileiros a quem eu lego esta conquista democrática: aos descamisados, aos pés descalços, àqueles que querem justiça social no país para poder viver condignamente.

Continuou no mesmo diapasão: "E me comprometo, mais uma vez, a dar o melhor de mim, a dar a minha saúde e a minha própria vida, se necessário for, para cumprir rigorosamente com nosso programa de governo". Encerrou a fala com o bordão de campanha: "Obrigado, minha gente. Até outro dia."

Brasília ficou em festa até a noite. Na recepção do Palácio do Planalto destacou-se o irmão mais novo do presidente, Pedro Collor. Dirigia a empresa jornalística da família em Alagoas. Era, até então, uma figura desconhecida. Chamou a atenção pela semelhança com o irmão e pela desenvoltura com que circulava pelos salões do palácio.

Alguns ministros entraram na onda da posse em grande estilo popular. Antônio Rogério Magri foi um deles. Fez questão de instalar um palanque à frente do prédio do Ministério do Trabalho. Queria que a cerimônia de transferência do cargo ocorresse lá — mas contou com a oposição da ex-ministra Dorothea Werneck. Restou, após a posse, discursar do palanque para uma plateia formada por sindicalistas.

Antonio Cabrera, da Agricultura, não ficou atrás. Na entrada principal do ministério, elevou um palanque e de lá discursou para centenas de agricultores e pecuaristas que trouxeram para o ato dois tratores e trinta cabeças de gado.[3]

A expectativa era grande sobre as medidas que seriam adotadas no dia seguinte, sexta-feira, 16 de março. O feriado bancário começara na terça, dia 13. Fernando Collor encontrou-se com José Sarney e solicitou o feriado, considerado indispensável para o plano — e teve atendido seu pedido. A única ação governamental fora anunciar o tarifaço: o aumento dos preços dos combustíveis em 57,8%, dos serviços postais em 83,5%, e de 32% para energia elétrica, serviço telefônico, etanol e açúcar.

Incluindo esses reajustes, desde o início do ano o serviço telefônico tinha aumentado 599%; os serviços postais, 516%; a energia elétrica, 597%; os combustíveis, 527%; o açúcar e o etanol, 447%. A inflação dos dois primeiros meses do ano alcançara 169,72%.

---

[3]Antonio Cabrera tomou posse a 3 de abril. Bernardo Cabral, da Justiça, acumulava interinamente o Ministério da Agricultura. Isto porque Joaquim Roriz permaneceu apenas treze dias comandando a pasta. Acabou se desincompatibilizando para poder concorrer ao governo do Distrito Federal. Cabrera chegou ao ministério por acaso. Fora a Brasília conversar com o ministro da Agricultura para resolver o problema do pagamento dos coletores de algodão na região de São José do Rio Preto. Com o bloqueio, os produtores estavam em dificuldades para pagar os trabalhadores. Acabou indo procurar Cabral, ministro interino. Lembrou que, na campanha presidencial, recebera o então candidato na fazenda do seu tio, onde falou para produtores da região. Collor o tinha conhecido através de uma reportagem da revista *Manchete*, que apresentou o trabalho de Cabrera no Vietnã — antes ele tinha trabalhado na Índia, sempre a serviço da FAO (Organização das Nações Unidas para a Alimentação e Agricultura). O ministro da Justiça acabou levando-o ao Palácio do Planalto para ver se conseguia uma breve entrevista com o presidente. Cabrera falou rapidamente com Collor expondo as razões da sua viagem. Acabou descendo a rampa do Palácio na companhia do presidente, que, minutos antes, o convidara para assumir o Ministério da Agricultura, para surpresa do jovem veterinário, à época com 29 anos (entrevista com Antonio Cabrera, 19 de agosto de 2014).

A tensão era muito grande. Ninguém aguentava mais tanto aumento de preços. No Rio de Janeiro um supermercado foi fechado depois que uma consumidora encontrou uma mesma mercadoria com quatro preços distintos, variando em 300%. Já em São Paulo, no bairro da Freguesia do Ó, um açougue teve de interromper uma promoção no preço da carne após o início de um tumulto na porta do estabelecimento. Compareceram 20 mil pessoas.

Na sexta-feira, Brasília amanheceu em polvorosa. Logo cedo, Collor reuniu os ministros e apresentou dezessete medidas provisórias que acabara de assinar e que enviaria em seguida ao Congresso.[4] Fez um breve e incisivo discurso:

> O Brasil está cansado da indignação retórica que durante anos alimentou o mar de complacência em que estiveram mergulhadas boa parte das elites dirigentes. O povo exige indignação moral que se transforme rapidamente, como é da índole dos sinceramente indignados, em decisões e atos. Decidir e agir, eis o que a nação reclama de nós. [...] Não temos alternativas. O Brasil não aceita mais derrotas. Agora é vencer, ou vencer.

Pouco depois, atravessou a pé a praça dos Três Poderes e entregou pessoalmente todas as medidas ao presidente do Congresso Nacional, senador Nelson Carneiro. Foi um fiasco, pois, na hora, Collor percebeu que encaminhava apenas um rascunho das dezessete medidas, que não tinham sequer passado por uma revisão gramatical — havia vários erros de português. Teve de levar de volta a papelada e apenas à tarde — e não mais pelo presidente — as medidas foram enviadas ao Congresso com todas as correções necessárias.

---

[4]Também foram elaborados vários projetos de lei. Um deles instituía o imposto sobre grandes fortunas.

Na verdade, fora um duplo fiasco, pois Collor tinha planejado inicialmente falar da tribuna da Câmara, algo absolutamente inusitado na história republicana brasileira. Estava com o pronunciamento pronto. Iria discursar sem permitir apartes. Acertara tudo com Nelson Carneiro. Mas a forte resistência dos parlamentares acabou impedindo o ato, que representava, implicitamente, um desprezo pelo Parlamento, como se fosse simplesmente uma instância homologatória das decisões do Executivo.

O Plano Collor — que ele preferiu chamar de Brasil Novo[5] — foi recebido com assombro. Era uma verdadeira revolução econômica. Semanas antes, o presidente eleito dissera que seu programa deixaria a direita indignada, e a esquerda, perplexa. Cumpriu a promessa. Criou uma nova moeda, o cruzeiro — a terceira mudança em apenas quatro anos. E congelou os preços. Até aí isto já tinha sido feito em outros planos (fracassados) de estabilização.[6]

Contudo, o plano econômico era muito mais ousado. Pretendia realizar uma reforma financeira e do Estado. Uma das medidas

---

[5]Plano Collor "foi o nome que prevaleceu, mas, em geral, designando apenas o bloqueio das aplicações financeiras. As referências ao plano em geral não incluem o amplo leque de iniciativas em áreas diversas como política de rendas, finanças públicas, reforma do Estado, política cambial e comércio exterior" (Carvalho, Carlos Eduardo. As origens e a gênese do Plano Collor. In: *Nova Economia* 16, nº 1, jan.-abr. 2006, p. 103).

[6]"O último plano de estabilização que deu certo foi o Programa de Ação Econômica do Governo (PAEG) da administração Castelo Branco (1964-67). Com a inflação anual ameaçando chegar a 140% em março de 1964, o programa conseguiu mantê-la em 70%, aproximadamente 35% em 1965, decrescendo daí em diante até atingir 14% em 1972. Como todo plano abrangente de combate à inflação, o PAEG baseou sua estratégia numa tríplice combinação política fiscal, monetária e de rendimentos" (Longo, Carlos Alberto. O Plano Collor em perspectiva. In: Faro, Clóvis de (org.). *Plano Collor: avaliações e perspectivas*. Rio de Janeiro: LTC, 1990, p. 45).

(MP 151) foi a extinção de 24 autarquias, fundações, empresas públicas e sociedades de economia mista como a Portobras, Siderbras, EBTU, Petromisa, Instituto Brasileiro do Café, Instituto do Açúcar e do Álcool e Embrafilme, entre outros, que empregavam 15 mil funcionários.

Só com o decreto para o fechamento dessas empresas o presidente produziu uma multidão de adversários entre empresários, oligarcas estaduais, funcionários públicos, artistas e intelectuais (esses últimos devido à extinção da Embrafilme e da Funarte — ambas criadas pelo regime militar). Proibiu também o acúmulo de cargos e ordenou um rígido controle de gastos.

Visando ampliar a arrecadação, aumentou o Imposto sobre Produtos Industrializados (IPI) e extinguiu subsídios e incentivos fiscais, que favoreceram durante décadas setores privilegiados dos setores primário, secundário e terciário da economia. Só manteve os incentivos à Zona Franca de Manaus devido à disposição constitucional (o artigo 40 das Disposições Transitórias) e também porque seu ministro da Justiça, Bernardo Cabral, fazia política no Amazonas.

Outra medida provisória (MP 154) tratava do cálculo dos reajustes dos preços e salários. Os cheques passaram a ser nominais (e não mais ao portador). Foram extintos os títulos ao portador que eram, no entender de Francisco Dornelles, ex-diretor da Receita Federal, "um paraíso fiscal". Quem quisesse sacar os 25 mil cruzeiros a que tinha direito deveria se identificar e comprovar ter renda suficiente para o valor investido. Muitos acabaram optando por não receber, pois não tinham como justificar.[7] Em busca de

---

[7] A 18 de setembro de 1992, a Câmara dos Deputados aprovou um projeto do deputado Edson Pedrosa destinando Cr$ 81 bilhões para o Fundo Nacional de Saúde. O dinheiro veio de aplicações ao portador bloqueadas pelo Plano Collor e que não foram reclamadas pelos seus proprietários.

equilibrar as finanças públicas, foram reajustadas as tarifas de luz e telefone e os combustíveis aumentaram em 57%.

O câmbio foi deixado à livre flutuação e diversas tarifas de importação foram reduzidas pela MP 158. Era um meio de baratear os produtos importados — o que colaboraria na luta contra a inflação — e um estímulo à modernização da produção nacional, pois vários setores haviam sido protegidos durante decênios e, mesmo assim, mantinham preços altos e qualidade sofrível dos bens produzidos.

A grande polêmica, porém, recaiu sobre o bloqueio, por dezoito meses, das contas-correntes e cadernetas de poupança — estimou-se que o total tenha alcançado US$ 80 bilhões.[8] Foi permitido um saque de 50 mil cruzados novos, aproximadamente US$ 1.300, segundo o câmbio oficial do dia — no paralelo, US$ 610. E só.

Até o momento da digitação da medida provisória foi de tensão. Isto porque o funcionário designado para a função, ao ver que as cadernetas de poupança seriam bloqueadas, imediatamente se levantou e se recusou a continuar o trabalho. Pior: queria ir embora, o que romperia com o sigilo. Teve de ser contido. Foi convencido quando tomou conhecimento de que a medida seria extensiva a todos os correntistas que excedessem o valor determinado pela MP.[9]

Ibrahim Eris, presidente do Banco Central, justificou como foi estabelecido o limite: "Com uma tabela, descobrimos que, se déssemos um corte de 50 mil na poupança, 90% das cadernetas

---

[8]"O bloqueio da liquidez dos ativos financeiros [...] representou um desdobramento do amplo debate sobre as dificuldades e os impasses das políticas de estabilização dos anos anteriores, às voltas com a persistência da inflação elevada, no quadro de fortes restrições externas e de fragilidade fiscal e financeira do setor público, o quadro típico da década de 1980 na América Latina" (Carvalho, Carlos Eduardo, op. cit., p. 130).
[9]Entrevista com Luiz Eduardo Assis, 23 de dezembro de 2014.

estariam preservadas. Na semana passada, recebi um telefonema do presidente do Bradesco, Lázaro Brandão, que me disse que lá no banco os 50 mil de corte liberaram mais de 90% das poupanças." Segundo Eris, "chegamos ao limite retendo o mais possível de dinheiro e prejudicando o menor número de pessoas".[10]

A ministra da Economia, no ano seguinte, explicaria que chegou ao valor de 50 mil de forma prosaica (e incorreta):

> A noite de 15 para 16 [de março de 1990] foi inesquecível. Enquanto a festa continuava lá embaixo, Zélia e seus companheiros, metidos numa salinha, trocando ideias e comendo sanduíches, ainda davam os últimos retoques no plano. Desde cedo vinham divergindo em relação ao máximo de retirada permitida nas cadernetas de poupança: vinte mil? Cinquenta? Setenta? Ela, como ministra, daria última palavra. De vez em quando, para arejar a cabeça, descia ao térreo e participava um pouco da festa. Sempre que tem um problema, gosta de dar uma trégua para se distrair, deixando o subconsciente trabalhar. Escreveu num papel os números 20, 50 e 70 e voltou à festa. Deixou-se fotografar com suas amigas, sempre a segurar o papel. Ao regressar à salinha, havia optado pelos 50 mil cruzeiros. Encontrou a equipe ainda discutindo o plano.[11]

Da noite para o dia, milhões de correntistas tiveram congelados suas economias e os recursos para pagamentos do dia a dia. O governo ofereceu como contrapartida o pagamento de juros (6%

---

[10]A primeira declaração foi publicada na *Veja*. A segunda, obtive na entrevista com Ibrahim Eris, 18 de setembro de 2014.

[11]A escolha da ministra é citada em Sabino, Fernando. *Zélia, uma paixão*. Rio de Janeiro: Record, 1991, p. 135. A festa foi realizada na Academia de Tênis de Brasília, onde estava hospedada a equipe econômica. Eris discorda radicalmente da versão apresentada pela ministra: "É uma afirmação ridícula" (entrevista com Ibrahim Eris, 18 de setembro de 2014).

ao ano) mais a correção monetária do período. Também foram congelados os ativos investidos no overnight — só se podendo sacar 25 mil cruzados novos —, investimento que os bancos realizavam automaticamente para todos os correntistas.

Os cruzados novos bloqueados poderiam ser utilizados por sessenta dias para pagamento de impostos, taxas e contribuições previdenciárias, e por 180 dias poderiam ser transferidos entre pessoas físicas e jurídicas para liquidação de dívidas e operações financeiras contratadas antes de 15 de março de 1990 — processo que ficou conhecido como transferência de titularidade.

Com estas medidas o governo pretendia retirar de circulação US$ 57 bilhões, esperava derrubar a inflação — os mais entusiasmados falaram até em deflação — e controlar o oferta do cruzeiro, a nova moeda, evitando o aquecimento da demanda, como ocorrera nos planos de estabilização anteriores — e que fracassaram.

O déficit público de 1990, que estava estimado em 8% do PIB, deveria, de acordo com as autoridades econômicas, se transformar em superávit de 2%. O otimismo se estendia à disparada nos preços. Segundo Ibrahim Eris, as medidas "vão acabar com a inflação". Não era tarefa fácil. A inflação de março chegaria a 84,32%. O cenário de hiperinflação estava instalado. Estimava-se, se nada fosse feito, uma taxa anualizada de 150 mil%.

No dia 16, à tarde, a equipe econômica liderada pela ministra da Economia Zélia Cardoso de Mello deu uma coletiva para explicar o plano. Não conseguiram responder a maioria das indagações dos jornalistas. Foi um desastre. Zélia demonstrou insegurança e várias vezes recebeu a ajuda do secretário nacional de política econômica Antônio Kandir.

No Congresso, a oposição prontamente sinalizou que rejeitaria o plano. A Central Única dos Trabalhadores denunciou que haveria desemprego. Alguns economistas destacaram a possibilidade de uma profunda recessão. Mas a maioria o apoiou entusiasticamente. Mario Henrique Simonsen disse que "as chances de que a inflação caia são imensas". Luiz Gonzaga Belluzzo foi mais enfático: "Se todos nós concordamos que a raiz da inflação está na degeneração da moeda, pela expansão monetária descontrolada, como é possível negar méritos a uma tentativa articulada de conter tal descontrole?"[12]

Luiz Carlos Bresser-Pereira, que fora ministro da Fazenda entre 1987 e 1988, escreveu que o plano "é corajoso, coerente e drástico. Porque é corajoso e drástico, é arriscado. Tem, entretanto, todas as condições para dar certo". E mais: "Temos o dever patriótico de apoiá-lo ao mesmo tempo que propomos ajustamentos do plano. Não apoiá-lo o levará ao fracasso, um fracasso cujas consequências serão trágicas para toda a nação."[13]

Entre os parlamentares de formação econômica, havia também um clima de euforia. O deputado federal Cesar Maia (PDT-RJ) saudou entusiasticamente o plano: "Como é possível que um

---

[12]No artigo "Crise e reforma monetária no Brasil", publicado pouco antes do Plano Collor, Luiz Gonzaga Belluzzo e Júlio Sérgio Gomes de Almeida escreveram que "a gravíssima desorganização dos mercados que culmina na polarização dinheiro--bens reforça a possibilidade de uma fuga em massa da moeda. Nesta situação, infelizmente, a recomposição dos mercados e a restauração das expectativas de longo prazo passam por um controle arbitrário da liquidez e exigem um enorme grau de concentração das decisões. A antecipação das medidas fiscais e monetárias pelos agentes privados impede o Estado de regular a economia através de medidas convencionais. Neste caso, a própria eficiência das providências fiscais fica inteiramente subordinada ao sucesso da reforma monetária. O grau de arbítrio na execução desta será proporcional ao estado de pânico". In: *São Paulo em perspectiva* 4 (1), janeiro-março, 1990, p. 75.

[13]Bresser-Pereira, Luiz Carlos. *Os tempos heroicos de Collor e Zélia: aventuras da modernidade e desventuras da ortodoxia*. São Paulo: Nobel, 1991, p. 17-19.

governo de extração conservadora adote medidas fiscais e monetárias que há tantos anos os democratas vinham apregoando?" Era "um belíssimo programa de estabilização". Para o senador Saturnino Braga, também do PDT, o plano era em sua essência "uma revolução social-democrata". Márcio Moreira Alves, jornalista e ex-deputado federal pelo MDB nos anos 1960 — ficou celebrizado pelo discurso pronunciado em setembro de 1968 e usado como pretexto pelo governo, três meses depois, para impor o AI-5 —, foi ainda mais enfático: "Nunca, desde a Lei Áurea, os haveres da classe dominante brasileira sofreram golpe como o do plano anti-inflação."

No domingo, 18 de março, a *Folha de S.Paulo* divulgou uma pesquisa do Datafolha em que 60% dos entrevistados acreditavam que a inflação cairia com as medidas adotadas e 58% consideravam o plano bom para o país. Os resultados demonstravam relativo entusiasmo mesmo com o bombardeio televisivo de apoio ao Plano Collor. Era um sinal de que a população tinha sérias dúvidas da capacidade governamental de debelar a inflação. E também que parcela considerável não concordava com o bloqueio das contas-correntes, especialmente da poupança.

O presidente Collor estava entusiasmado. Declarou que "estava em uma floresta e tinha apenas uma bala para acertar o tigre. Acertei em cheio". E continuou: "Amanhã teremos um fato inédito no país. Os preços estarão mais baixos. [...] Dentro de trinta a quarenta dias estaremos nas ruas comemorando o fim da inflação. [...] É agora ou nunca. Quando eu disse que era vencer ou vencer, estava certo."

Não foram fáceis os dias seguintes ao plano, mesmo com o apoio dos principais jornais, revistas e canais de televisão (entre esses, destacou-se a Rede Globo de Televisão). A Bolsa de Valores de São Paulo teve, a 21 de março, a maior queda da história em um só dia: 20,9%. Por todo lado faltou dinheiro. O comércio ficou paralisado. Ameaças de desemprego em massa eram divulgadas pelas entidades empresariais.

Pelo país ocorreram atos de truculência policial que lembraram os dias posteriores à divulgação do Plano Cruzado, em março de 1986.[14] Alguns personagens eram os mesmos, como o delegado Romeu Tuma. Na época do Cruzado ele era o superintendente da Polícia Federal. Agora, era o superintendente da Receita Federal e chefiava a Polícia Federal.

Teve de tudo um pouco. Caso emblemático ocorreu no supermercado Eldorado, rede controlada pela família Veríssimo, em São Paulo. A Polícia Federal recebera a denúncia de que o preço do quilo de um peixe — merluza — teria sido remarcado. Policiais foram deslocados para verificar a denúncia. Nada foi comprovado. Mas, para não perder a viagem, resolveram fazer uma blitz em todo o supermercado. Entre os milhares de produtos encontraram um — somente um — que, na prateleira, exibia dois preços: o desodorante Denim. O gerente foi preso e diretores do grupo controlador também acabaram detidos. Quando chegaram à Polícia Federal, foram humilhados: dezenas de pessoas os aguardavam na rua. Acabaram xingados e vaiados. Os diretores foram logo liberados, mas o gerente permaneceu vários dias preso. E tudo por causa de um desodorante entre 20 mil produtos vendidos no supermercado.

---

[14]Uma editora — Tama, do Rio de Janeiro — foi invadida pela Polícia Federal, que bloqueou todos os exemplares do livro *Paraíso fiscal*. De acordo com a PF, o livro seria uma apologia ao crime de sonegação fiscal. Os donos da editora ficaram presos dois dias até obterem *habeas corpus*.

As arbitrariedades foram criticadas também por economistas, como Mario Henrique Simonsen:

> O que mais impressiona no Plano Collor é a sua ambiguidade ideológica. A ideia é inserir o Brasil no Primeiro Mundo sob a égide da competitividade e da privatização. Só que, no meio-tempo, os capitalistas são tratados aos trancos, não apenas quando merecem o tratamento de marginais por descumprirem a lei ou sonegarem impostos. Mas, sobretudo, porque têm que se conformar com atos de príncipe, como aceitar um sequestro de 80% dos seus ativos financeiros decretado da noite para o dia. [...] Precisa compreender que nenhum capitalista sadio investe num país onde as regras do jogo mudam de acordo com os humores do soberano. O capitalismo eficiente aceita riscos de mercado. Mas não riscos políticos.[15]

A base legal eram as Medidas Provisórias 153 e 156.[16] A fragilidade jurídica era patente. Collor argumentou que consultara seu ministro da Justiça, que, para ele, era um homem que conhecia profundamente a Constituição por ter sido relator da Carta na Constituinte. Ledo engano. Para os juristas, as medidas eram inconstitucionais. O governo acabou reconhecendo o erro — o que desgastou o ministro Cabral, que mal completara três sema-

---

[15]Simonsen, Mario Henrique. Aspectos técnicos do Plano Collor. In: Faro, Clóvis de (org.), op. cit., p. 128.

[16]A MP 153, no seu artigo 1º, determinava que "é crime de abuso do poder econômico, punido com reclusão de 2 a 5 anos ou multa de 200.000 a 5.000.000 de BTN, atentar contra os constitucionais princípios da livre concorrência e defesa do consumidor". O autoritarismo da MP chegou ao máximo no artigo 13: "nas prisões em flagrante efetuadas pela prática de condutas aqui definidas como crime, não será admitida a fiança nem se aplicará o disposto no artigo 310 e seu parágrafo único do Código de Processo Penal". A MP 156 definia os crimes contra a Fazenda Nacional estabelecendo penalidades aplicáveis a contribuintes, servidores fazendários e terceiros. As penas iam de dois a oito anos de reclusão e multa.

nas no cargo — e retirou do Congresso as MPs, substituídas pela Medida Provisória 175.

Um dos cenários de maior tensão, como seria de se esperar, foram as agências bancárias, mais do que os supermercados — onde também ocorreram violentos bate-bocas entre consumidores e funcionários. Estimou-se o comparecimento de 10 milhões de pessoas em apenas cinco dias. Teve de tudo um pouco: gerente preso, correntista tentando invadir agência com um carro, ataques de raiva e choro de poupadores. Para Ibrahim Eris, "os bancos tentaram sabotar o plano".[17]

Na imprensa foram relatadas diversas tragédias pessoais e familiares. Ora de um pequeno comerciante, ora de um cidadão que vendeu a casa, depositou o dinheiro no banco e, na hora de pagar a nova moradia, veio o confisco,[18] antecedido pelo feriado bancário de três dias e por um fim de semana.

A ministra Zélia tentava acalmar a população: "Encontrei uma senhora chorando na porta do ministério. Ouvi a sua história. Sou uma pessoa sensível e emociono-me com os problemas das pessoas. A fase atual do plano é horrível para mim. Se não achasse que o plano vai dar certo, tenho a impressão de que não suportaria."

Cresceu a polêmica sobre possíveis vazamentos envolvendo o Plano Collor.[19] O presidente do Banco de Crédito Nacional, Pedro

---

[17]Entrevista com Ibrahim Eris, 18 de setembro de 2014.

[18]Confisco foi a forma popular como ficou conhecido o bloqueio dos cruzados. Não houve um confisco propriamente dito, pois os cruzados foram devolvidos aos correntistas.

[19]"Não houve vazamento. Veja que a ex-mulher de Ibrahim Eris teve bloqueado o dinheiro da venda de um apartamento" (entrevista com Etevaldo Dias, 20 de outubro de 2015).

Conde, declarou que um correntista tentara sacar 300 milhões de cruzados novos em espécie dias antes do congelamento. Moacir Andrade, governador de Alagoas, teria sacado 1,7 milhão de cruzados novos. Um empresário carioca teria retirado, de uma só vez e em espécie, 650 milhões de cruzados novos. A operação necessitou de um carro-forte para o transporte do dinheiro.

O jornal *Folha de S.Paulo* teve sua sede invadida por um grupo de agentes da Polícia Federal, um ato de truculência e de ameaça à liberdade de imprensa. O governo invocou uma suposta irregularidade na cobrança de anúncios publicitários. Foram levados para a PF dois diretores do jornal e uma secretária. O veículo respondeu a violência com um editorial na primeira página: "A escalada fascista". Para a *Folha*, "a democracia brasileira não tolera aspirantes a *Ceausescu* ou versões juvenis de Mussolini".

Com a paralisação da economia, o reflexo foi imediato no mercado de trabalho. Os primeiros atingidos pelo plano foram aqueles que não tinham vínculos formais de emprego. Mas até setores importantes, como a indústria automobilística, deram sinais de preocupação, concedendo férias coletivas para um terço dos funcionários. Em março, a produção industrial caiu 5,8%.

Foram noticiados negócios na base da troca, mercadoria por mercadoria, sem a mediação do dinheiro. Empresas pagaram dívidas anteriores ao confisco com cruzados novos bloqueados, numa ciranda em que o último ficava com o mico, ou seja, aguardaria o desbloqueio dos cruzados ou entraria nos leilões oficiais que trocavam, com deságio, cruzados novos por cruzeiros novos. Porém eram ações improvisadas que não poderiam se manter por muito tempo.

*

Depois de inúmeras articulações — com o governo resistindo a negociar os pontos considerados essenciais do Plano Collor —, a 3 de abril foram aprovadas cinco medidas provisórias (148, 152, 163, 164 e 165). Uma importante vitória. A mais simbólica foi a de número 148,[20] que autorizava a venda de mansões. A de número 163 dispunha sobre a pena de demissão a funcionário público que: "I — mediante ação ou omissão der causa ao não recolhimento, no todo ou em parte, de tributos, empréstimos compulsórios ou contribuições devidos à União; e II — mediante ação ou omissão facilitar a prática de crime contra a Fazenda Pública." Passou meio despercebida a MP 165, que determinava a identificação dos contribuintes para fins fiscais. Dispunha o artigo 1º que "a partir da vigência desta Medida Provisória fica vedado o pagamento ou resgate de título ou aplicação, bem como dos seus rendimentos ou ganhos, a beneficiário não identificado". Ou seja, acabou-se com o cheque ao portador e com os títulos — como as Obrigações Reajustáveis do Tesouro Nacional, entre outros — que permitiam lavar dinheiro sem que o governo tivesse meios de coibir.

No dia seguinte foi aprovada outra medida provisória — a 159 — que alterava o estatuto dos funcionários públicos, mas, desta vez, com a derrubada de um inciso, o III do artigo 4º: "Compelir outro servidor público a filiar-se a associação profissional ou sindical ou a partidos políticos."[21]

---

[20]No artigo 1º a MP dispunha que "fica o Poder Executivo autorizado a alienar, mediante concorrência pública e com observância do decreto-lei 2300, de 21 de novembro de 1986, as unidades residenciais situadas no Distrito Federal e localizadas nos setores de habitações individuais, de chácaras e de mansões". O artigo 4º dispunha que "o valor apurado em decorrência da alienação de cada imóvel será convertido em renda da União, cujo produto será obrigatoriamente aplicado em programas habitacionais de caráter social".

[21]A MP 159, no seu artigo 5º, I, apontava as faltas administrativas puníveis com demissão a bem do serviço público: "valer-se, ou permitir dolosamente que terceiros tirem proveito de informação, prestígio ou influência obtidos em função do cargo para lograr, direta ou indiretamente, proveito pessoal ou de outrem, em detrimento da dignidade da função pública".

A 5 de abril, Collor obteve mais um triunfo. Desta vez no Supremo Tribunal Federal. Foi rejeitada, por sete votos a dois, a concessão de liminar impetrada pelo PDT contra a MP 173, pela qual "não será concedida medida liminar em mandados de segurança em ações ordinárias e cautelares decorrentes das Medidas Provisórias 151, 154, 158, 160, 161, 162, 164, 165, 167" (artigo 1º). Era uma clara invasão nas atribuições do Poder Judiciário. O julgamento começara dois dias antes e com placar desfavorável: 2 a 1 a favor da concessão da liminar. A suspensão ajudou o governo: os cinco votos restantes, todos eles, foram contrários ao pleito do PDT.

Ficou patente que o STF tinha tomado uma decisão política. Segundo Moreira Alves, o decano da Corte, "o interesse público do plano é notório" e "ninguém nega que o país atravessa a sua mais grave crise econômica". Para Paulo Brossard, relator da ação e derrotado na votação — juntamente com Celso de Mello —, "a apropriação indébita de bens é furto". O debate ficou justamente marcado pela necessidade de enfrentar a hiperinflação e suas consequências políticas. Em outras palavras, sempre quando possível, o STF aceitaria ações do Executivo, mesmo que discutíveis, naquele momento de anormalidade.

No mesmo dia foram aprovadas, sem emendas, mais três medidas: uma determinando a venda dos 10.117 apartamentos funcionais, outra instituindo o imposto de 25% sobre o lucro obtido em bolsa de valores e de mercadorias, e a última transferindo para a Receita Federal a cobrança do Imposto Territorial Rural.

O Congresso aprovou, a 11 de abril, sem modificações, a MP 168, a do bloqueio das contas-correntes e das cadernetas de poupança e que instituiu o cruzeiro como moeda nacional. Era o coração do Plano Collor:

A reforma monetária tem o objetivo de recuperar o controle do Estado sobre a moeda nacional. [...] A existência da correção monetária torna menos dolorosa a convivência com a inflação, cria a ilusão de neutralidade do processo inflacionário e, por isso, enfraquece o desejo da sociedade de combater as causas reais da desvalorização da moeda. No Brasil, a adaptação do corpo social à prática de indexação chegou ao absurdo econômico da criação da moeda indexada, que concentra atributos de liquidez e da atualização do seu valor em relação à moeda de curso legal. [...] Neste regime, em que convivem duas moedas, a política monetária do Estado torna-se inoperante, prisioneira da polarização das preferências dos agentes na moeda indexada. As tentativas de controle da liquidez na moeda fraca, em acelerada desvalorização, determinam a emissão de direitos na moeda protegida, através do manejo das taxas de juros. Paradoxalmente, os esforços de contenção de liquidez culminam em sua expansão.[22]

Foi uma vitória pessoal de Collor, uma vez que impôs a medida e não fez qualquer negociação com os parlamentares de oposição. Dias antes, recebendo uma comitiva de donas de casa de Minas Gerais, que foram ao Planalto hipotecar apoio às medidas econômicas, o presidente, em breve discurso de agradecimento, foi enfático: "Confio que o plano não será tocado pelo Congresso na sua estrutura. Até porque a emenda poderá sair pior que o soneto e nem soneto nós teremos mais depois que a estrutura for mexida."

Ao presidente do Congresso era reservado o papel de simplesmente aprovar, sem discutir ou emendar, as medidas provisórias encaminhadas pelo governo. E ele era referendado por lideranças parlamentares que estavam na oposição, como o senador José

---

[22]Exposição de Motivos nº 58 da MP 168 de 15 de março de 1990.

Richa, do PSDB do Paraná: "O Congresso está promovendo pequenas mudanças no pacote, mas não quer dar ao governo nenhum argumento de que lhe tirou os instrumentos para acabar com a inflação."

O grande derrotado foi o PMDB — que detinha a maior bancada, eleita em 1986, bafejada pelos ventos favoráveis do Plano Cruzado —, especialmente a parcela do partido que ainda seguia a liderança (fragilizada) de Ulysses Guimarães. Uma emenda apresentada pelo deputado Osmundo Rebouças (PMDB-CE) foi derrotada por 249 a 206 votos. Propunha ampliar em doze vezes o valor dos saques das contas-correntes, dos fundos de investimentos e das cadernetas de poupança. Trinta por cento dos parlamentares peemedebistas desobedeceram à liderança partidária e votaram com o governo. Ulysses pediu ao líder na Câmara, Ibsen Pinheiro, que encaminhasse o processo de expulsão dos 42 peemedebistas que tinham votado contra a orientação partidária — decisão inócua, logo abandonada.

No meio político estava presente a tese da governabilidade. Parlamentares do PFL, PL, PSDB e PMDB iniciaram conversações para formar um bloco suprapartidário que deveria atuar no que considerassem momentos de crise. Logo chamado de "acordão", tinha na liderança o senador Fernando Henrique Cardoso (PSDB), os deputados Luís Eduardo Magalhães e Ricardo Fiúza (ambos do PFL), Afif Domingos (PL) e Ibsen Pinheiro (PMDB). O bloco ia da direita à centro-esquerda e deveria manter a independência do Legislativo frente ao Executivo. Havia o temor de que um fortalecimento político de Collor pudesse se sobrepor aos partidos, uma espécie de bonapartismo tropical.

*

Dados sobre o comércio de São Paulo indicaram, em março de 1990, uma queda de 36% em relação ao mesmo mês do ano anterior. Alguns setores, como o de venda de automóveis e de materiais de construção — com alto índice de empregabilidade —, tiveram queda ainda mais acentuada: 42% e 53%, respectivamente. Os resultados foram mal recebidos pelas autoridades econômicas. Mas agora elas não tinham mais do que reclamar: com as medidas aprovadas pelo Congresso, a bola voltara ao campo do Executivo. Caberia a ele, finalmente, com todos os poderes sancionados pelo Legislativo, demonstrar competência econômica e iniciar o processo de retirada do país da hiperinflação.

A avaliação do governo, segundo o Datafolha, continuava positiva: 63% o consideravam ótimo ou bom. O Plano Collor tinha o apoio de 71% dos entrevistados. O receio do desemprego era manifestado por 68% e a maioria (53%) acreditava que somente uma parte do dinheiro retido seria devolvida. O governo comemorou os resultados. O presidente era elogiado por ter restabelecido o princípio de autoridade, pela dedicação ao trabalho e capacidade de decisão, que tinham se desgastado na gestão José Sarney. Mais ainda: eram citados exemplos de moralidade do primeiro mandatário. Teria, indignado, recusado um mimo: uma caneta de ouro que usara para dar um autógrafo ao neto de um empresário.

O Palácio do Planalto plantava notícias na imprensa de que Collor estaria preocupado em transferir a Presidência a Itamar Franco, quando das viagens internacionais, temendo algum ato de desperdício de dinheiro público que, eventualmente, poderia cometer o ex-senador mineiro. O vice era acusado de ter nomeado 64 assessores — o número total poderia chegar a 99. Apesar do volume de auxiliares, Itamar não recebera qualquer função do presidente. Dedicava-se à política mineira e ao seu plano de chegar ao governo do estado na próxima eleição, em 1994 — tinha sido derrotado, em 1986, por Newton Cardoso.

O presidente, ainda de acordo com a imprensa, exigia eficiência e objetividade dos ministros. Comportava-se como um estadista, não distinguindo apoiadores de opositores. Pensava primeiro na coisa pública. Até o uso do helicóptero para percorrer o caminho entre a Casa da Dinda e o Palácio do Planalto era visto como símbolo de eficiência, pois ganharia mais tempo para se consagrar ao trabalho administrativo.[23] Depois de tanta dedicação, no final do dia participava de uma missa na capela do palácio, sempre impecavelmente vestido.

Se de um lado era visto como um presidente exemplar, os pesquisadores tentavam entendê-lo como um fenômeno vinculado à tradição sebastianista:

> [...] são os heróis salvadores, tocados por carisma, que mobilizaram, cada qual em circunstâncias específicas, a paixão e admiração de vastos setores da sociedade nacional. [...] A comunicação de massa, sustentada por interesses específicos, reforça as tradições, maquilando e elaborando a figura do herói salvador.[24]

O presidente, nas sextas-feiras, transformou a saída do Palácio do Planalto em uma cerimônia de marketing político. A descida da rampa virou um concorrido ato político. Dezenas ou até centenas de populares se concentravam em frente ao palácio aguardando a passagem do presidente. Vez ou outra quebrava o protocolo e

---

[23]"No início do governo, ele fez as contas e concluiu que em cinco anos de governo ficaria 1.200 horas, no total, dentro do carro, o equivalente a cinquenta dias, para ir da sua residência ao Planalto. Optou então por fazer o percurso de helicóptero, com o qual gastaria, em cinco anos, apenas quatro dias" (*Veja*, nº 1.127, 25 de abril de 1990).

[24]Velho, Gilberto. A vitória de Collor: uma análise antropológica. In: *Novos Estudos* 26, março de 1990, p. 44-45.

se confraternizava com o povo. Descer a rampa com o presidente era sinal de prestígio entre políticos e ministros.

Nos finais de semana Fernando Collor se desdobrava em inúmeras ações publicitárias: voou em um caça F-5, jogou futebol e vôlei, navegou em um submarino, pilotou jet-ski e poderosas motocicletas. Tudo para construir a figura do presidente jovem, esportista, destemido. Usou as corridas matinais dos domingos — chamadas pelo porta-voz da Presidência de "demonstrações públicas de vigor físico"[25] —, que partiam da Casa da Dinda, sempre com ampla cobertura jornalística, para mandar mensagens políticas através de frases escritas nas camisetas. A mais célebre foi: "o tempo é o senhor da razão". Nos meses seguintes, sofisticou o marketing: passou a entrar e sair do Planalto com algum livro — sempre com a capa bem visível, permitindo o registro fotográfico.

Se o presidente procurava dar um ar de modernidade ao governo, a equipe jurídica cometia erros patéticos. O principal responsável era Bernardo Cabral, pois todas as MPs passavam pelo seu crivo — o ministro insistiu em acentuar que não tinha condições de dar a devida assistência jurídica e ao mesmo tempo estabelecer uma eficaz relação entre Planalto e Congresso.

No final de abril, com a edição de uma nova MP, a de número 182, que proibia a concessão de liminares contra o Plano Collor até 14 de setembro de 1992, gerou-se mais um transtorno. Desta vez a culpa não foi de Cabral, mas do consultor-geral Célio Silva. Revelava, em todo caso, a falta de coordenação do governo — o texto da MP, em vez de proibir medidas liminares em ações cautelares

---

[25]Rosa e Silva, Cláudio Humberto. *Mil dias de solidão: Collor bateu e levou*. São Paulo: Geração Editorial, 1993, p. 79.

previstas nos artigos 796 e seguintes do Código de Processo Civil, proibia medidas cautelares, o que impediria o acesso à Justiça.[26]

Mas eram os assuntos econômicos que ocupavam o noticiário. O governo anunciou diversas liberações de cruzados, inclusive para que empresas pudessem honrar o pagamento de salários a seus funcionários. Abriu exceção também para desempregados, maiores de 65 anos e entidades culturais. E aprovou diversas linhas de crédito para estimular a produção e o comércio.

A ministra da Economia, no noticiário, era onipresente. Por onde passava, Zélia compunha seu figurino sempre com roupas clássicas e ar severo, como se o vestuário tivesse uma relação carnal com as medidas de austeridade econômica.[27] Um dia estava em uma reunião do Banco Interamericano de Desenvolvimento, no Canadá; no outro, já no Brasil, participava da cerimônia de lançamento de Bônus do Tesouro Nacional (BTN) com resgate em trinta meses (em vez dos tradicionais nove meses), o que permitiria alongar o perfil da dívida interna, importante medida no momento em que o governo amargava enormes dificuldades econômicas.

O pagamento da dívida externa havia sido suspenso em julho de 1989, o que acabou permitindo ao país acumular 8 bilhões de dólares em reservas.[28] E aqui residia um sério problema:

> Esquece-se de que não basta suspender os pagamentos indefinidamente — como se isso fosse possível —, pois a negociação, ou seja, o estabelecimento entre o país e os credores de um

---

[26]A MP foi substituída pela de número 186, de 23 de maio de 1990.

[27]"Este era o meu jeito de me vestir na época; dava aulas na USP e usava tailleurs. Acho que vinha do fato de ser uma jovem mulher, solteira, tentando se impor em um mundo masculino e 'velho'" (entrevista com Zélia Cardoso de Mello, 16 de dezembro de 2014).

[28]Em 30 de julho — depois de uma ausência de dois anos — chegou ao país uma missão do FMI para coletar dados sobre a situação econômica brasileira.

entendimento sobre as novas condições da dívida é essencial para que sejam retomados os fluxos normais de financiamento externo oficial e de investimentos diretos. A ausência dessa normalidade provocou uma perda para o país, entre 1984 e 1988, de aproximadamente US$ 20 bilhões, montante capaz, isoladamente, de explicar nossos problemas de balanço de pagamentos. Não há estabilidade de preços que se sustente a médio prazo num quadro de escassez cambial, foco permanente de desestabilização de expectativas e de apostas na desvalorização da moeda. Além disso, sem tal normalização, não será possível implementar nenhuma política de significativa liberalização das importações.[29]

Falava-se em forte recessão, que baixaria a arrecadação fiscal, criaria problemas para a Previdência Social — com a redução das contribuições de empregados e empregadores —, desorganizaria a economia, estimularia o aumento dos preços e diminuiria o apoio político ao governo.[30] Era apontada também "a destruição da confiança do público com o sequestro generalizado dos ativos financeiros. Com isso, a credibilidade da nova moeda, o Cruzeiro, foi seriamente afetada".[31]

No início de maio, Zélia autorizou a liberação parcial dos preços que tinham sido congelados em 16 de março, mas outros continuavam sob controle da Sunab, como o dos remédios e automóveis, tarifas públicas, mensalidades escolares e aluguéis. Cumprindo o programa de eliminar as reservas de mercado e abrir o país à competição internacional, no dia 4 foi permitida a importação

---

[29]Serra, José. O Plano e o déficit. In: Faro, Clóvis de (org.), op. cit., p. 277.

[30]Ver Bresser-Pereira, Luiz Carlos. As incertezas do Plano Collor. In: Faro, Clóvis de (org.), op. cit., p. 84.

[31]Castro, Paulo Rabello e Márcio Ronci. A equação monetária: o equívoco central do Plano Collor. In: Faro, Clóvis de (org.), op. cit., p. 235.

de quase 2 mil produtos e estabelecidas alíquotas consideradas razoáveis — 85% para os veículos e 60% para os eletrodomésticos, entre outros.

O otimismo da ministra ("Não existe nenhum motivo para que a inflação possa voltar. Ela está morta e vencida.") contrastava com a realidade. Em abril, a inflação já dava sinais de que regressaria. O índice foi de 3,29%. Demissões foram anunciadas em vários setores. Só em maio o emprego caiu 2,2%, a maior queda desde 1981. A dobradinha congelamento-aperto na liquidez não estava dando resultado. E aumentavam as críticas à equipe econômica.

O enxugamento do número de funcionários públicos, dois meses após o anúncio governamental, encontrou inúmeras dificuldades para ser implementado, desde a falta de informação sobre a situação de cada servidor até entraves legais e direitos constitucionais. O voluntarismo inicial foi cedendo. Segundo o secretário da Administração João Santana, o "Estado não sabe quanto gasta com água, luz ou telefone. Não tem controle nem sobre o seu patrimônio nem sobre o pessoal empregado". Ele nem sequer sabia, com exatidão, o número total de funcionários: "Quando as pessoas me perguntam quantos funcionários o Estado tem, tenho de responder que são cerca de 800 mil porque é o número que eu tenho. Pode ser um pouco mais, pode ser um pouco menos."[32]

A meta de retirar da administração direta 360 mil funcionários redundara, até o momento, em não mais de 48 mil servidores afastados, dos quais 15 mil teriam sido efetivamente demitidos, a

---

[32]"Collor me deu autonomia de trabalho. As pressões foram grandes. Não foi fácil. No Rio de Janeiro estavam lotados na TV Educativa e na Rádio MEC até locutores da Rede Globo, como Cid Moreira" (entrevista com João Santana, 2 de julho de 2014).

quase totalidade composta de ocupantes de cargos comissionados, decorrentes, portanto, de indicação política. Em reunião ministerial, o presidente proclamou que era "imperativo que passemos com urgência a buscar resultados concretos que mantenham e acelerem o passo da reforma, impedindo que a mesma seja paralisada ou retardada por interesses corporativos e individualistas".

A expansão da liquidez impôs um primeiro — e sério — problema ao plano:

> [...] deveu-se às conversões formais de cruzados para cruzeiros, previstas no próprio programa, e às conversões informais realizadas pelo setor privado, principalmente pelas grandes empresas, para escapar do bloqueio de ativos financeiros. Saliente-se também que estados e municípios foram favorecidos no plano, com a possibilidade de transformarem receitas de impostos em cruzados para gastos em cruzeiros. Desta forma, além do Tesouro Federal e do Banco Central, os Tesouros estaduais e municipais passaram também a deter o monopólio da emissão da nova moeda.[33]

Com a transformação dos cruzados novos retidos em cruzeiros, aumentou — ainda que indiretamente — o volume de moeda em circulação, o que rompia com um dos pilares do Plano Collor.

A extinção do Serviço Nacional de Informações (SNI), criado em 1964, não fora assimilada pelos militares. Aproveitando este clima, o general Pedro Luís de Araújo Braga, ao tomar posse no

---

[33]Moura, Alkimar R. Rumo à entropia: a política econômica, de Geisel a Collor. In: Lamounier, Bolívar (org.). *De Geisel a Collor: o balanço da transição*. São Paulo: Idesp, 1990, p. 56-57.

Comando Militar do Sudeste — antigo II Exército —, atacou duramente o presidente Collor. Considerou "irresponsável" o fim do SNI. Utilizou a velha linguagem dos tempos da ditadura:

> [...] a atividade de informações vem sendo apontada como abjeta, abominável e amoral. Aqueles que nela mourejam são invariavelmente apontados como rábulas, deformados moralmente e praticantes de atos que violentam o caráter de homens de bem e os princípios cristãos. Eu repilo essa afronta.

O ataque ganhou apoio de vários generais da reserva identificados com os setores duros do regime militar, como Newton Cruz e Euclydes Figueiredo. Acabaram sendo repreendidos pelo ministro do Exército Carlos Tinoco — Newton Cruz foi punido com dez dias de prisão domiciliar.

Ainda em maio, o governo anunciou, cumprindo promessa eleitoral, a primeira privatização: a da Usiminas. Era uma das maiores siderúrgicas do Brasil. Localizada em Ipatinga, Minas Gerais, fundada em 1956, seria a primeira grande estatal que o governo pretendia privatizar de um lote ainda não definido estimado em setenta empresas avaliadas — também sem a devida precisão — em US$ 50 bilhões. As privatizações tiveram início em 1981, mas, em oito anos, haviam sido vendidas apenas 38 empresas.

O responsável pelo Programa Nacional de Desestatização,[34] Eduardo Modiano, presidente do Banco Nacional de Desenvolvimento Econômico e Social, destacou que

---

[34]Foi criado pela Medida Provisória 155 de 15 de março de 1990. No mesmo dia, a Medida Provisória 157 dispôs sobre a criação de certificados de privatização.

[...] além do objetivo principal que é a reforma do Estado, a privatização tem outras motivações econômicas importantes. São elas: reduzir o endividamento interno e externo do governo — o que não deve ser confundido com ajuste fiscal — e fazer com que a economia passe a operar segundo padrões de produtividade e de eficiência mais elevados.[35]

O presidente sancionou nova lei eleitoral, em maio, que regulamentava a eleição de outubro, o primeiro pleito parlamentar e de governadores desde a promulgação da nova Constituição. Collor vetou o artigo que obrigava os apresentadores de programas no rádio e televisão a se afastarem de suas funções quatro meses antes da eleição. Supunha-se, então, que tal medida beneficiaria especialmente o animador de televisão Silvio Santos, que, no mês anterior, filiara-se ao Partido Social Trabalhista e manifestava discreto desejo de concorrer ao governo de São Paulo.

A ministra Zélia entrou na alça de tiro dos adversários — alguns no interior do próprio Palácio do Planalto. Os resultados econômicos do plano estavam bem abaixo do esperado. Começaram a pipocar notícias na imprensa de que Collor estaria insatisfeito com a equipe econômica e que "cabeças iriam rolar".

Pesquisa Datafolha publicada na edição da *Folha de S.Paulo* de 15 de maio dava apoio de 54% dos entrevistados ao Plano Collor. Um mês antes o número era muito mais alto: 71%. A queda foi de dezessete pontos percentuais em trinta dias, e 59% dos entrevistados consideravam que o desemprego aumentaria, ao passo que apenas 40% acreditavam que tinham sido beneficiados pelo plano.

---

[35]Modiano, Eduardo. A reforma do Estado. In: Reis Velloso, João Paulo dos (org.). *Brasil em mudança*. São Paulo: Nobel, 1991, p. 45.

Temeroso de que os tribunais regionais do trabalho pudessem conceder aumentos salariais acima das metas estabelecidas pelo plano, o governo editou uma medida provisória — a de número 185 — suspendendo as sentenças por 150 dias. Caberia somente ao Tribunal Superior do Trabalho examinar este tipo de demanda. Juridicamente, a medida era questionável, pois invadia a esfera do Judiciário. O Congresso rejeitou a MP: 152 votos a 130. Collor não fez por menos: reeditou-a no mesmo dia, com o número 190, em claro sinal de confronto. Foi sua primeira derrota no Parlamento. Para o jurista Miguel Reale Jr., a "reedição é inconstitucional e uma afronta ao Legislativo". A rejeição também foi entendida como uma represália dos congressistas por não terem sido atendidos nos pedidos de nomeações.

O Supremo Tribunal Federal foi provocado pelo procurador-geral da República Aristides Junqueira. Para ele, a "reedição de uma medida rejeitada pelo Congresso põe em risco o sistema democrático". E foi além: "Se não for colocado um limite para as reedições, o presidente poderá reeditar uma MP rejeitada de trinta em trinta dias." O STF acabou derrubando a MP 190 por nove votos a zero. A passividade da Corte tinha limites. Durante dois meses seus ministros haviam fechado os olhos às medidas do Executivo de duvidosa constitucionalidade. O presidente do STF, ministro Néri da Silveira, foi claro: "O que o Supremo fez foi estabelecer até onde vão os poderes do Executivo". Para o relator, ministro Celso de Mello, "a reedição dessa medida revestiu-se de um caráter muito grave, porque significa confiscar a competência de um outro poder, o Legislativo". E o ministro Paulo Brossard foi direto ao ponto: "Se o Congresso devesse aprovar sempre as medidas do governo, para que o Congresso, então?"

Exacerbando o papel do Executivo e sem uma assessoria jurídica eficaz, o governo cometeria nova trapalhada. A 14 de maio, o

Banco Central instituiu o Imposto sobre Operações Financeiras, que incidia nos pagamentos de impostos em cruzados novos. Medida equivocada: não só por cobrar imposto de imposto, mas porque o BC não tinha competência legal para criar qualquer tipo de tributação. A resolução seria cancelada no dia seguinte.[36] O voluntarismo governamental se manifestou novamente dois dias depois, a 16 de maio, com o Decreto 99.251, que diminuía os salários dos funcionários públicos federais colocados em disponibilidade — e que também teve de ser revogado.

Em meio aos atropelos legais, o governo permanecia no firme propósito de romper a estrutura corporativa da economia e dos sindicatos. Em movimento também de discutível valor legal, a ministra da Economia determinou, a 16 de maio, através de uma portaria, a livre negociação entre patrões e empregados, mas os reajustes salariais não poderiam ser transferidos aos preços. A livre negociação era um passo importante, mas a impossibilidade de transferir para os preços o aumento dos custos salariais inviabilizava na prática o avanço proposto. Deve ser destacado que

> [...] como no Brasil não existe um contrato coletivo de trabalho de âmbito nacional, a defesa dos baixos salários deveria ser, em condições de recessão, um alvo permanente e o ponto de partida de qualquer negociação salarial. A livre negociação deve reconhecer, necessariamente, duas instâncias: um âmbito nacional,

---

[36]"Naquela altura dos acontecimentos, nós julgávamos que, por pressões de todos os lados, tínhamos cometido liberalidades excessivas em matéria de uso dos cruzados novos. A questão de pagamento dos impostos se coloca neste contexto. Obviamente, não poder pagar impostos com cruzados novos não fazia sentido aos olhos do público (nem nos nossos olhos, para dizer a verdade). Por outro lado, cruzados novos estavam sendo negociados com um desconto. Logo, o IOF serviria parcialmente para o Estado apropriar esta diferença. Dada toda a celeuma em torno assunto, a medida foi revogada" (entrevista com Ibrahim Eris, 6 de novembro de 2015).

geral, hoje inexistente, e um âmbito particular, por setor e por empresas. Ao suprimir a negociação no primeiro, o governo acena para a livre negociação apenas no segundo âmbito. Desse modo, a negociação só é livre num âmbito que, em condições recessivas, é o menos importante.[37]

O presidente manifestou preocupação, a 21 de maio, em uma visita ao Tocantins, com as críticas a seu governo. Falava-se em uma articulação para antecipar o plebiscito sobre o parlamentarismo que deveria se realizar, de acordo com a Constituição, em 7 de setembro de 1993. Em outra frente, Leonel Brizola, candidato do PDT ao governo do Rio de Janeiro, na semana anterior, em entrevista, defendera que poderia entrar com um pedido de impeachment de Collor. O presidente fez questão de responder: "Estou e estarei governando até o último dia para vocês."

Na mesma semana, em entrevista coletiva, desmentiu demissões de ministros: "Todos os ministros ficam até o final do governo." Mas alguns deles criavam dificuldades, como Bernardo Cabral, que viajou durante cinco dias para Nova York supostamente estafado e sem comunicar o deslocamento ao presidente. Simplesmente desapareceu do ministério em um momento difícil para o governo. Não teve, nos Estados Unidos, qualquer compromisso oficial. No mesmo período, visitava a cidade, para tratar com os credores da dívida externa, a ministra Zélia Cardoso de Mello. Ficaram hospedados no mesmo hotel.

O embaixador brasileiro nos Estados Unidos, Marcílio Marques Moreira, estranhou a presença de Cabral:

---

[37]Medeiros, Carlos A. Pacto social em tempos difíceis. In: Tavares, Maria da Conceição et alii (orgs.), op. cit., p. 148.

Olhe que coisa, ministra. Recebi telefonemas de jornalistas perguntando o que o ministro da Justiça veio fazer nos Estados Unidos. Não sei de nada, embora seja embaixador aqui. Diz a imprensa que ele veio negociar um acordo sobre drogas. Ela disse: "Que coisa curiosa." E ficou nisso. Quando fomos para Nova York, de manhã, ela me avisou: "Tenho de cancelar toda a programação da tarde, porque aquilo que o senhor disse sobre o ministro da Justiça é verdade: ele está no Hotel Regency e vou precisar encontrá-lo para tratar de um assunto muito importante." Perguntei: "Mas a senhora vai cancelar uma reunião com o Federal Reserve?" O Federal Reserve em Nova York, com o Jerry Corrigan, muito mais que o Federal Reserve Board de Washington, era na época uma espécie de *honest broker* nas negociações com os bancos comerciais sobre a dívida do Brasil. Ela acabou concordando em ir ao Fed de Nova York, mas confirmou que não poderia ir a Wall Street. A mim só restou dizer: "Bom, é uma pena..." Ainda perguntei: "Quer que a apanhe para levá-la ao aeroporto?" Ela disse que não precisava, pois já tinha condução. Quando cheguei ao aeroporto, estavam o ministro da Justiça, ela e o empresário Nelson Tanure.[38]

No balanço dos primeiros cem dias de governo, a aprovação da gestão caíra pela metade e chegara a apenas 36% — e o Plano Collor era considerado ruim por 41% dos entrevistados. A economia era a razão fundamental da queda. O salário mínimo tinha perdido valor, em termos reais, de US$ 96, em março, para US$ 69, em junho. Apesar das declarações oficiais, era evidente o retorno da inflação, e a recessão emitia sinais preocupantes, como o aumento

---

[38]Moreira, Marcílio Marques. *Diplomacia, política e finanças*. Rio de Janeiro: Objetiva, 2001, p. 254-55.

da taxa de desemprego. E era nas maiores cidades que os efeitos do plano mais se sentiam.

No campo do exibicionismo, entretanto, tudo ia muito bem. Collor, no mesmo período, praticou publicamente catorze esportes, viajou 50 mil quilômetros e envergou nove uniformes.

Enquanto isso, a reforma administrativa — bandeira importante para "o caçador de marajás" — estava emperrada. O STF concedeu liminar, solicitada por PT e PDT, suspendendo o cancelamento do pagamento dos salários integrais dos servidores — e eram 35.667 — que tinham sido colocados em disponibilidade. A decisão foi por nove votos a dois. Desta forma, os funcionários estáveis continuaram recebendo seus salários sem qualquer desconto e estando em casa.[39]

Na metade de junho o governo havia cortado somente 7.415 funcionários, número desprezível frente à meta de 360 mil (212 mil da administração direta e 148 mil da indireta). E, dos cortados, somente 1.381 foram demitidos. Os restantes, colocados à disposição. O governo resolveu não estabelecer mais um prazo para concluir o processo nem o número total de demitidos. O objetivo era exagerado.

No caso do Ministério da Saúde, de acordo com Alceni Guerra, se fosse cortar 30% dos funcionários, "desmoralizaria a reforma, não podemos fechar unidades assistenciais". No Ministério da Educação, a meta de demissão de 42 mil servidores foi abando-

---

[39]Um dos funcionários colocados em disponibilidade foi Geraldo Vandré, que era fiscal da Superintendência Nacional de Abastecimento. O célebre compositor retornara à Sunab, em 1985, após ter sido aposentado compulsoriamente pelo AI-5, em 1969. Escreveu um artigo ("A semiótica das eleições") criticando o governo Collor: "Quem fez um curso de Direito no 'Brasil de ontem' sabe, sem sombra de dúvida, que no chamado 'Brasil Novo' não há Direito nem direitos nem Estado propriamente dito e subsistente que se possa apresentar" (ver *Folha de S.Paulo*, 5 de novembro de 1990).

nada. Nas universidades, os reitores trocaram as demissões pela ampliação de 10% das vagas nos vestibulares. Depois de muitas cobranças, o número de demitidos saltou para 18.341, cerca de 9% do estabelecido em março.

Para manter o objetivo de economizar US$ 1,75 bilhão com a folha de pagamento, restou a imposição de um forte arrocho salarial, não concedendo aumento aos funcionários públicos até o final do ano e ignorando qualquer demanda por reposição salarial sobre perdas anteriores ao Plano Collor. O governo, porém, acabou não conseguindo obter a adesão dos ministros, que fizeram de tudo para manter intocado o número de funcionários — no máximo, efetuaram demissões cosméticas, dispensando prestadores de serviços ou estagiários.

O afã de enfrentar os problemas econômicos — especialmente a inflação — levou o governo também a retirar do baú a proposta de entendimento nacional, o pacto social entre empresários, trabalhadores e Estado. Durante a Presidência de Sarney, ocorreram inúmeras reuniões em busca de consenso. A referência era a Espanha e o Pacto de Moncloa. Mas as tentativas para um acordo fracassaram. A maior dificuldade era encontrar, na sociedade civil, interlocutores que tivessem efetiva representação. A ideia do entendimento servia também como um instrumento político do governo, transferindo o ônus da crise para empresários e trabalhadores.

Em Brasília, na terceira semana de junho, organizou-se um encontro. O governo estava representado pelos ministros Bernardo Cabral, Zélia Cardoso de Mello e Antônio Rogério Magri. Pelos trabalhadores estavam Jair Meneguelli, presidente da CUT, e Luiz Antonio de Medeiros, presidente do Sindicato dos

Metalúrgicos de São Paulo. Pelos empresários, somente Paulo Francini, membro da diretoria da Fiesp. O objetivo da reunião era estabelecer uma política salarial, de contenção dos preços e de ampliação do emprego. A tarefa não era fácil. E, depois de nove horas de discussão, não foi possível chegar a um acordo. O governo não quis interromper as demissões de funcionários públicos, os trabalhadores (especialmente a CUT) se recusaram a não mais fazer greves e os empresários evitaram se comprometer sobre a remarcação dos preços das mercadorias. Para Collor, "a intransigência de poucos impediu que firmássemos, como desejávamos, um acordo democrático".

Dias depois, através da MP 193, o governo restringiu os aumentos salariais a dois por ano. Segundo o secretário Antônio Kandir, a regra não seria aplicada aos aumentos por promoção ou mérito. Não haveria repasse aos preços. Se tal ocorresse, o governo aplicaria a Lei Delegada nº 4, que previa multas, interdições temporárias e até fechamento de estabelecimentos.[40] O governo, segundo Kandir, estava interessado no salário efetivo do trabalhador, que seria calculado através do Fator de Recomposição Salarial (FRS).

Para os simples mortais, o cálculo do salário não parecia tarefa fácil. Era preciso dividir o valor de cada mês pelo índice do FRS do dia do pagamento e somá-los. Mas o cálculo era mais complexo: o resultado deveria ser convertido em cruzeiros através da multiplicação do FRS do último dia do mês data-base da respectiva categoria profissional. O resultado final seria o salário efetivo. A medida encontrou opositores no Congresso, que a consideraram inconstitucional.

---

[40] A Lei Delegada nº 4 é de 26 de setembro de 1962 e dispõe sobre a "intervenção no domínio econômico para assegurar a livre distribuição de produtos necessários ao consumo do povo". Foi adotada pelo presidente João Goulart em um momento de aumento da inflação e de escassez de gêneros alimentícios.

Os empresários, como seria de se esperar, criticaram a proibição dos repasses argumentando que o aumento dos custos levaria necessariamente ao aumento dos preços das mercadorias. E as centrais sindicais também reprovaram a proposta, que conduziria a um arrocho salarial. Os empresários tinham se habituado a indexar os preços de acordo com a inflação passada. Mas não só: acrescentavam-lhes também a expectativa de que haveria uma aceleração da inflação. Ao mais leve sinal de que o governo perdia a batalha contra a inflação, imediatamente remarcavam os preços.

No mesmo dia da edição da MP 193, o governo divulgou a nova política industrial e de comércio exterior. Foram adotadas medidas ousadas e de enfrentamento de setores cartelizados. E que romperam com a política de substituição de importações que desde os anos 1950 marcara a história econômica brasileira. A relação empresários-Estado petrificara, ao longo do século, um conjunto de interesses nem sempre republicanos. Um exemplo eram as guias de importação. Uma simples autorização demorava meses e só era agilizada por meio de suborno. A partir de então, o prazo máximo para a autorização seria de cinco dias.

Para modernizar o setor têxtil diminuíram-se sensivelmente as tarifas para a importação de máquinas e equipamentos. Foram isentos do imposto de importação produtos químicos e bens de capital. Caiu para 70% o índice de nacionalização para máquinas e equipamentos serem financiados por órgãos oficiais e foram eliminadas diversas barreiras legais que dificultavam as importações. As tarifas seriam reduzidas paulatinamente até 1994, chegando ao limite de 40% — algumas alcançavam 105%.

Para evitar uma explosão das importações, o mercado flutuante de câmbio serviria como contenção: quanto maior a procura, maior a taxa de câmbio e a atratividade do produto importado. O objetivo central era dar às indústrias nacionais recursos para melhorar a produtividade, criar condições para competir com as mercadorias importadas e ter presença no comércio internacional.[41]

No final de junho — pouco mais de três meses após o início do governo — estourou a primeira crise. Ozires Silva, como ministro da Infraestrutura, acumulava três ministérios segundo o formato herdado: o das Minas e Energia, o dos Transportes e o das Comunicações. Tinha sob a sua responsabilidade 600 mil funcionários e 130 estatais. A fusão dos três ministérios o transformara no segundo ministro mais poderoso do governo, atrás somente de Zélia Cardoso de Mello.

Cada um dos antigos ministérios tinha um secretário que deveria, hierarquicamente, reportar-se ao ministro.[42] O problema ocorreu na área dos Transportes. A pasta sempre fora um território das empreiteiras, que acabavam determinando o ritmo das obras públicas — uma das heranças malditas advindas da construção de Brasília.

O governo anunciara um ambicioso plano de reformar 15 mil quilômetros de estradas federais, cerca de 60% do total: era

---

[41]"A abertura comercial criou muitos perdedores no curto prazo; nesse sentido, não se tratava de uma política fácil de empreender. Em toda a América Latina, a abertura comercial afetou negativamente poderosos interesses empresariais e sindicais que haviam se desenvolvido ao abrigo da concorrência internacional. Provavelmente a abertura comercial teve um impacto negativo mais imediato em alguns interesses estabelecidos do que a maioria das outras reformas, porque tem a potencialidade de expulsar do mercado os produtores ineficientes" (Mainwaring, Scott. *Sistemas partidários em novas democracias: o caso do Brasil*. Rio de Janeiro: FGV, 2001, p. 364-65).

[42]"Eu não designei nenhum dos três secretários-gerais. Não os conhecia. Foram indicados pelo presidente Collor" (entrevista com Ozires Silva, 7 de julho de 2014).

o SOS Rodovias. Uma intervenção de meio bilhão de dólares. O que logo chamou a atenção é que não haveria licitação. O ministro trombou de frente com o secretário dos Transportes Marcelo Ribeiro, que, antes de assumir o cargo, fora durante muitos anos funcionário de uma grande empreiteira e teria sido designado diretamente por Collor, por indicação pessoal de Paulo César Farias.[43]

O decreto acabou sendo cancelado um dia após sua publicação. A polêmica se estabeleceu, pois reportagens publicadas na imprensa davam como certo que teria ocorrido uma armação do secretário em conluio com as empreiteiras, inclusive com o pagamento de pareceres: "O decreto de dispensa da licitação foi baseado num parecer do jurista Hely Lopes Meirelles, apresentado como resposta à consulta do Departamento Nacional de Estradas de Rodagem (DNER). O parecer foi produzido depois que a consultoria jurídica do Ministério da Infraestrutura negou aprovação à dispensa da concorrência." Meirelles estava doente, mas revelou que empreiteiras interessadas no programa pagaram o parecer. Quando perguntado sobre o nome das empreiteiras, alegou "memória fraca". Semanas depois, faleceu.[44]

Ozires Silva exigiu do presidente a demissão de Ribeiro. Collor contemporizou, esperando a poeira baixar. Um mês e meio depois, Ribeiro demitiu-se. Era sinal de que havia um esquema de corrupção em algumas áreas do governo.

O presidente, contudo, continuava preservado, mesmo quando denúncias chegavam ao interior do Palácio do Planalto, como no

---

[43]"O presidente me pediu que eu recebesse Paulo César Farias no ministério. Não gostei do que estava vendo. Chegando em casa disse à minha esposa: 'Estou no lugar errado'" (entrevista com Ozires Silva, 7 de julho de 2014).

[44]Ver Dimenstein, Gilberto e Ricardo Kotscho. *A aventura da reportagem*. São Paulo: Summus, 1990, p. 31-32.

caso de Cláudio Vieira.[45] O secretário do presidente foi acusado de impor à Petrobras Distribuidora a contratação, sem licitação, da agência de propaganda Setembro, que trabalhara na campanha presidencial de Collor. Apesar disso, dias depois, o mesmo Vieira foi designado como responsável pelo conjunto da publicidade oficial, com o estabelecimento de novas regras para as licitações.

O governo, já no início de julho, liberou diversos preços de mercadorias e manteve apenas o controle de onze produtos vinculados à cesta básica e essenciais para o cálculo da taxa de inflação. Estava perdendo a guerra contra os preços. A inflação de abril fora considerada alta, mas porque, segundo o governo, ainda estava sob influência do aumento geral dos preços antes da divulgação do Plano Collor. Em maio e junho, porém, a taxa continuou acima das expectativas: 9,1% e 9%, respectivamente. Em julho, um salto considerável: 13%. Mas Collor continuava otimista, imaginando que a inflação cairia a partir de agosto, estabilizando em torno de 3% ao mês. Fez questão de deixar claro que "não vai haver Plano Collor II. O Brasil não tem como aguentar mais um plano".

Colidindo novamente com o Congresso, o presidente vetou o projeto de lei salarial aprovado pelos parlamentares por considerá-lo inflacionário. Concedia aumento automático para aqueles que ganhassem até cinco salários mínimos com base na inflação do mês anterior, e trimestral para os que ganhassem entre cinco e dez salários mínimos. Os que ganhassem mais negociariam livremente

---

[45]Cláudio Vieira era homem de confiança de Collor. Tinha sido advogado das Organizações Arnon de Mello. Quando Collor assumiu a prefeitura de Maceió, nomeou-o procurador-geral do município. Indo para Brasília, levou o auxiliar como chefe do seu gabinete de deputado federal. No governo estadual, Vieira ocupou a chefia da Casa Civil.

com os patrões. A Câmara derrubou o veto. O Senado, contudo, acabaria sustentando-o — eram necessários 38 votos e somente 34 senadores votaram contra. Desta forma, o governo manteve o Fator de Recomposição Salarial (FRS) criado no final de junho, que estabelecia dois reajustes salarias no ano.

Novo choque com o Legislativo ocorreu quando da aprovação do orçamento da União para 1991. Numa manobra que contou com o apoio direto do presidente do Congresso, senador Nelson Carneiro, a Lei de Diretrizes Orçamentárias (LDO) foi devolvida ao Executivo sem ter sido apreciada e votada pelos parlamentares. Partidos de oposição recorreram ao STF, que concedeu liminar impedindo o recesso e obrigando a votação. A LDO, afinal, seria aprovada por voto de liderança, a 10 de julho, com várias modificações introduzidas pelos congressistas e o questionamento jurídico do procurador-geral da República, Aristides Junqueira, de que não fora cumprida a determinação constitucional de destinar 18% do orçamento para a educação básica.

No mês de maio, em meio às turbulências políticas e econômicas, o movimento sindical começou a dar as caras com a deflagração de uma greve na Companhia Siderúrgica Nacional (CSN), inclusive com a ocupação das instalações da empresa, em Volta Redonda (RJ). Desocupariam a fábrica três dias depois. O movimento fracassara. E mais: na unidade de Criciúma, Santa Catarina, foram demitidos 1.500 funcionários.

A derrota na CSN, entretanto, não assustou o movimento sindical. A perda do poder aquisitivo dos salários era um elemento que facilitava a eclosão de greves: "O poder de compra dos salários por ocasião da posse do novo presidente estava reduzido a três quartos dos níveis de novembro/dezembro de 1989, chegando ao ponto mais baixo dos últimos anos. Os ganhos obtidos com o reajuste de 72,78% em março (IPC de fevereiro), face à inflação de abril (IPC 44,8%), não foram suficientes para recuperar aquelas perdas."[46]

No dia 1º de junho milhares de portuários cruzaram os braços. Retornaram ao trabalho onze dias depois com uma meia vitória: estabilidade de noventa dias e a realização de uma ampla negociação salarial com o governo. Curiosamente, somente um porto não parou, o de Maceió, em Alagoas.

As ameaças de Collor contra o funcionalismo público — chegou a anunciar, a 9 de maio, que demitiria 350 mil nos próximos sessenta dias — logo iriam encontrar resistência. Funcionários do BNDES entraram em greve contra duas centenas de demissões anunciadas pela direção do banco. Duas semanas depois, seria a vez dos bancários da Caixa Econômica Federal também paralisarem o trabalho. Dezenas foram demitidos, e a greve, interrompida.

A 11 de junho, a CUT, braço sindical do PT, iniciou uma greve no ABC com a bandeira da reposição salarial (166%). Na fábrica da Ford, em São Bernardo do Campo, a tensão foi grande. Após receberem a notícia da demissão de cem empregados, os trabalhadores invadiram e ocuparam a fábrica. Lá permaneceram um dia. Acabaram chegando a um acordo com a empresa. Mas os metalúrgicos receberam um reajuste que não chegava a um terço do exigido no início da greve (48%). Ainda em junho, petroleiros de todo o país permaneceram nove dias de braços cruzados protestando contra as demissões na Petrobras e exigindo reajuste salarial de 166%. O movimento terminou aguardando decisão do Tribunal Superior do Trabalho.

A temperatura sindical continuou muito alta. E estava diretamente vinculada ao aumento da inflação e da taxa de desemprego.

---

[46]Salm, Claudio. A questão salarial no Plano Collor. In: Faro, Clóvis de (org.), op. cit., p. 55.

Em janeiro de 1990, na região metropolitana de São Paulo, estava em 6,9%. No mês seguinte chegou a 8,1%. Em março, a 9,3%. Nos três meses seguintes foi progressivamente para 10,6%, 11,6% e 12,1%. O número de greves crescia na mesma proporção: em abril foram 35; em maio, 150; em junho, 370.

Em julho ocorreram mais duas ocupações de instalações industriais. No dia 11, os metalúrgicos da CSN novamente entraram em greve e tomaram as instalações da empresa. Uma semana depois, a siderúrgica desativou um dos altos-fornos. E a paralisação continuou por um mês. Somente terminou após o TST considerar a greve abusiva e determinar um reajuste escalonado, de acordo com as faixas salariais. Ainda em julho, nove dias após o início da greve na CSN, os metalúrgicos da Ford de São Bernardo do Campo mais uma vez entraram em greve. Um dos setores da empresa — a ferramentaria — estava paralisado. Era essencial para o funcionamento da fábrica. A companhia respondeu com o não pagamento, para todos os operários, do adiantamento quinzenal. Os trabalhadores reagiram depredando as instalações da Ford. Dois dias depois — a 25 de julho — novo incidente levou a mais depredações. O impasse seria resolvido através da concessão, por parte da empresa, de um reajuste salarial para o setor de ferramentaria.

Travando batalhas com setores influentes da política e da economia — e sem ter, em curto prazo, bons resultados para apresentar —, mesmo assim o governo mantinha o voluntarismo reformista. No final de junho, a ministra da Economia anunciara uma nova política industrial. Um mês depois, assinou um conjunto de medidas desregulamentando diversos setores, desde a distribuição de combustíveis até o controle dos meios de comunicação.

Eram medidas que rompiam com décadas de intervencionismo estatal, do passado varguista e do regime militar. Mais ainda: enterravam o modelo cepalino[47], que desenvolvia um capitalismo nacional com forte presença estatal, autárquico e com pouca presença no comércio internacional. A relação Estado-empresariado nacional, de seis décadas, tinha chegado ao fim.

O desafio para o governo era a construção de condições para um novo processo de acumulação de capital. E em condições econômicas desfavoráveis, tanto internas quanto externas. Deveria ocorrer também uma recomposição na base empresarial. Os velhos capitães de indústria, alguns vinham desde o início do século XX, já não tinham mais lugar na nova ordem econômica nacional.

A vinda de uma missão do Fundo Monetário Internacional foi considerada uma sinalização positiva. As missões do FMI estavam ausentes do país desde 1988. O Brasil desejava receber US$ 1,4 bilhão do fundo e estava otimista. O total da dívida externa era de US$ 115 bilhões, a maior parte dos quais para bancos privados estrangeiros (63%).

Agradar ao FMI poderia resolver o problema de um terço da dívida, mas a maior dificuldade estava nos outros dois terços,

---

[47] "O Modelo de Substituição de Importações (MSI), tal como defendido pela Cepal [Comissão Econômica para a América Latina, da ONU], foi a forma dos países retardatários promoverem a sua industrialização. Sinteticamente, pode-se dizer que a Cepal questionava a teoria econômica convencional em diversos pontos, sobretudo quanto à capacidade do livre-comércio promover seja a eficiência na alocação de recursos (no nível interno e externo), seja o desenvolvimento 'natural' das economias. Dessa forma, o MSI defendia três papéis fundamentais para o Estado: o de indutor da industrialização, através da concessão de crédito e do uso intensivo de instrumentos cambiais, restrições quantitativas e tarifárias; o de empreendedor, a fim de eliminar os principais 'pontos de estrangulamento' da economia; e o de gerenciador dos escassos recursos cambiais, a fim de evitar a sobreposição de picos de demanda por divisas e crises cambiais recorrentes" (Giambiagi, Fábio et alii. *Economia brasileira contemporânea: 1945-2010.* Rio de Janeiro: Elsevier, 2011, p. 133).

referentes aos bancos privados, que não recebiam havia mais de um ano nem os juros e muitos menos a amortização da dívida. Estimava-se o valor atrasado em US$ 7 bilhões.

A 12 de julho, chegou ao país o presidente do Citibank, um dos mais importantes credores do Brasil. A ministra da Economia deixou claro que o governo poderia fazer um pagamento simbólico, mas dentro do que chamou de capacidade de pagamento, sem emitir títulos de dívida pública ou ampliar o meio circulante. O pagamento estaria relacionado a uma previsão de superávit orçamentário de 0,5% do PIB.

Paralelamente, o Brasil buscava queimar etapas nas relações econômicas com a Argentina. Fernando Collor e Carlos Menem assinaram, em 6 de julho, uma série de acordos. Foi antecipada para 1º de janeiro de 1995 a extinção de todas as tarifas e obstáculos para o comércio bilateral. Para fins de previdência social, os trabalhadores teriam os mesmos direitos, caso trabalhassem na Argentina ou no Brasil. Chegou-se a falar inclusive em moeda única e em um único Banco Central.

Na metade de julho, o PT criou um governo paralelo ao estilo dos gabinetes de oposição na Inglaterra. Lula apresentou os dezesseis "ministros" e prometeu que acompanharia os atos do governo com críticas e projetos. Alertou que daria três meses para que os "ministros" trabalhassem muito. Caso contrário, perderiam o "cargo". Disse que faria reuniões periódicas e comunicou que a primeira seria no final do mês de julho.

A recém-criada Secretaria do Meio Ambiente, em vez de ser uma referência positiva para o governo — em grande parte devido à falta de habilidade política do titular —, acabou se transformando em uma central de problemas. Nem bem havia começado o governo e Werner Zulauf já pedira demissão, por incompatibilidade com José Lutzenberger. Depois, o secretário se afastou do contato com a imprensa. Não quis permanecer na Península dos Ministérios. Escolheu uma casa no Parque Nacional de Brasília, que transformou em moradia e local de despachos.[48] Teve vários confrontos com ambientalistas, mas foi se mantendo à frente da secretaria graças a seu enorme prestígio internacional.

Próximo de completar o primeiro semestre de gestão, os resultados econômicos não eram os esperados por Collor. Um complicador foi o anúncio da queda da safra de grãos, de 71,4 milhões de toneladas em 1989 para 61,8 milhões em 1990 — e, para piorar ainda mais as notícias do setor agrícola, estimava-se que, em 1991, a safra seria ainda menor: 50 milhões de toneladas.

A má notícia estava diretamente vinculada a uma frágil política agrícola e aos efeitos do Plano Collor. O Ministério da Agricultura "conseguiu recuperar para si as atribuições de fixar preços mínimos e definir os estoques reguladores do governo". Contudo, o Ministério da Economia "passou a controlar a compra e venda desses estoques, através da Companhia Nacional de Abastecimento, dando assim as cartas na condução da política de preços".[49]

---

[48]Era "uma casa destinada ao administrador, uma semirruína em meio a um mato, e ali passaria a morar e a trabalhar" (Dreyer, Lilian, op. cit., p. 298).

[49]Meneses, Francisco (org.). *Política agrícola e governo Collor.* Rio de Janeiro: Fase, 1991, p. 76. Houve, efetivamente, uma significativa contração em 1990, mas se compararmos a safra 1989/1990 (58,3 milhões de toneladas) com a de 1991/1992 (70,4 milhões de toneladas), o crescimento foi de 20,8%. Também na produção de carnes, a safra de 1989 foi de 7,4 milhões de toneladas e em 1992 saltou para 9 milhões de toneladas, um aumento de 22,2%. Ver Ministério da Agricultura e Reforma Agrária. *Administração Ministro Antonio Cabrera, março de 90-setembro de 92.* Brasília, 1992, p. 65-66.

No Congresso alguns partidários de Collor, liderados pelo senador Ney Maranhão, iniciaram um discreto movimento pela reeleição do presidente. Chegou a ser redigida uma proposta de emenda constitucional permitindo a reeleição de governadores e presidentes. Balões de ensaio foram lançados argumentando que um só mandato — de cinco anos, como até então disposto na Constituição — era muito pouco pela obra que pretendia realizar. Publicamente, o presidente não comentou a proposta do senador Maranhão e a proximidade das eleições fez com que o tema desaparecesse das confabulações políticas brasilienses.

A 30 de agosto — e como parte do projeto reformista e modernizador — foi editada a Medida Provisória 4º 215. De forma sumária, em três brevíssimos artigos, revogou o imposto sindical, principal fonte do peleguismo:

> Art. 1º Fica extinta a contribuição sindical, de que tratam os artigos 578 a 610 da Consolidação das Leis do Trabalho.
> Art. 2º Esta medida provisória entra em vigor na data de sua publicação.
> Art. 3º Revogam-se as disposições em contrário.

A medida não foi bem recebida pelos sindicatos, inclusive pela CUT, que, formalmente, advogava o fim do imposto. Para um dos seus diretores, era preferível que "o fim do imposto seja decidido pelo Congresso Nacional, depois de ampla discussão". Era um meio de evitar a questão e manter os sindicatos com a receita garantida, independentemente do número de filiados. A MP seria reeditada em novembro, mas o Congresso interveio no processo com um projeto de lei de conversão nº 58. O governo vetou por "contrariedade ao interesse público".[50] E resolveu aban-

---

[50]O veto foi através da Mensagem nº 22 de 9 de janeiro de 1991.

donar o espinhoso tema, que não contava com apoio efetivo das centrais sindicais e da ampla maioria dos sindicatos, inclusive os patronais.[51]

A inflação já atingira novamente os dois dígitos mensais. E não dava sinais de que poderia cair para um dígito. Os empresários protestavam contra as resoluções governamentais. E os sindicalistas também. Era como um pacto social às avessas: os polos opostos se encontraram, mas, em vez de estabelecerem os itens de negociação, tinham nas críticas ao governo o ponto de unidade.

O governo respondia — e a vocalização era quase sempre através da ministra Zélia — atacando empresários e sindicalistas. O espaço do diálogo, da negociação, estreitava-se. No início de setembro, entre as propostas do que foi chamado de entendimento nacional, aventou-se a ideia de um novo congelamento temporário dos preços. Seria um meio de enfrentar, segundo as autoridades econômicas, a indexação informal que poderia manter a alta dos preços em torno de 10%, inviabilizando qualquer tentativa de efetivo controle da inflação. A Federação das Indústrias do Estado de São Paulo, através de Mario Amato, seu presidente, logo protestou: "Está fora de cogitação". A CUT, pela voz do presidente Jair Meneguelli impôs como condição a recomposição das perdas salariais. O governo resolveu abandonar — negando que tivesse proposto — a ideia de um novo congelamento de preços e salários.

A situação no Congresso não era diferente. Dificilmente se repetiria, em setembro, a aprovação das medidas provisórias que sustentavam o Plano Collor. O governo não conseguiu construir uma sólida base parlamentar, e o PRN tampouco se transformou

---

[51]Entrevista com Antônio Rogério Magri, 27 de maio de 2014.

em um partido no (e do) governo. Continuava tão nanico como antes da posse de Collor. Seu mais destacado parlamentar, o deputado Renan Calheiros, passou a se dedicar quase que exclusivamente à campanha pelo governo de Alagoas, ausentando-se sistematicamente de Brasília.

O panorama eleitoral não era nada animador para Fernando Collor. Nos principais estados a luta era travada pelos dois maiores partidos, PMDB e PFL. Não era uma repetição de 1986. Desta vez, os peemedebistas estavam fragilizados, mas mantinham ainda forte influência regional. E os pefelistas investiam na possibilidade de ampliar o domínio dos governos estaduais — só comandavam Sergipe. O PDT — com base na grande votação obtida por Leonel Brizola nas eleições presidenciais de 1989 — tinha chance de vencer no Rio de Janeiro e no Rio Grande do Sul.

Nos três maiores colégios eleitorais (São Paulo, Minas Gerais e Rio de Janeiro), que representavam cerca de metade do eleitorado nacional, nenhum dos candidatos favoritos buscou o apoio de Collor — a exceção foi Paulo Maluf, em São Paulo, mas ele possuía um eleitorado próprio e tinha perdido as três últimas eleições de que participara (1986, 1988 e 1989).

Em setembro, uma pesquisa Datafolha avaliou o presidente e seu governo. Os resultados não eram desesperadores. Os 71% que o avaliaram positivamente em março tinham caído para 34%. Porém, 43% consideravam regular a gestão, e 20%, ruim ou péssima. Em parte, a avaliação ainda dava ao presidente certo cacife para negociar com as forças políticas, empresariais e sindicais. Mas Collor não sabia como, o que e com quem negociar.[52] Dava

---

[52]Meses antes, em maio, numa reunião da equipe econômica com o presidente, foi sugerido que ele negociasse com o Congresso as medidas que estavam aguardando votação. Collor respondeu de pronto: "Vocês não sabem o que estão me pedindo" (entrevista com Luiz Eduardo Assis, 23 de dezembro de 2014).

a impressão de que buscava um bonapartismo fora de época, especialmente em um país recém-democratizado, e com as Forças Armadas fora do jogo político.

O isolamento presidencial era de difícil compreensão. Não era possível entendê-lo como uma mudança radical dos hábitos políticos nacionais. Mas, independentemente do motivo, só acirrou a resistência do sistema contra ele. A campanha eleitoral que renovaria todos os governos estaduais e suas assembleias legislativas, e, especialmente, um terço do Senado e toda a Câmara dos Deputados, permitiria a construção de uma maioria parlamentar no Congresso Nacional. E o pleito se realizaria menos de um ano após a vitória obtida na eleição presidencial. Collor poderia, portanto, usar este cacife, politizar a campanha, transformando-a até em plebiscitária acerca das medidas adotadas a partir de 15 de março de 1990. Não o fez. Omitiu-se.

Ou, pior, o presidente não entendeu que fora eleito numa eleição solteira, atípica, e que tinha oportunidade de estabelecer uma sólida base no Congresso. Imaginou que a aprovação das medidas do Plano Collor — fato que ocorreu somente devido à gravidade da conjuntura político-econômica — seria uma espécie de padrão nas relações com o Legislativo Federal. Doce ilusão. Um governo que, na Câmara, tinha como líderes Renan Calheiros e Ricardo Fiúza, deputados de pouca expressão e sem representatividade, sobretudo o primeiro, teria necessariamente dificuldade para obter e manter maioria parlamentar. Assim, acabou reforçando ainda mais seu isolamento político.

A 10 de setembro, Collor fez uma reunião com todo o ministério. O objetivo era elaborar um balanço geral dos 180 dias de governo. O encontro foi longo: pouco mais de seis horas. O presidente abriu os trabalhos com um pronunciamento de 42 minutos. Demonstrou otimismo. Disse que o governo estava promovendo o entendimento nacional — nova denominação do pacto social, tão discutido no governo Sarney — e queria o diálogo. Elogiou a gestão econômica. Afirmou que a inflação cairia nos próximos trinta dias, pois seria a "combinação perversa de uma memória inflacionária e da especulação de uns poucos". Falou em coesão, unidade e confiança. Dissertou mais como candidato do que como presidente da República.

Cada ministro ou secretário teve cinco minutos para expor suas realizações. Zélia aproveitou para apresentar números favoráveis, que incluíam até a dívida externa. Sobre a permanência da inflação — que desde julho já saltara para dois dígitos —, justificou-a como uma "indexação informal". Aproveitando o clima, Antônio Rogério Magri, ministro do Trabalho, deu uma boa notícia: o aumento de arrecadação da Previdência Social. Ele vinha perdendo espaço no governo, pois Collor estabelecera relação direta com Luiz Antonio de Medeiros, presidente do poderoso Sindicato dos Metalúrgicos de São Paulo, que organizava uma central sindical para se opor à CUT. No dia da reunião, inclusive, foi divulgada uma carta de Medeiros ao presidente com largos elogios: "Finalmente o povo brasileiro tem um estadista na Presidência. Parabéns."

Outro fato político chamou atenção no encontro: a ausência do vice-presidente Itamar Franco, que fora a Juiz de Fora, Minas Gerais, cuidar da mãe, que estaria enferma.

Como de hábito em reuniões deste tipo, o resultado foi nulo. O objetivo administrativo pouco importava. Era mais uma ação para ocupar espaço na imprensa, fortalecer a imagem de executivo sério e eficiente do presidente. Para demonstrar austeridade, nas seis horas de reunião foram servidas apenas três rodadas de café e água.

Nos seis primeiros meses de governo, Collor editou 75 medidas provisórias e assinou 343 decretos, a maior parte sobre matéria econômica. Viajou quatro vezes ao exterior e por dezessete vezes transformou as sextas-feiras em um momento festivo, quando da descida da rampa do Palácio do Planalto. Apesar da tensa relação com a imprensa, concedeu quatro entrevistas coletivas. Mas era pouco frente às promessas eleitorais e ao que anunciara em 15 de março.

3. A glória

FERNANDO COLLOR INICIOU o segundo semestre de governo afastando para sempre o projeto de uma bomba atômica tupiniquim, que se desenvolvia desde o regime militar.[1] De acordo com o almirante Mário César Flores,

> [...] no início dos anos 1980, teria havido um projeto de se chegar à arma nuclear, conduzido pela Secretaria do Conselho de Segurança Nacional, apoiada num grupo que estudava o uso do laser para o enriquecimento de urânio, no Centro Tecnológico da Aeronáutica (CTA). Além disso, houvera então um breve e incompleto estudo sobre a engenharia mecânica do artefato e início do sítio do teste, os buracos da serra do Cachimbo.[2]

Na raiz estava a rivalidade Brasil-Argentina. Os portenhos também investiam na construção de um artefato nuclear. José Goldemberg, graças às ordens de Collor, visitou os reatores desenvolvidos pelas três Forças. O presidente ordenou que as portas deveriam estar

---

[1]Segundo José Goldemberg, os militares "pretendiam dominar a tecnologia nuclear para fazer armas. O plano era explodir a bomba no final do governo Figueiredo como uma espécie de um *grand finale*" (entrevista com José Goldemberg, 6 de agosto de 2014).

[2]Castro, Celso e Maria Celina D'Araújo (orgs.). *Militares e política na Nova República*. Rio de Janeiro: FGV, 2001, p. 101.

abertas e nada poderia ser omitido. O secretário de Ciência e Tecnologia ficou decepcionado. A realidade era muito distinta dos boatos, inclusive daqueles propagados pelos militares.

Conforme o secretário, o Exército desenvolvia um reator movido a plutônio, a bomba suja, conhecida como bomba dos pobres. O programa da Marinha era o mais avançado, mas, no geral, esses reatores eram muito mais eficientes em termos publicitários — e para a obtenção de recursos orçamentários — do que no campo científico.[3]

Segundo o brigadeiro Sócrates da Costa Monteiro,

> [...] os projetos nucleares da Aeronáutica e da Marinha começaram juntos. Mas depois houve discordância quanto ao processo do urânio: o almirante Othon era da equipe no Centro Tecnológico Aeroespacial (CTA) que estudava o processo de desenvolvimento do ciclo completo do urânio e defendia a tese da ultracentrifugação, que era um modelo clássico. Já a Aeronáutica defendia o processo de enriquecimento a laser, considerado um processo revolucionário, novo, pelo qual tínhamos conseguido atingir um estágio de 52% de enriquecimento numa primeira passada, o que era revolucionário. Então, havia duas equipes: o Othon foi para a Marinha conduzir os assuntos dele em Iperó, e a Aeronáutica continuou a pesquisar o enriquecimento por laser. Havia um grupo nosso que estudava o detonador do engenho e outro que estudava o local do teste, que era o tal buraco.

Para o ministro da Aeronáutica, "não havia projeto de fazer bomba, havia um projeto de detonar um artefato nuclear com o objetivo de estudar o comportamento dessa explosão no desenvolvimento do ciclo completo de enriquecimento do urânio".[4]

---

[3]Entrevista com José Goldemberg, 6 de agosto de 2014.
[4]Castro, Celso e Maria Celina D'Araújo (orgs.), op. cit., p. 166-67.

A 18 de setembro foi lacrado, com a presença de Collor, dos ministros militares e ampla cobertura da imprensa, na serra do Cachimbo, no Pará, o poço de trezentos metros de profundidade e de pouco mais de um metro de diâmetro construído pela Aeronáutica para testes nucleares. Segundo José Goldemberg, "não era um verdadeiro campo de provas, não passava de um fosso". Como em uma comédia pastelão, dias depois a Aeronáutica descobriu que o poço errado fora lacrado:

> Peguei o avião, fui lá, e estava lá o buraco guardado a uns 500 metros do outro. Era um buraco de um metro e meio de diâmetro, talvez, com 300 metros de profundidade, o tamanho do Pão de Açúcar em profundidade, feito com uma tecnologia própria, toda especial. Não é qualquer um que faz um buraco daqueles.

Após a comunicação ao presidente, a Aeronáutica acabaria fechando o poço correto.

Foi a culminação de um processo de convencimento dos militares — e que começou com a extinção do SNI — por parte do presidente, de que seu papel deveria se restringir aos deveres constitucionais. Em diversas cerimônias militares, Collor discursou e acentuou a necessidade de que as Forças Armadas fossem um dos instrumentos para a defesa do Estado Democrático de Direito.

Na sequência da desregulamentação da economia foram abolidas as cotas de produção, importação e consumo de carvão, assim como terminou o controle sobre o trigo, que poderia ser comercializado livremente. A esdrúxula necessidade de autorização estatal — existente havia décadas — para a criação de moinhos foi também revogada. E foram reduzidos os impostos de importação sobre mais de duzentos produtos, sempre com o objetivo de estimular a competitividade da economia nacional e baratear os preços internos.

Nesse caminho, foi também extinta a Secretaria Especial de Informática (SEI) e a reserva de mercado manteve-se apenas até 1992.

Um episódio da esfera mundana acabou recebendo amplo espaço na imprensa e tendo repercussão política no interior do governo. A 19 de setembro, à noite, no Clube das Nações, em Brasília, realizou-se a festa do 37º aniversário da ministra da Economia. Compareceram diversos ministros e secretários do governo, jornalistas e amigos da aniversariante. Porém os rumores sobre o relacionamento amoroso de Zélia com Bernardo Cabral transformaram o evento em um momento de desgaste para o governo.

O ministro da Justiça era casado e morava em um apartamento funcional com a esposa, mas ocupava outro apartamento funcional — o que não era permitido — vizinho ao da ministra Zélia. No final da festa, o casal dançou de rosto colado, ao som do bolero "Bésame mucho". Nos dias posteriores, jornais e revistas deram grande destaque ao casal, que reunia justamente os principais responsáveis pelos ministérios mais vinculados ao Plano Collor. Ficou célebre a reportagem de *O Estado de S. Paulo*, "Segredo revelado", de Luciano Suassuna, distinguida com o prêmio Esso de jornalismo de 1991.

Na semana seguinte, Zélia esteve nos Estados Unidos. Saiu do clima festivo do Clube das Nações para o embate com o secretário do Tesouro americano, que exigia o pagamento dos juros em atraso e falava também em nome dos governos europeus e do Japão. O Clube de Paris tinha a mesma posição. O FMI pressionava o Brasil a iniciar o pagamento, ao menos, dos juros atrasados. Estimava-se, somente para os bancos comerciais, o valor de US$ 18 bilhões. Zélia deixou clara a posição brasileira:

> Os acordos com os bancos comerciais devem ser compatíveis com nossos planos de ajuste interno nas áreas fiscal e financeira. A comunidade financeira internacional não pode pressionar por um serviço da dívida em escala superior à capacidade de pagamento do país devedor.

Ao mesmo tempo, o presidente Fernando Collor discursou na abertura da Assembleia Geral da ONU. Destacou que o país não tinha qualquer projeto de testes nucleares, mas exigia o fim das restrições americanas à compra dos supercomputadores, importantes para o desenvolvimento tecnológico brasileiro. Enfatizou que a reorganização do poder mundial — com a crise do socialismo e a reunificação da Alemanha — não poderia ocorrer em detrimento dos países pobres.

No exterior, a figura de Collor tinha boa receptividade. Ele estava antenado com os novos temas da política mundial pós-Guerra Fria e conseguiu estabelecer boas relações com os dirigentes dos principais países. Adotou para si o discurso de atenção ao meio ambiente. E a nomeação de José Lutzenberger obteve excelente acolhida. Defendeu a preservação da Amazônia, expulsou garimpeiros de áreas indígenas e iniciou os estudos para a demarcação da reserva dos ianomâmis.

Devido à invasão do Kuwait, o preço do petróleo disparara. Foi mais um complicador para o governo. O Brasil importava a maior parte do petróleo que consumia. Em menos de um mês o barril subiu de US$ 25 para US$ 38 — o preço mais alto nos últimos dez anos —, e nada indicava que se estabilizaria. A estimativa da Petrobras era de que gastaria, no mínimo, o dobro do que fora pago em 1989: US$ 6 bilhões. O aumento interno nos preços dos combustíveis teria um efeito imediato na taxa da inflação — estimou-se um aumento de 3% a mais no índice. E, para piorar, a Petrobras encontrava dificuldade para obter de bancos estrangeiros linhas de crédito para pagar os fornecedores de petróleo.

Depois de meses de negociação — que se arrastavam desde o final do governo Sarney —, em 26 de setembro, a União e o governo paulista acertaram o refinanciamento das dívidas da Vasp, Fepasa, Metrô, Dersa e do Tesouro estadual. O refinanciamento — através do Banco do Brasil — obedeceu a três critérios: prazo de pagamento, encargos financeiros e garantias. Após o acordo foram pagos os juros, atrasados desde janeiro de 1990. E o Tesouro Nacional iniciou a recuperação de seus créditos — originários de pagamentos aos credores externos de empréstimos de que a União fora fiadora.

A 3 de outubro foram realizadas eleições para todos os governos estaduais, para a renovação das assembleias legislativas, da Câmara dos Deputados e de um terço do Senado. A data foi simbólica. Desde 1965 não havia eleição neste dia consagrado à Revolução de 1930 — que seria referendada pela Constituição de 1988.[5] Foi a primeira eleição geral sob a égide da nova Carta.

---

[5]Durante o regime militar a data das eleições foi transferida para 15 de novembro. Era um meio de estabelecer uma relação entre o regime — de origem militar — com a proclamação da República — também produto de um golpe militar. Para eles, o 3 de outubro, início da Revolução de 1930, teria uma identificação direta com Getúlio Vargas.

Pela primeira vez seria utilizada a regra constitucional de eleição em dois turnos para os executivos estaduais. Em onze estados a eleição resolveu-se no primeiro turno. O PFL venceu em cinco (Sergipe, Mato Grosso, Pernambuco, Santa Catarina e Bahia), o PMDB, em dois (Amazonas e Goiás) e nos outros quatro o triunfo com PTR (Distrito Federal), PTB (Mato Grosso do Sul), PDT (Rio de Janeiro) e PSDB (Ceará). Estes dois últimos tiveram como candidatos eleitos Leonel Brizola e Ciro Gomes, respectivamente.

Nos dois maiores colégios eleitorais, São Paulo e Minas Gerais, a eleição foi decidida no segundo turno: em São Paulo venceu o PMDB, com Fleury Filho, apoiado pelo governador Orestes Quércia. Paulo Maluf, que recebera a adesão de Fernando Collor e usara a figura do presidente na propaganda eleitoral, acabou derrotado. Em Minas Gerais, Hélio Garcia, pelo Partido das Reformas Sociais (PRS), mera legenda de aluguel, derrotou Hélio Costa, do PRN, que teve o apoio aberto de Collor.

Nas 27 unidades federativas, o PRN não venceu em um estado sequer, e chegou ao segundo turno apenas em três (Minas Gerais, Paraná e Maranhão). O PT alcançou o segundo turno em cinco estados e somente em dois deles ultrapassou os 20% de votos — no Acre e no Amapá, colégios eleitorais inexpressivos em termos quantitativos.

Para a Câmara dos Deputados — que teve uma renovação recorde de 63% —, o PMDB ainda manteve a maior bancada, mas com apenas 21,5% das cadeiras. Em 1986, detinha a maioria absoluta: 53,2%. Porém, às vésperas da eleição de 1990, vira sua bancada diminuir sensivelmente, para 26,5%. O PFL conseguiu 17,3% das cadeiras. O PDT, especialmente devido às vitórias no Rio Grande do Sul e no Rio de Janeiro, ampliou a sua participação para 9,3%. O PSDB, criado em 1988, e que conseguira 12,3% das cadeiras antes da eleição — com a migração de parlamentares, principalmente do PMDB —, obteve apenas 7,4% do total de deputados. O PT dobrou sua representação, mas ficou distante do que era esperado pela liderança partidária. O PRN, mesmo com um leve crescimento — tinha, antes das eleições, 5,7% e chegou a 7%, 41 deputados —, continuou como uma pequena agremiação, apesar de ser o partido do presidente.

Para o Senado os grandes vencedores foram PMDB e PFL, ambos com oito eleitos. PRN e PT elegeram somente um (Sergipe e São Paulo, respectivamente). Entre os 81 senadores, a maior bancada continuava a ser a do PMDB (27), depois PFL (15), PSDB (10), PTB (8) e PDT (5) – o restante dividido entre sete partidos.

Na eleição senatorial um caso chamou a atenção: a transferência do domicílio eleitoral de José Sarney do Maranhão para o Amapá. Aproveitando-se de que seriam eleitos três senadores para representar o estado — que fora criado pela Constituição de 1988 —, o ex-presidente da República, sem chances de obter o mandato pelo seu estado natal, resolveu forjar que tinha residência em Macapá. O TSE vetou a manobra, mas Sarney recorreu ao STF e obteve ganho de causa, por maioria de votos, uma semana antes das eleições — e acabou sendo o mais votado no estado. Permaneceu no Amapá por vinte dias e novamente transferiu sua residência efetiva para São Luís.

O grande vencedor, segundo a leitura do momento, foi o governador Orestes Quércia, considerado a liderança nacional mais expressiva do PMDB. Ele conseguira eleger o sucessor, um secretário opaco e novato na política. E teve de vencer adversários poderosos como Paulo Maluf e Mario Covas. Ampliou como nunca os gastos do estado. Recebeu o governo, do então correligionário Franco Montoro, com um déficit público de apenas 0,5% e entregou ao sucessor com 20%. A situação financeira estadual era tão grave que o 13º salário dos funcionários públicos foi pago em duas parcelas, uma em dezembro e a segunda em janeiro de

1991, e Quércia suspendeu, em novembro, por sessenta dias, os pagamentos de várias empresas que haviam prestado serviços ao estado. Depois da eleição, justificou por que escondeu a grave situação financeira do governo: "Vocês queriam que eu abrisse o jogo em novembro para que o Maluf ganhasse as eleições?"

Usou e abusou da máquina pública. Nomeou milhares de assessores, mas, habilmente, cooptou políticos e intelectuais à sua esquerda. Desta forma deu verniz a um suposto projeto desenvolvimentista; seria uma espécie de Juscelino Kubitschek dos anos 1990. Já no final da campanha eleitoral anunciou que, no ano seguinte, iniciaria a formação de um partido político mais amplo do que o PMDB. Tudo para abrir caminho à sua candidatura à Presidência da República em 1994. E tinha o apoio de importantes lideranças regionais que haviam obtido bom desempenho nas eleições de outubro — participou ativamente do segundo turno da campanha peemedebista em vários estados e nos comícios era apresentado como futuro presidente.

Fernando Collor perdera a oportunidade de ampliar o frágil apoio político que detinha no Congresso Nacional e nos governos estaduais. De um lado, a chance desperdiçada poderia ser imputada ao relativo fracasso no combate à inflação e à inexistência de triunfos administrativos que pudessem ser usados como bandeiras eleitorais. Mas a atitude imperial do presidente e a dificuldade (ou recusa?) de estabelecer um sólido bloco eleitoral suprapartidário foram decisivas e acabaram por transformá-lo em mero espectador das eleições.[6]

---

[6]Para Werneck Vianna, "o êxito na luta anti-inflacionária credenciaria o governo a se fazer presente na competição eleitoral, postulando os votos que lhe permitiriam o aprofundamento da sua política de reformas neoliberais, tendo em vista o objetivo estratégico da revisão constitucional de 1993. Resultados não satisfatórios aconselhariam ao governo a clássica posição de magistrado, evitando que sua participação direta nas eleições fizesse delas um plebiscito contra si" (Werneck Vianna, Luiz. *De um Plano Collor a outro*. Rio de Janeiro: Revan, 1991, p. 112).

A obsessão pelo contato direto com o eleitor, sem a mediação do Congresso ou dos partidos políticos, pode também explicar o desinteresse do presidente, principalmente pela eleição do Parlamento. É como se Collor estivesse convencido pelo seu próprio discurso. A desqualificação da política acabaria cobrando-lhe alto preço. O predomínio quase que exclusivo da economia conduziu a um deslocamento de prioridade. E deu à gestão econômica protagonismo nunca visto na nossa história democrática.

Independentemente dos motivos, o presidente foi um dos grandes perdedores na eleição, assim como o PT, que não elegeu sequer um governador e formou uma pequena bancada federal, sobretudo se considerada a votação obtida por Lula no segundo turno da eleição presidencial de 1989. São os paradoxos da história: os que chegaram ao segundo turno da disputa à Presidência não conseguiram repetir o desempenho apenas dez meses depois.

A fragmentação partidária — diferentemente do pleito anterior — deu ao Congresso Nacional, pela primeira vez, um perfil que se manteria em todas as eleições futuras.[7] Em 1986 eram treze os partidos representados; em 1990, o número saltou para dezenove. E, no caso de Collor, a situação ficou mais complexa devido à fragilidade e à falta de organicidade do PRN.

Se o presidente da República tinha problemas na esfera política, a maior dificuldade, no entanto, continuava sendo a negociação

---

[7]"Sob o prisma puramente quantitativo, o novo Congresso se distingue do eleito em 1986 em pelo menos três aspectos importantes. Primeiro, um elevado índice de renovação da ordem de 63%; segundo, um enfraquecimento do centro em proveito da esquerda e da direita; terceiro, uma fragmentação acentuada, visto que numerosas siglas estão agora representadas e diminuiu bastante a força numérica antes comandada pelos dois maiores partidos" (Lamounier, Bolívar. *Depois da transição: democracia e eleições no governo Collor.* São Paulo: Loyola, 1991, p. 95).

da dívida externa. A 12 de outubro, Antônio Kandir e Jorio Dauster, embaixador especial para tratar da dívida externa, encontraram-se com representantes dos principais bancos credores em Nova York. Os banqueiros recusaram a proposta de o país honrar os compromissos segundo condição de pagamento própria e de os primeiros a receber serem os que oferecessem melhor desconto através de leilões dos títulos. Banqueiros ficaram perplexos; alguns resolveram vender no mercado secundário títulos da dívida brasileira com até 80% de desconto do preço de face.

Sem qualquer acordo, continuou pendente o recebimento de novos empréstimos, e o FMI prometeu que endureceria a negociação com o Brasil, seguindo os bancos comerciais. Para Ibrahim Eris, o impasse era ruim para o país:

> Nós todos estávamos convencidos que a proposta da capacidade de pagamento estava correta mas ela foi mal calculada. Fechar um acordo com o FMI era essencial para estabilizar a economia, enfrentar a inflação e restabelecer a confiança dos investidores estrangeiros.[8]

A 13 de outubro deu-se a primeira baixa efetiva no ministério: Bernardo Cabral pediu demissão do Ministério da Justiça.[9] Invocou "razões de foro íntimo". Na verdade tinha sido demitido pelo presidente na semana anterior, mas a dificuldade para encontrar um substituto adiou a notícia. O porta-voz da Presidência relatou

---

[8]Entrevista com Ibrahim Eris, 18 de setembro de 2014.
[9]Houve o caso de Joaquim Roriz, ainda nos primeiros dias do governo, que pediu demissão do Ministério da Agricultura, levando Cabral, por determinação presidencial, a acumular, por pouco tempo, os dois ministérios. Mas a passagem foi tão meteórica que nem foi notada.

em detalhes o momento em que Marcos Coimbra comunicou a Cabral a decisão de Collor:

— O presidente precisa do cargo, ministro, e deseja que o senhor peça demissão.
Cabral ficou pálido:
— Estou sendo demitido, embaixador?
— Não, ministro. O presidente é que precisa do cargo. O senhor tem feito um trabalho notável, mas há de convir que os nossos cargos pertencem ao presidente, não é mesmo?
Cabral parecia ter dificuldades para entender o que se passava. Por instantes, ficou mudo, olhar fixo sobre a mesa que o separava do embaixador, e aos poucos foi sendo tomado por uma expressão aterrorizada. Transpirava muito.
Balbuciou:
— O banheiro... o banheiro.
Acometido de incontinência urinária, pálido ainda, levantou-se assustado.
Em passos rápidos e miúdos, quase aos saltos, voou em direção à maçaneta do toalete privativo, a três metros de distância.
O embaixador, constrangido, quedou-se ao longo de vinte minutos, até que, envergonhado, o já ex-ministro voltasse à cena:
— Desculpe-me, embaixador, passei mal.
Um prestativo assessor da Secretaria Geral cuidou para que o ministro, com as calças molhadas, saísse sem ser notado, até a garagem do subsolo do Palácio do Planalto.[10]

No ministério, Cabral não conseguira desempenhar a contento a função de articulador político do governo e cometera diversos deslizes jurídicos nas edições das medidas provisórias do

---

[10]Rosa e Silva, Cláudio Humberto, op. cit., p. 304.

Plano Collor. Mas o desgaste cresceu após seu romance com a ministra Zélia tornar-se público.[11] Páginas e páginas na imprensa foram preenchidas com detalhes do *affair*. A repercussão afetou politicamente o governo — e em um momento em que não havia o que comemorar, sobretudo no campo econômico.[12] Entre a população — e demonstrando que tudo passara a ser objeto de pesquisa —, segundo a própria ministra Zélia, 80% consideravam que o namoro não prejudicava a administração do país.

A saída de Bernardo Cabral não criou um fato positivo especialmente pela nomeação do seu sucessor, o senador Jarbas Passarinho, que fora ministro de três governos militares: Costa e Silva, Médici e Figueiredo. Revelou que o governo estava isolado, sem um político de maior expressão e capacidade de articulação com o Congresso. Passarinho era, corretamente, identificado com o velho regime militar, não pertencia a um partido com bancada expressiva — o PDS tinha 43 deputados e três senadores — e fugia também do padrão ministerial do presidente: não era um técnico reconhecido nem tinha vínculos políticos anteriores com Collor. A entrada de Passarinho no ministério, em pleno curso do segundo turno das eleições para quinze governos estaduais, poderia ter possibilitado alguma alteração na atitude do presidente, dada a sua ativa presença no Senado — porém, nada mudou. Excetuando Alagoas, Collor ignorou o processo eleitoral.

---

[11]"Foi uma punhalada. Os dois ministros mais importantes [Cabral e Zélia]. Eu não sabia" (entrevista com Fernando Collor, 21 de maio de 2015).

[12]"O presidente jamais perdoou Cabral, homem maduro e experiente, pelo fato de haver aproveitado da fragilidade afetiva de Zélia para seduzi-la" (Rosa e Silva, Cláudio Humberto, op. cit., p. 303).

Passarinho relatou ter recebido um telefonema do general Agenor:

> Me perguntava qual das duas alternativas que o presidente me mandava submeter eu preferia: a liderança do governo, no Senado, ou o Ministério da Justiça. Respondi que qualquer delas, mas valia chamar a atenção para o fato de que, eu não sendo bacharel em Direito, sequer, o governo atrairia críticas. Respondeu-me o general que isso já fora avaliado pelo presidente, dependendo de mim a aceitação ou não. Aceitei, pois o Ministério da Justiça, então, era de fato um enorme desafio, mas não exatamente no campo jurídico. Estava afeta a mim a coordenação política do governo.[13]

Em meio às dificuldades do Palácio do Planalto, finalmente o PT, três meses depois de tê-lo criado, conseguiu promover uma reunião de seu governo paralelo, a 16 de outubro. Lula prometeu apresentar, em dois meses, um projeto para o desenvolvimento do Nordeste, outro para política salarial, além da saúde e cultura. No encontro foram traçadas metas para outros projetos a serem entregues e debatidos em 1991.

Três dias depois, a 19 de outubro, novo momento de grande tensão no governo: Luís Octávio da Motta Veiga pediu demissão da presidência da Petrobras. Ao sair, fez questão de identificar a razão de seu ato: estava sendo pressionado por Paulo César Farias a conceder um empréstimo de US$ 40 milhões, sem juros, para pagar em dez anos, à VASP, controlada por Wagner Canhedo, empresário brasiliense. PC teria ligado para Veiga

---

[13]Passarinho, Jarbas. *Um híbrido fértil.* Rio de Janeiro: Expressão e Cultura, 1996, p. 545.

dezessete vezes entre setembro e outubro para coagir o presidente da Petrobras.[14]

Frente às negativas de Motta Veiga, Marcos Coimbra lhe teria telefonado para saber o andamento do empréstimo. Ficara decepcionado com a recusa da empresa: "O embaixador expressou seu desapontamento dizendo que aquilo contrariava o empenho do Palácio do Planalto para a concretização do processo de privatização da VASP."[15]

Canhedo tinha assumido a direção da empresa aérea em uma controvertida privatização patrocinada pelo governo paulista, ainda na gestão Orestes Quércia.[16] E, importante, o empréstimo fora solicitado uma semana antes do resultado do leilão da VASP vencido por Canhedo. Recorde-se que a taxa de juros reais naquele momento era de 100% ao ano. Vale ressaltar que ele — soube-se depois — obtivera um empréstimo da Shell, no valor de US$ 15

---

[14]No depoimento ao STF, em 1993, PC justificou: "Não teve qualquer interesse na privatização da VASP; que como é amigo de Wagner Canhedo há vinte anos e conhecendo bem o sr. Luís Octávio da Motta Veiga, na época da campanha, ligou para este, pedindo para que ajudasse o Wagner Canhedo, até porque o pleito que ele tinha constituía uma operação normal que a Petrobras já tinha feito com várias empresas do país, inclusive em favor de duas empresas concorrentes da VASP: a VARIG e a TAM." Que Canhedo "é um homem esforçado e lutador" e que em certa ocasião "fez um empréstimo no Citibank, transferindo-o para Wagner Canhedo, e que antes do vencimento dessa promissória ele pagou à empresa do depoente e esta ao banco; que o empréstimo foi em torno de quatro milhões de dólares" (p. 12).

[15]Relatório Final da Comissão Parlamentar Mista de Inquérito, p. 71-72.

[16]"A primeira parcela do preço da Vasp que Canhedo devia ao governo de São Paulo foi paga com dinheiro do caixa do esquema PC-Collor. Poucos dias antes do vencimento dessa prestação, PC injetou dinheiro nas contas de Canhedo. O investimento foi de pelo menos US$10,9 milhões nas contas bancárias de Canhedo e suas empresas. Canhedo pagou US$ 4,2 milhões pela primeira parcela da negociação com o governo de São Paulo" (Krieger, Gustavo et alii. *Todos os sócios do presidente*. São Paulo: Scritta, 1992, p. 118).

milhões, dez dias antes de vencer o leilão da VASP, em troca da garantia do fornecimento de metade do combustível consumido pelas aeronaves da empresa.

O presidente da República tentou apagar a crise rapidamente nomeando Eduardo Teixeira, secretário-geral do Ministério da Economia, para a presidência da Petrobras. Mas o caso era muito mais complicado do que uma simples substituição de dirigente. A companhia era o símbolo do nacionalismo brasileiro. Motta Veiga saiu atirando. Convocou uma entrevista coletiva. Identificou em assessores diretos do presidente uma tentativa de impor uma operação que chamou de danosa para a empresa. Falou de Marcos Coimbra e Cláudio Vieira.

Sete meses após assumir a Presidência, pela primeira vez Collor era atingido tão diretamente. Veiga não apontou somente a figura do antigo tesoureiro da campanha. Disse, com todas as letras, que o cunhado e secretário particular do presidente o pressionara diversas vezes para favorecer Canhedo. E aproveitou para atacar também o porta-voz Cláudio Humberto: "Ele vive de futricas."

Motta Veiga detalhou as pressões que sofrera. Paulo César Farias não só foi à sede da Petrobras, acompanhado de Canhedo, como teria ligado diversas vezes para saber detalhes do ritmo do empréstimo — que acabou não sendo concedido. Teria também tentado extorquir uma empreiteira que ganhara uma concorrência na Petrobras. Ainda segundo Motta Veiga, PC teria lhe pedido que segurasse a divulgação do resultado por dez dias. A insinuação era de que buscaria tirar algum proveito financeiro atribuindo à sua intermediação o empréstimo da Petrobras. Isso não ocorreu, pois o presidente da Petrobras fez questão de ligar imediatamente para a empresa vencedora da licitação. Em quatro meses, era a segunda vez em que aparecia o nome de PC Farias vinculado a uma tenebrosa transação.[17]

O presidente da República justificou a demissão de outra forma:

> A situação do então presidente da Petrobras, Dr. Motta Veiga, dentro do governo, não era boa, pelo seu ato de insubordinação, contrariando determinação expressa do governo federal de lutar contra reajustes fora dos limites fixados pela política econômica, o que não foi por ele cumprido quando do dissídio coletivo da companhia, em setembro de 1990; que ele próprio já tinha consciência da sua insustentabilidade no cargo; que atribui a essa circunstância o fato de sair do cargo de modo tão pouco ilustre, dando conotações de que havia interesses escusos por trás da privatização da VASP.[18]

Eduardo Teixeira assumiu a presidência da Petrobras e imediatamente constituiu uma comissão "para avaliar, em todos os seus aspectos comerciais, econômicos e financeiros, a proposta apresentada à Petrobras Distribuidora S.A.-BR pelo Grupo Canhedo, adquirente do controle acionário da VASP".[19] A comissão teria cinco dias para entregar o relatório. Mais do que cumpriu o prazo: o documento foi encaminhado à presidência da empresa em quatro dias. A VASP era a sétima maior cliente da Petrobras.[20] Apresentou-se um histórico das negociações de Canhedo com a

---

[17]"Não havia interlocução institucional. As reivindicações não percorriam as vias políticas. Tudo era por fora. Ninguém conhecia aquela gente. Cortaram as ligações tradicionais" (entrevista com Gastone Righi, 4 de dezembro de 2015).

[18]Depoimento prestado ao STF, 15 de junho de 1993, p. 7.

[19]Ordem de Serviço nº 11/90 de 26 de outubro de 1990 (documento em poder do autor).

[20]Era precedida pela Companhia Petroquímica do Nordeste (Copene), Vale do Rio Doce, Votorantim, VARIG, Eletronorte e a Rede Ferroviária Federal.

Petrobras e a empresa considerou a proposta inadequada, excessiva "quanto ao valor do financiamento, ao prazo de amortização, ao risco econômico e à época e forma de liberação dos recursos". E concluiu:

> Ainda que prazos e valores tenham sido considerados inaceitáveis, a proposta não foge às práticas comerciais em uso no setor. A BR, como as outras empresas distribuidoras, adota a prática de conceder financiamentos a seus clientes, em contrapartida à vinculação comercial. Há previsão orçamentária para esse fim. Até o ponto em que foi interrompida a negociação, a proposta era inaceitável, em virtude do elevado valor do financiamento, prazo, risco, época e forma de liberação dos recursos. Entretanto, tendo em vista a importância do contrato em questão, notadamente num mercado competitivo como a distribuição de derivados de petróleo, recomenda-se o prosseguimento das negociações com a VASP. Em verdade, deve-se exaurir os procedimentos comerciais usualmente adotados, buscando condições satisfatórias para ambas as partes. Interessa à companhia a continuidade do relacionamento comercial com a VASP. Nesse sentido, o rompimento das negociações não consulta os interesses da BR.[21]

Para Cláudio Humberto — e nessas horas ele exercia o papel de líder do governo mais do que de porta-voz — o negócio era excelente e foi um erro Motta Veiga ter negado o pedido da VASP, pois a Shell — companhia anglo-holandesa — acabou aceitando. Na

---

[21]O relatório é datado de 30 de outubro de 1990 e foi encaminhado à presidência da Petrobras pelo diretor da BR Distribuidora, o almirante Maximiano da Fonseca. No dia seguinte, Eduardo Teixeira enviou o relatório ao presidente Collor. Fez questão de ressaltar que "diante de nova e recente manifestação formal da VASP de negociar a metade remanescente do contrato de fornecimento de combustíveis, serão retomadas as tratativas com aquele cliente, consultados os interesses da Petrobras Distribuidora S.A. - BR" (documento em poder do autor).

verdade, a Shell fez o empréstimo em condições distintas, tanto de prazo quanto de pagamento de juros. E dificilmente adotaria alguma medida que prejudicasse a empresa e criasse problemas à diretoria frente ao conselho diretivo.

Não era mais segredo que toda segunda-feira, logo cedo, PC Farias tomava o café da manhã com Collor — fato que o presidente publicamente sempre negou. De acordo com Rosane Collor, "ele e Fernando tomavam café da manhã na Casa da Dinda toda semana Quase sempre eu estava junto. Às vezes eu só ficava um pouco e depois saía".[22] Já o porta-voz da Presidência reafirmaria a negativa, registrando, porém, que "conversar com PC, sobretudo para Collor, foi sempre fascinante". E explicou, voltando ao início do governo:

> Convidar alguém para sentar-se em torno de uma mesinha com uísque, gim e tira-gostos, como Collor fez com PC naquela tarde de 17 de março de 1990 na Casa da Dinda, é deferência rara do ex-presidente, que escolhe suas companhias de acordo com as chances de momentos de prazer que a conversa possa proporcionar-lhe.[23]

Registre-se que naquele dia — 24 horas após a divulgação do Plano Collor — o país estava em polvorosa, mas em Brasília a vida parecia muito mais tranquila.

Pior: com os crescentes rumores, empresários começaram a revelar a jornalistas que eram achacados por PC desde a posse de Collor. Uma reportagem de *O Estado de S. Paulo*[24], com amplo

---

[22]Malta, Rosane. *Tudo o que vi e vivi*. São Paulo: LeYa, 2014, p. 100.

[23]Rosa e Silva, Cláudio Humberto, op. cit., p. 328.

[24]Ver *O Estado de S. Paulo*, 21 de outubro de 1990. Na mesma página, outra reportagem sobre o tesoureiro de Collor tem o título "PC nomeia, demite e recebe acusações".

destaque, dizia que teria sido PC Farias quem dera aprovação final à nomeação de Zélia Cardoso de Mello, tanto que teria nomeado seu chefe de gabinete.[25] Na mesma reportagem — com o sugestivo título "Um homem que subiu rápido na vida" — aparecia a transcrição de um diálogo telefônico que teria ocorrido pouco após a posse de Collor. PC telefonara para um político alagoano e dissera estar hospedado no luxuoso hotel Waldorf Astoria, na suíte presidencial, pagando US$ 15 mil a diária.

Segundo depoimento de Renan Calheiros à CPI, em 1992, em certo momento a ministra Zélia "perguntou ao senhor presidente da República 'o que eu vou fazer com os pedidos do Paulo César Farias?' Como resposta, o senhor presidente respondeu: 'Vá tocando'".[26]

Estava claro que a arrecadação de fundos não era mais exclusivamente para campanha, o consagrado caixa-dois da política brasileira. Segundo PC Farias, para as eleições de 1990

[...] foram arrecadados cerca de cinquenta e oito milhões de dólares, entre o segundo semestre de noventa e o primeiro semestre de noventa e um; que na aludida campanha de mil novecentos e noventa foram gastos, além desses cinquenta e oito milhões de dólares, o saldo de vinte milhões de dólares da campanha anterior.[27]

---

[25]"Eu conhecia o PC e durante a campanha tive muito contato com ele — esteve presente em 90% das reuniões de campanha, mas não esteve presente em nenhuma reunião quando se tratava do programa econômico em si. A mim, ele nunca pediu nada. Se pediu para outras pessoas do ministério, não sei. Naquela conjuntura era extremamente difícil que qualquer demanda não republicana fosse atendida. Os processos do ministério seguiam um procedimento que dificultaria que um assunto que não tivesse mérito fosse levado para minha decisão" (entrevista com Zélia Cardoso de Mello, 16 de dezembro de 2014).
[26]Relatório Final da Comissão Mista de Inquérito PC Collor, p. 68.
[27]Depoimento prestado ao STF, op. cit., p. 9.

A ligação PC-Collor não era simplesmente uma questão regional. Tanto que, na Câmara dos Deputados, a bancada do PSDB chegou a ensaiar uma Comissão Parlamentar de Inquérito justamente para investigar as relações de Farias com o governo — mas tudo não passou de um espasmo ético.

Além dos problemas envolvendo seus auxiliares — e de teor muito mais explosivo —, era a necessidade de apresentar aos credores internacionais uma proposta de renegociação da dívida externa. A ministra da Economia tinha se encontrado, a 10 de outubro, com os embaixadores dos principais países credores (Estados Unidos, Japão, Alemanha, França, Inglaterra, Itália e Canadá). No dia seguinte anunciou uma proposta na qual a dívida seria convertida em títulos de curto, médio e longo prazos, e com juros progressivos. Visava alongar o perfil do pagamento, permitindo a economia de divisas que seriam investidas para dar novo fôlego à economia. Os juros de 1990, cerca de US$ 8 bilhões, que estavam atrasados, não seriam pagos.

Dias depois, como os banqueiros sinalizaram profunda discordância, nova proposta foi apresentada, e tampouco bem recebida: o pagamento de US$ 1,75 bilhão. Os banqueiros propuseram que ao menos um terço dos juros fosse pago em 1990, algo próximo a US$ 2,7 bilhões. O governo recusou. Para os credores, as autoridades "não estão negociando a sério". Com o impasse, o fluxo de novos empréstimos continuou interrompido, o que não era bom para o governo e muito menos para a economia brasileira.

Se no campo externo as propostas não eram bem recebidas, internamente continuava o programa de modernização. O Banco do Brasil perdeu o monopólio da emissão de guias de importação e exportação. Teve de dividir essa função com quatro bancos privados, o que permitiria agilizar o comércio exterior.

A 26 de outubro, o presidente enviou ao Congresso um projeto de lei que desregulamentava o mercado de automóveis, acabando com a tabela de preços das montadoras e extinguindo o sistema de exclusividade das concessionárias. Eram medidas ousadas, especialmente devido ao poder econômico das montadoras e à forte influência no meio político e sindical. Neste último caso, as mudanças tecnológicas na produção dos veículos levaria, em um primeiro momento, a uma provável queda no nível de emprego do setor, o que contaria, certamente, com a resistência dos sindicatos de trabalhadores.

A 29 de outubro, Collor fez a sétima reunião ministerial. Desta vez foram gastas três horas. O objetivo era, mais uma vez, para efeito externo, puramente propagandístico. Incomodado com as denúncias de corrupção — sobretudo o recente caso da demissão do presidente da Petrobras —, ele fez um longo discurso. Afirmou que "o nosso governo tem de ser absolutamente ético e inquestionável do ponto de vista moral". Ainda no campo da moralidade republicana, disse que "este governo não admite a existência de 'eminências pardas', não admite a existência de influências ocultas, internas ou externas". Era um claro recado a Marcos Coimbra e Paulo César Farias. Entre políticos, jornalistas — que cobriam o Palácio do Planalto e o Congresso Nacional — e lobistas, poucos acreditaram. Apesar disso, a passagem "moralizadora" foi bem recebida e destacada nos jornais do dia seguinte.

Collor exigiu unidade na equipe ministerial, atacou a divulgação pública das divergências e ameaçou de demissão os ministros e secretários que descumprissem a determinação. Era uma forma de demonstrar que mantinha o comando do governo. Apesar do retorno da inflação de dois dígitos (em outubro a taxa foi de 14,2%), o presidente reafirmou que "vamos alcançar níveis civilizados de preços". Criticou empresários, sindicalistas e até o Congresso Nacional, que, segundo ele, "deveria recuperar o prestígio que teve no passado, perante a nação como um todo".

Aproveitou — como um provável sinal para atrair principalmente o PSDB, que desde a sua criação se declarava a favor do parlamentarismo — para opinar sobre o distante plebiscito de 1993, algo absolutamente despropositado frente à gravidade da situação econômica e aos deslizes éticos:

> O Brasil prepara-se para a hora em que deverá optar entre o presidencialismo e o parlamentarismo. Para que o parlamentarismo seja de fato uma alternativa viável, será necessário contar com um legislativo consolidado pela postura ética e pelo funcionamento eficaz.[28]

A 3 de novembro o Tribunal Regional Eleitoral de Alagoas anulou, por suspeita de fraude, 70 mil votos de seis zonas eleitorais (117 na capital e 138 no interior). E determinou a realização de nova eleição nestas zonas, em dezembro, e o segundo turno das eleições para o governo do estado, em janeiro de 1991.[29] Fernando Collor, inicialmente, teria apoiado a candidatura de Renan Calheiros — seu líder na Câmara — ao governo alagoano. Contudo, Rosane Collor e Paulo César Farias sustentaram outro candidato, Geraldo Bulhões.

---

[28]"O presidente Fernando Collor pretende ser o último chefe de governo do regime presidencialista", declarou o então ministro da Justiça Bernardo Cabral um mês após a posse. Ver *Folha de S.Paulo*, 17 de abril de 1990.

[29]Mesmo durante a eleição suplementar ocorreram inúmeras denúncias de irregularidades. Em reportagem do *Jornal do Brasil*, o juiz eleitoral Wilton Moreira disse: "Em 25 anos de Justiça Eleitoral, nunca vi nada parecido." Apud Lamounier, Bolívar, op. cit., p. 78.

Recursos da Legião Brasileira de Assistência (LBA), dirigida por Rosane, teriam sido utilizados para favorecer adversários de Renan.[30] Ela visitou o estado em dezembro e fez campanha aberta por Bulhões, inclusive dando uma longa entrevista, em horário nobre, à TV Gazeta, da família Collor, que era dirigida pelo irmão do presidente, Pedro, e que retransmitia a programação da Rede Globo. Usando a LBA, distribuiu no estado 320 mil cestas básicas. Segundo denúncia de Calheiros, divulgada dias após o primeiro turno das eleições, em outubro, PC teria despejado US$ 30 milhões na campanha de Bulhões e de mais quatro deputados federais — um deles, seu irmão Augusto; outro, um primo de Rosane, que comandava a LBA de Alagoas.

O conflito estadual acabou se transformando em escândalo nacional, porque Calheiros revelou que a máquina federal era usada para favorecer seu adversário. E apontou o principal responsável: PC Farias. Chamou-o de gângster. Tratava-se da segunda acusação ao tesoureiro, feita publicamente, no mês de outubro. Desta vez, porém, o episódio atingiu também o presidente. Em carta enviada a Collor — e divulgada à imprensa pelo remetente —, o ex-líder do governo disse que o "Presidente está ficando louco. Ele tem total desprezo pelo Congresso e precisa ser contido para não imitar Jânio. Collor não se ama, se inveja". E pôs o dedo na corrupção: "Se o governo continuar nesse mar de lama, só surfista será capaz de descer a rampa do Planalto." Dias depois chamou o presidente de "um primata em política".

---

[30]"Collor se irritava quando, inexperiente, a mulher lhe causava problemas políticos, mas ao mesmo tempo parecia divertir-se com a firme determinação da jovem primeira-dama em atrapalhar a vida de Renan e fazer do cunhado, Vitório Malta, simpático e esperto sertanejo com cara de bobo, o deputado federal mais votado no estado" (Ver Rosa e Silva, Cláudio Humberto, op. cit., p. 79).

Renan sabia que Collor permitira que tanto PC quanto a máquina federal fossem colocados a serviço de Bulhões, apesar das declarações públicas de neutralidade. No próprio dia da votação, Collor não disse qual era seu candidato. No dia seguinte, entretanto, Renan teria montado um esquema para saber em quem o presidente votara:

> Era uma operação fácil. No ginásio do Sesc onde as juntas apuradoras contavam os votos, assessores de Renan identificaram sem dificuldades o azul da caneta tinteiro Cartier na cédula usada pelo presidente para optar por Geraldo Bulhões.[31]

As disputas paroquiais não passavam de fenômenos de longa duração, típicos do sistema político brasileiro. Na esfera alagoana, Collor nunca se apresentara como o "novo", alguém que rompesse com a estrutura tradicional local. Era para efeito externo que fora construído o figurino modernizador, antenado com as transformações decorrentes da crise do socialismo real e das mudanças no interior do sistema capitalista, em especial nos Estados Unidos e na Inglaterra — além do aparecimento da China como uma potência econômica no cenário mundial.

Mas o que importava era a economia. Os sinais eram preocupantes. O Plano Collor já parecia coisa do passado. O país estava parado. Sem reconhecer o fracasso, o governo procurava imputar à Guerra do Golfo a permanência da inflação. Ocorrera efetivamente um aumento no preço do petróleo, com repercussões em

---

[31]Rosa e Silva, Cláudio Humberto, op. cit., p. 82.

todo o mundo, mas seria exagero responsabilizar este fator como principal causa da recessão.

Segundo Marcílio Marques Moreira, à época embaixador em Washington, a Petrobras tomou uma decisão equivocada:

> Em relação às informações sobre o petróleo, acho que o Itamaraty acreditou no que dizíamos. Mas a Petrobras não acreditou, tanto que comprou um estoque grande e chegou a pagar US$ 35 o barril. Tivemos um prejuízo bem acentuado por conta dessa manobra: essas avaliações equivocadas têm um custo alto.

E continuou o embaixador, criticando o Itamaraty: "O Brasil perdeu uma grande oportunidade de demonstrar mais solidariedade aos Estados Unidos." Para ele, "houve um misto de má avaliação e de certa simpatia, não pelo regime de Saddam Hussein, mas certa solidariedade terceiro-mundista".[32]

Em outubro a inflação alcançara 14,2% e, para o mês seguinte, desenhava-se uma tendência de alta — como efetivamente ocorreria, chegando a 17,5%. Na cidade de São Paulo a inflação acumulada entre abril e outubro fora de 97%. Os empresários, cansados de serem apontados pelo governo como os responsáveis pela retomada da inflação e pela recessão, partiram para o ataque. Disse Antônio Ermírio de Moraes: "Nunca vi juros tão altos e mesmo assim a inflação está na casa dos 15%. Teremos meses de grande tumulto pela frente." Ricardo Semler cobrou: "Onde está a inflação de um dígito? A máquina enxuta? O governo moderno?" Outros falaram que o número de concordatas não parava

---

[32]Para o embaixador, a equivocada posição brasileira devia ser imputada ao ministro Francisco Rezek: "Mas ele [Collor] fazia reuniões em que o ministro do Exterior falava mais de uma hora. Parece que era uma tortura mental bastante grande..." (ver Moreira, Marcílio Marques, op. cit., p. 245, 247).

de crescer — e de empresas tradicionais: Casas Pernambucanas, Madeirit, Cevekol, Lojas Riachuelo, Pão Pullman, Hering. E cobravam do governo a melhoria da infraestrutura que encarecia os custos das mercadorias.

A 7 de novembro o governo decretou um tarifaço: o aumento dos combustíveis foi de 29%; o da energia elétrica; de 23%, o das passagens de ônibus, de 27%; e o pão subiu 20%. As dificuldades econômicas davam combustível às cobranças dos partidos aliados, que exigiam cargos. Segundo o deputado Ricardo Fiúza, líder do PFL, "se somos corresponsáveis, temos que ter coparticipação".

O presidente reuniu-se com a equipe econômica exigindo resultados. Evidentemente, não estava satisfeito, sobretudo com a disparada da inflação. Zélia ligou comunicando a taxa de novembro: "Foi terrível o longo silêncio do outro lado da linha, até que ele dissesse, afinal: 'Mas então, ministra, estamos derrotados? E os nossos instrumentos?'"[33]

As palavras não tinham força mágica para mudar a economia. As divergências afloraram. De um lado, segundo a imprensa, estavam os "monetaristas", liderados por Ibrahim Eris, que pretendiam manter inalterada a política econômica; de outro, os chamados heterodoxos ou keynesianos, que tinham como principal representante o secretário especial de Política Econômica, Antônio Kandir, e apregoavam algumas mudanças.[34] Segundo Kandir, a queda da inflação ocorreria a médio prazo. Ele estimava ser algo para o primeiro trimestre de 1991: "Temos os índices comprometidos até dezembro. Em janeiro, você começa a ter uma

---

[33]Sabino, Fernando, op. cit., p. 187.
[34]"Isto nunca ocorreu. Não passou de mera invenção da imprensa" (entrevista com Ibrahim Eris, 18 de setembro de 2014).

queda que só se solidifica depois de um ou dois meses. Esse é o prazo mínimo para os prazos ficarem mais palpáveis."

Mas, para o presidente, a queda da inflação — sua principal promessa ao tomar posse — teria de ocorrer a qualquer preço. Collor considerava inaceitável uma inflação mensal de dois dígitos. Segundo pesquisa do Datafolha, em novembro o governo era aprovado por 26% dos entrevistados, enquanto 45% o julgavam regular e 27% o desaprovavam. Não era um resultado ruim. Sinalizava, porém, uma nova queda na popularidade de Collor. Quanto ao plano que levava seu nome, os números eram mais desfavoráveis: 41% achavam os resultados ruins e apenas 26% o avaliavam positivamente. O pior era que 68% acreditavam que a inflação continuaria a subir.

Na sua décima primeira viagem ao exterior, Collor visitou o Japão para assistir à coroação do imperador Akihito. Apresentou, então, uma proposta de ampliação do Conselho de Segurança da ONU, para vinte países, pela qual o Brasil seria um dos membros permanentes, embora sem direito a veto.

Os japoneses, contudo, estavam interessados em outro assunto: o pagamento dos empréstimos atrasados. Só para o Japão, o Brasil devia US$ 860 milhões. Collor insistiu na tese da capacidade fiscal de pagamento. Os japoneses, por sua vez, disseram que entendiam os problemas do país, mas queriam receber os atrasados e não concederiam qualquer recurso novo, inclusive um empréstimo negociado ainda no governo Sarney, que nunca seria efetivamente liberado.[35]

---

[35]Na esfera mundana, foi noticiado que a ministra Zélia foi a Nova York para encerrar o romance com o ex-ministro Cabral. Teria declarado a um amigo que o amor se transformou em amizade.

Paralelamente, Jarbas Passarinho iniciou o trabalho de coordenação política com o Congresso. Tinha mais trânsito entre os parlamentares que Bernardo Cabral. Mas reclamou de que era um general sem tropa. A base parlamentar queria cargos e presença efetiva no governo. Parte dela não fora reeleita e necessitava de algum tipo de compensação para uma futura eleição. O reflexo prático desse cenário não demorou. A área econômica mantinha-se irredutível e não aceitava qualquer tipo de indexação salarial. No entanto, os congressistas derrotaram o governo ao aprovar a reindexação dos benefícios da Previdência ao salário mínimo.

Restava ao governo aguardar a posse do novo Congresso ou buscar negociar com o PFL, o partido da base que obtivera melhor desempenho eleitoral em outubro. Collor imaginava ganhar tempo em busca de bons resultados na economia, que serviriam para negociar com os congressistas numa posição de força. Deu clara demonstração desse desejo quando, em discurso em Samambaia, cidade-satélite do Distrito Federal, atacou indiretamente sua própria base parlamentar: "Nesse presidente da República ninguém coloca uma canga." Disse que não temia "aqueles que querem continuar oprimindo nosso povo pela mentira, radicalismo e violência".

Buscando reverter o difícil momento político, a 21 de novembro o presidente fez um pronunciamento em rede nacional de rádio e televisão. Vestiu um figurino *sui generis*: paletó azul, gravata verde e camisa amarela. Falou durante onze minutos. Repetiu diversas vezes o mote eleitoral "minha gente". O foco foi o combate à inflação. Pediu paciência: "Não se vencem trinta anos de cultura inflacionária com facilidade." Dedicava-se diuturnamente ao trabalho: "Doze, catorze horas, muitas vezes sem fim de semana, sem feriados", o que era um evidente exagero e não se coadunava com os espetáculos esportivos fartamente exibidos durante os oito meses anteriores. Atacou os empresários "impatrióticos" que "continuam reajustando abusivamente os preços". Voltou a buscar uma aliança com os descamisados: o presidente "está ao lado do trabalhador, da família brasileira, dos mais humildes, dos que sempre sofreram e não tiveram nada". Respondeu aos críticos: "Precisamos de gente amiga, de gente que colabore, de pessoas que nos ajudem a reconstruir o país. Já chega de adversários gratuitos. Já chega daqueles que simplesmente sabem ser contra, sem perceber que não estão contra nós, contra mim, contra você, mas sim contra o novo Brasil." Deixou para falar da necessidade de um entendimento nacional no final do pronunciamento. Mostrando disposição, no dia seguinte recebeu os líderes partidários governistas e fez promessas de que o tratamento nos ministérios para os congressistas iria mudar.

Apesar dos esforços políticos e econômicos, o governo estava, quase nove meses após a posse, muito parecido ao anterior. A "sarneyzação" era evidente mesmo com o voluntarismo presidencial. As tentativas de pacto social — uma das marcas fracassadas da Presidência Sarney — continuaram. Em dezembro, representantes de empresários e trabalhadores apresentaram uma proposta conjunta de entendimento nacional. Defendiam uma prefixação de preços e salários, abono salarial, reposição salarial, alteração na política de câmbio e redução na taxa de juros, entre outras medidas.

O governo propôs um abono, pago em uma só vez, de 3% sobre os salários de janeiro de 1991, excluindo os funcionários públicos[36] e aposentados. Depois ampliou para até 12%, através

---

[36] Foi promulgada a 11 de dezembro a Lei nº 8.112, dispondo sobre o regime jurídico dos servidores públicos da União, das autarquias e das fundações públicas federais: "Negociamos muito com o Congresso. O anteprojeto vinha do governo Sarney. Conseguimos aprovar o regime possível para aquela ocasião" (entrevista com João Santana, 2 de julho de 2014).

de uma medida provisória, dependendo da faixa salarial, sem exceder dez salários mínimos. O Congresso insistia na criação de um gatilho salarial e um reajuste bimestral para corrigir as perdas salariais. A proposta foi aprovada, mas imediatamente o governo anunciou que a vetaria.

Eram questões complexas e o fórum adequado para analisá--las não era uma reunião de empresários e trabalhadores, mas sim o Congresso Nacional. Afinal, os parlamentares haviam sido eleitos pelo conjunto dos eleitores para representá-los, diferentemente de entidades de classe que, pela sua natureza, tinham uma visão restrita aos interesses dos seus filiados. A permanência desse tipo de fórum, ao contrário do que se pretendia, intensificava a agenda negativa. Mantinha as dificuldades econômicas nas primeiras páginas dos jornais e, pior, não encaminhava qualquer tipo de resolução, mesmo que parcial, dos problemas.

A breve visita do presidente George Bush ao Brasil, a 3 de dezembro, recolocou o protagonismo do tema da dívida externa. As negociações estavam emperradas e Collor pretendia obter apoio de Bush à proposta brasileira. Acabaria frustrado. O governo americano deixou claro que a negociação era um problema a ser discutido com os bancos comerciais. No Brasil, economistas de perfil liberal, como Mario Henrique Simonsen, faziam coro aos banqueiros internacionais:

> A negociação prossegue e talvez chegue a bom termo. O problema é que a postura de negociação brasileira mistura arrogância e ingenuidade. [...] As atuais dificuldades não se devem ao problema

da dívida, muito mais fácil de equacionar no Brasil do que em outros países, mas à falta de profissionalismo internacional da equipe governamental.[37]

O presidente fez questão de apresentar a Bush um tema sensível à opinião pública americana: as ações que o governo desenvolvia em defesa do meio ambiente. Destacou também que a aventura da construção da bomba atômica era algo do passado, e ressaltou o acordo feito com a Argentina para o uso da energia nuclear com fins pacíficos. De pouco adiantaria. Apesar das promessas americanas, não foi autorizada a venda do supercomputador da IBM para a Embraer sem que fossem incluídas novas salvaguardas, a serem definidas.

Vez ou outra, o governo retomava a iniciativa, como a 14 de dezembro, quando foi adotada uma série de medidas de estímulo às empresas para que investissem na capacitação tecnológica de bens voltados à exportação e de produtos para o mercado interno. Era a manutenção de uma política modernizadora, que quebrava gradualmente os interesses corporativistas. No dia anterior — e era uma decisão popular — foram liberados os cruzados novos nas contas-correntes com saldo inferior a 5 mil cruzeiros e até 300 mil cruzeiros das contas de aposentados com mais de 65 anos de idade.

A 21 de dezembro Collor fez a última reunião ministerial de 1990. Apresentou um relato otimista: "Arrumada a casa, e com o benefício do que aprendemos com a experiência desses nove

---

[37]Simonsen, Mario Henrique. A inflação e nove meses do Plano Collor. In: Reis Velloso, João Paulo (org.). *Condições para a retomada do desenvolvimento*. São Paulo: Nobel, 1991, p. 66.

meses, podemos iniciar os preparativos para fazer o país prosperar." Insistiu na tese do entendimento nacional, "que não tem dono porque não se pode prestar à utilização política". Dois dias depois mudou radicalmente o tom. Em visita a uma cidade-satélite do Distrito Federal, atacou o empresariado de forma genérica: "Ninguém enrola este presidente e este governo. Ninguém consegue, com pressões subalternas, fazer mudar o nosso rumo." Disse que não se intimidava com aqueles que se julgavam, pelo poder econômico, suficientemente fortes para desafiar o sentimento nacional. E concluiu: o país não "mais aceita a convivência com estes facínoras da democracia".

Frente aos problemas conjunturais, que se mantinham em boa parte inalterados, o governo ampliou o arcabouço legal que, apesar de supostas boas intenções, consistia numa forma de ameaça velada aos empresários. Um bom exemplo foi a promulgação da Lei nº 8.137, de 27 de dezembro. Foi originalmente um projeto de lei proposto pelo governo ao Congresso. Punia com até cinco anos de prisão e multa de 1 milhão de BTNs (Bônus do Tesouro Nacional) quem cometesse crime contra a economia popular.

O ano fechou com um crescimento negativo de 4,3%. A taxa anualizada de inflação foi de 1.476,7%, a segunda maior da história, só perdendo para a do ano anterior (1.782,9%). A média do crescimento do PIB mundial foi relativamente boa: 2,9%. A recessão não poderia ser imputada a eventuais problemas externos. A balança comercial fechou positiva (US$ 10,7 bilhões) em parte devido à contração econômica interna. Mas o balanço de transações correntes fechou negativo (US$ 3,78 bilhões). A dívida externa cresceu mais 10%, chegando a US$ 123 bilhões. As reservas internacionais ficaram relativamente estáveis, mas ainda muito baixas (US$ 9,97 bilhões). A taxa de desemprego anual média saltou para 4,3% (fora de 3,4% em 1989).

Os números eram ruins, especialmente após todas as concessões feitas pelo Congresso e o STF. Não houve medida importante que o governo não tivesse conseguido colocar em prática. Collor acumulava derrotas. As vendas do comércio na região metropolitana de São Paulo caíram quase 10% no final do ano, pior resultado desde 1980. O nível de emprego foi o mais baixo da década. O consumo de aço de março a outubro caiu 33%. Em 1989, em São Paulo, começaram a ser construídos 359 prédios; em 1990, o número cairia pela metade: 180. Por toda parte eram somente notícias de queda do consumo, queda da produção e desemprego.

Avaliava-se que o fracasso no combate à inflação tinha entre suas principais causas as chamadas "torneiras" que desbloquearam os ativos financeiros.[38] A mais

> [...] importante foi a permissão para o pagamento dos impostos estaduais e municipais com cruzados bloqueados, conjugada com a transformação automática dessas receitas para cruzeiros. As consequências foram, primeiro, propiciar a utilização de formas nem sempre legais de "descongelar" os ativos do setor privado, mediante pagamento antecipado e com descontos negociáveis de tributos e multas, muitas vezes fictícios; segundo, estimular a irresponsabilidade fiscal dos estados e municípios que se prepararam para as eleições de outubro de 1990 com uma situação de caixa extremamente folgada.[39]

---

[38] "Foi um problema e acho que a dimensão do problema foi subestimada na época" (entrevista com Zélia Cardoso de Mello, 16 de dezembro de 2014).

[39] Reis, E. J. Com quantos Collor se faz uma estabilização? In: Faro, Clóvis de (org.). *A economia pós-Plano Collor II*. Rio de Janeiro: LTC, 1991, p. 85. Para Ibrahim Eris, foi um erro a liberação das "torneiras": "não esperava que cedessem tão rapidamente mas a pressão foi grande" (entrevista com Ibrahim Eris, 18 de setembro de 2014).

De forma mais direta, a liberação de recursos congelados passou a ser mais uma das atividades de Paulo César Farias: o Plano Collor

> [...] tinha deixado as maiores empresas do país sem capital de giro. Todas as reservas legais acima de 50 mil cruzados foram bloqueadas. Para os setores que dependem diretamente do governo, como as empreiteiras e outros grandes fornecedores, o quadro era duas vezes mais dramático, já que a nova equipe econômica tinha contingenciado todos os pagamentos e estava revisando as dívidas.

Assim,

> [...] começou a guerra para liberar de alguma forma os cruzados novos bloqueados, enquanto em outro front os empresários tentavam cobrar as dívidas do governo. As primeiras sondagens, feitas a políticos próximos ao Planalto, revelaram que Paulo César Farias era o negociador credenciado pelo novo grupo no poder para conceder ou negar favores.[40]

Uma notícia positiva foi a "redução drástica da dívida pública financiada diariamente no mercado financeiro". Os títulos públicos federais fora do Banco Central caíram de US$ 55 bilhões, em dezembro de 1989, para US$ 13,1 bilhões em dezembro de 1990. Isto ocorreu fundamentalmente porque a

> [...] diminuição do volume de liquidez da economia — ao reduzir o risco de uma fuga em massa das aplicações financeiras — possibilitava a fixação de taxas reais de juros em níveis mais baixos

---

[40]Krieger, Gustavo et alii. *Todos os sócios do presidente*. São Paulo: Scritta, 1992, p. 81-82.

do que nos anos anteriores. Desta forma, a reforma monetária promovida pelo Plano Collor I viabilizou uma grande redução da carga de juros incidente sobre a dívida interna federal.[41]

O ano ia terminando com o fracasso do Plano Collor. O presidente — sempre consciente da importância da mídia — deu várias declarações otimistas, no entanto. Continuava buscando culpados pelo seu fracasso: agora era o aumento do preço do petróleo devido à invasão do Kuwait. Mas não se esquecia de manter o figurino de atleta. No início de dezembro foi visitar uma base do Exército na floresta amazônica. Levou a esposa e mais 23 convidados. Vestiu farda camuflada e representou o papel de um combatente na selva.

Para o presidente do Banco Central, parcela de culpa da crise era da Constituição, que, segundo ele, era "inflacionária" e impedia aprofundar o programa de reformas. Para Collor, ela também era um problema. O presidente deu declarações favoráveis à modificação de diversos artigos da Constituição — que acabara de completar dois anos de vigência. Nas especulações foram selecionados dezessete artigos, entre os quais a estabilidade do funcionalismo público, o ensino gratuito nas universidades públicas, a divisão dos tributos e o monopólio da exploração do petróleo.

A maior parte das intenções presidenciais eram medidas cujos resultados, se houvesse, só surgiriam em médio e longo prazos. Não teriam eficácia imediata. O presidente não reconhecia que a profunda recessão decorria da inflação mensal de dois dígitos.

---

[41] Appy, Bernard. Questão fiscal: crise e concentração de renda. In: Appy, Bernard et alii. *Crise brasileira: anos oitenta e governo Collor*. São Paulo: Inca, 1993, p. 36, 80.

No fundo, todo o esforço parecia absolutamente inútil. Não havia, no horizonte próximo, sinais de recuperação. Até seus apoiadores na área econômica, como o ex-ministro Bresser-Pereira, manifestavam preocupação: "A sociedade brasileira chega ao final do ano com a sensação amarga de que o Plano Collor fracassou e de que o governo, apesar de sua determinação em combater a inflação, se revela perplexo e desorientado quanto ao caminho a seguir."[42]

Voltaram os boatos de um novo congelamento de preços e salários por três meses, caso a inflação não caísse em janeiro. Bresser-Pereira era um dos defensores desta medida:

> Um novo e rápido congelamento de preços, o qual, entretanto, deverá ser cuidadosamente preparado e amplamente discutido com a sociedade. Dessa forma, terá início a terceira fase do Plano Collor. Esse Plano, que está gravemente ameaçado de fracasso, poderá assim ser salvo.[43]

Especulava-se também a possibilidade da queda de Zélia Cardoso de Mello do Ministério da Economia. Chegou-se a propalar alguns nomes como possíveis substitutos. Um deles era o do presidente do Banco Central, Ibrahim Eris. Para muitos, o Plano Collor já tinha fracassado no que fora apresentado como seu principal objetivo: a redução das altas taxas de inflação. Não era o que pensava a ministra da Economia:

---

[42]Bresser-Pereira, Luiz Carlos, op. cit., p. 41-42.
[43]Bresser-Pereira, Luiz Carlos. Um congelamento preparado e aberto. In: Reis Velloso, João Paulo (org.), op. cit., p. 69.

O combate à inflação foi e continua a ser a nossa prioridade. Conseguimos estancar o processo hiperinflacionário, e essa foi uma vitória considerável, hoje, minimizada por muitos daqueles que se referem aos níveis de elevação dos preços no país. Como resultado das medidas adotadas, a inflação nos primeiros meses começou vivamente a declinar. Fatos fora do nosso controle, no entanto, como a crise do Golfo e o choque agrícola derivado de uma política equivocada do governo passado, trouxeram os índices inflacionários para níveis próximos dos 15%. Vamos persistir nas medidas em curso e estamos certos da obtenção de resultados mais efetivos nos próximos meses.[44]

Indiferente à grave situação econômica, Fernando Collor fez questão de passar um réveillon em grande estilo. Aceitou o convite do milionário Alcides Diniz e ficou hospedado na sua mansão em Angra dos Reis. Praticou esportes e passeou de iate, tudo, como seria de se esperar, amplamente fotografado pela imprensa. Zélia e Ibrahim Eris também estiveram na cidade, hospedados na casa de um poderoso empresário. A repercussão na opinião pública foi péssima. Até Antonio Carlos Magalhães criticou: "Zélia é melhor de biquíni do que como ministra da Economia."

Nesses dias silenciaram os ataques à "elite". A cúpula governamental demonstrava felicidade, alegria, como se o país tivesse, finalmente, vencido a inflação e a recessão. A ministra e o presidente do Banco Central foram fotografados à beira-mar com camisetas onde se lia: "Esperança 91". O país estava precisando.

---

[44]Cardoso de Mello, Zélia. O governo Collor em face da crise brasileira. In: Reis Velloso, João Paulo (org.), op. cit., p. 25.

Fernando Collor até então governara oito meses e meio, restando ainda quatro anos e três meses para o final de seu mandato. Em conversa com o governador eleito de Roraima, Ottomar Pinto, o presidente avaliou que 1991 seria "um ano cinzento, ainda difícil; os anos dourados só começam em 92". No domingo posterior à declaração, desfilou com uma camiseta em que se lia inscrição em latim: "Ad augusta per angusta."[45]

---

[45]Literalmente, "a resultados sublimes por veredas estreitas". Significa que o triunfo só é obtido após a superação de enormes obstáculos.

4. A soberba

O ANO DE 1991 começou com o governo insistindo na tese de que a Constituição era um obstáculo para a boa gestão econômica do país. Uma justificativa frágil, pois o Plano Collor fora aprovado pelo Congresso Nacional, excetuando uma ou outra medida provisória que não chegavam a abalar as colunas mestras do pacote adotado em 16 de março de 1990.

Como a inflação de 1989 — último ano da gestão Sarney — atingira 1.782,9%, o governo insistira em demonstrar que a taxa tinha caído sensivelmente desde a posse de Collor até 31 de dezembro de 1990: 281% eram apresentados como bom índice. E eram, pois impediram a hiperinflação. Contudo, aquilo estava muito distante do que o governo — desde seu início — sistematicamente prometera.

A revisão constitucional estava marcada para 1993. O deputado José Serra (PSDB-SP) apresentou uma emenda constitucional antecipando o processo para 1992. Já o governo pretendia que tudo fosse feito em 1991. Um dos argumentos era que se a revisão acontecesse em 1993, por ser um ano pré-eleitoral, poderia levar à manutenção das disposições consideradas "populistas". Para alguns ministros, a Constituição seria inflacionária e colocaria limites à ação presidencial. Cláudio Humberto, porta-voz do presidente, afirmou, a 4 de janeiro, que Collor considerava 1991 o momento adequado para a revisão. Era a primeira manifestação pública do presidente apoiando a antecipação.

À procura de culpados pelo fracasso no combate à inflação, Collor deu à Guerra do Golfo especial protagonismo. Contudo, na terceira semana de janeiro, o preço do barril de petróleo no mercado internacional dava sinais de queda. Mesmo assim, o governo apresentou um amplo programa para economizar petróleo, de nome pomposo: Programa Emergencial de Contingenciamento e Racionalização do uso de Combustíveis. Entre as medidas foi incluída a diminuição do peso do botijão de gás (de treze para dez quilos) e a limitação na compra do gás: cada consumidor só poderia adquirir um botijão — ação inócua, pois, como não havia nenhum tipo de controle, o consumidor podia comprar quantos botijões desejasse em outros fornecedores. Como resposta, o governo colheu um grande crescimento da demanda pelo gás de cozinha, pois o tom apocalíptico adotado pelas autoridades dava a entender que poderia ocorrer um racionamento.

Aproveitando o mote da crise no Golfo, Collor desfilou em um dos seus domingos esportivos vestindo uma camiseta com a inscrição "Salam" (paz, em árabe). No domingo posterior, inovou. Desfilou com uma camiseta em que se lia, em tcheco: "A verdade e o amor haverão de superar o ódio e a mentira."

O governo estava sem rumo político e com enormes dificuldades econômicas. O clima de final de festa, de que o Plano Collor fracassara, era dominante entre políticos e economistas. Para Adroaldo Moura da Silva, "o Plano Collor acabou virando uma bomba de nêutrons ao contrário. Destruiu a economia, mas deixou as pessoas vivas".

Tentando obter apoio dos governadores dos estados mais importantes, o presidente recebeu os eleitos. O fato, porém, não trouxe qualquer tipo de apoio efetivo ao governo. Especulava-se então sobre quais seriam os novos passos para combater a inflação. Desde setembro do ano anterior as expectativas inflacionárias eram crescentes. A queda da safra agrícola piorara ainda mais a situação. A instabilidade no preço do petróleo — menor do que propalava o governo — também contribuía para um clima de desconfiança. E a indexação teimava em se manter nos preços.

Outro fator importante era a irresponsabilidade na gestão financeira dos estados. O caso mais grave era o de São Paulo. Havia o receio da quebra do Banespa, o terceiro maior banco do país. O governo paulista rolava a dívida estadual oferecendo taxas de juros muito superiores aos papéis federais, algo próximo a 30%. De acordo com o secretário da Fazenda José Machado de Campos Filho, quercista de carteirinha, "em dezembro gastamos 33 bilhões a mais do que o normal para girar os títulos de São Paulo".

Acionou-se o Banco Central para cobrir o rombo, através da emissão de moeda. Desde setembro de 1990, a base monetária se aproximava de ultrapassar 1 trilhão de cruzeiros, e com aumentos mensais constantes, diversamente das promessas feitas em março. Os títulos federais em poder do público saltaram, entre dezembro de 1990 e janeiro de 1991, de Cr$ 1,88 trilhão para Cr$ 2,82 trilhões. A soma da base monetária com os títulos, no início de 1991, alcançava Cr$ 4,13 trilhões, o dobro do mês de maio (Cr$ 2,02 trilhões).

A avaliação positiva do governo, segundo o Datafolha, caíra novamente. Pela primeira vez, os que julgavam a gestão como ruim ou péssima (29%) eram superiores aos que a achavam boa ou ótima (22%). O plano Collor era considerado ruim por 56% dos entrevistados, e somente 23% tinham dele uma impressão positiva; 71% julgavam-se mais prejudicados pela política econômica contra apenas 13%, que se consideravam mais beneficiados. Sobre o poder de compra, 73% o avaliavam como menor do que antes do Plano Collor e somente 9% achavam o contrário. A inflação aumentaria para 65%, assim como o desemprego (83%).

Era uma posição desconfortável. As medidas econômicas não surtiam os resultados esperados. E a Guerra do Golfo poderia agravar a situação econômica internacional e criar problemas de abastecimento de petróleo e seus derivados — era uma hipótese, não uma certeza. A 17 de janeiro foi instituído o racionamento de combustíveis. Os postos não abririam aos domingos e feriados. Nos outros dias não funcionariam à noite. Medidas midiáticas e apressadas. Os estoques de combustíveis eram altos e não se sabia a extensão da guerra e seus reais efeitos econômicos. Tanto que, no mesmo dia da divulgação do racionamento, caiu o preço do petróleo negociado em Nova York e Londres.

O presidente recebeu diversos governadores e buscou contato com aqueles que se elegeram com um discurso oposicionista, como Leonel Brizola e Fleury Filho. A 1º de fevereiro o novo Congresso tomaria posse. Sua base política ainda não poderia ser avaliada, mas era possível estimar que Collor dificilmente teria maioria automática. O contato com os governadores, especialmente aqueles que tinham controle sobre as bancadas estaduais, serviria para abrir as portas às futuras negociações com o Parlamento e reforçar o "entendimento nacional" proposto pelo presidente desde os últimos meses de 1990.

Collor continuava insistindo nas atividades esportivas com o objetivo de garantir espaço nos jornais às segundas-feiras. No último final de semana de janeiro esteve em Maceió. Fez questão de vestir uma camiseta. Desta vez os dizeres estavam em inglês e eram uma tentativa de trocadilho com um célebre verso do poeta espanhol Federico García Lorca: "Verde que te quero vivo." O presidente aproveitou para jantar na casa do irmão Pedro, onde permaneceu até as três horas da manhã de domingo, numa clara demonstração de que tudo ia bem na família Collor de Mello.

A 31 de janeiro, o governo, através de duas medidas provisórias (244 e 245), apresentou o Plano Collor II. Não era uma surpresa. Desde o final de novembro do ano anterior corria o boato de um novo choque na economia.[1] Para a ministra Zélia, o plano deveria ser implementado depois do carnaval. Porém, segundo ela, "a alta indiscriminada e abusiva dos preços foi tão grande que tivemos que antecipar". Insistiu a ministra que "o que estamos fazendo é apenas aprofundar as reformas que já vínhamos realizando. Não é plano I, nem II, é o mesmo plano". Para Zélia, as duas medidas mais importantes tratavam do fim da indexação na economia e das mudanças no sistema financeiro: "Essas duas coisas nós pretendíamos fazer desde agosto do ano passado. Como a inflação começou a subir, tivemos de adiar."

Foi declarado feriado bancário o dia 1º de fevereiro, uma sexta-feira, para que as instituições financeiras se adaptassem às novas resoluções. Parte do plano repetiu medidas anteriores. Foram congelados os preços nos níveis de 30 de janeiro. A Sunab elaborou uma lista com 150 produtos e seus respectivos preços. Como já se tornara hábito em outros congelamentos, no primeiro

---

[1] "Os estudos começaram no final de 1990. Foi uma determinação do presidente Collor" (entrevista com Antônio Kandir, 29 de maio de 2014).

dia ocorreram prisões de comerciantes. Desta vez sem o estardalhaço das anteriores.

Promoveu-se um tarifaço nos preços administrados pelo governo. A energia elétrica subiu 59,5%; gasolina e álcool, 46%; telefone, 56,6%; e o gás de cozinha, 50%. O governo coletou dados para o cálculo da inflação até o dia 28 de janeiro e, dessa forma, expurgou do índice o tarifaço imposto três dias depois, que, segundo cálculos, representaria aproximadamente mais 5% na taxa oficial. A inflação, assim, acabou ficando em 20,21%.

Os salários foram convertidos com base em uma média real dos últimos doze meses. Já durante a votação da MP 245 no Congresso, o governo incluiu um adendo que zerava as perdas salariais até 1º de março de 1991, evitando reivindicações trabalhistas e possíveis problemas com a Justiça. As datas-base dos reajustes salariais foram unificadas em janeiro e julho.

Implementaram-se várias medidas fiscais, como o imposto de renda de 35% sobre ganho de capital. Acabou o "overnight" e em seu lugar criou-se o Fundo de Aplicação Financeira (FAF), com taxas de remuneração iguais. O FAF ficaria logo conhecido como "fundão". Acabou sendo um meio de a União conseguir vender seus títulos e rolar a dívida, assim como os governos estaduais, pois os fundos tinham a obrigação de comprar 43% dos recursos captados.

As dívidas contraídas antes do plano seriam deflacionadas por uma tablita. O governo também extinguiu os indexadores oficiais, como o BTN, e criou a TR, taxa referencial de juros. E proibiu a cláusula de correção monetária para contratos com prazos menores que um ano. Desta vez a poupança recebeu um *plus*: renderia anualmente 0,5% acima da taxa de juros. O governo assumiu o compromisso de cortar os gastos públicos em 1,5% do PIB, aproximadamente US$ 5 bilhões.

O governo — através da Receita Federal — reivindicava acesso ao sigilo bancário sem autorização judicial. Segundo o delegado Romeu Tuma, diretor do Departamento da Receita Federal, a medida era necessária para combater a sonegação fiscal, pretensão que encontraria pronta oposição dos juristas, que a consideraram inconstitucional.

O plano foi recebido com desinteresse pela população. Havia certo cansaço com o congelamento dos preços das mercadorias. Nos últimos cinco anos, desde o Plano Cruzado, a história se repetia. Os preços subiriam ou, caso se mantivesse o congelamento, as mercadorias (como os produtos derivados do trigo ou a carne de boi) desapareceriam do comércio. Já no dia seguinte, filas tomaram conta dos supermercados. Os consumidores começaram a estocar produtos temendo uma possível escassez.

Segundo pesquisa do Datafolha no Rio de Janeiro e em São Paulo, o Plano Collor II foi mal recebido: 52% responderam que se sentiam mais prejudicados pelo plano, o congelamento foi desaprovado por 42% (36% aprovaram) e 49% supunham que a inflação aumentaria (19% pensavam o contrário), assim como o desemprego (65%).

No Congresso Nacional, parlamentares da base governista, especialmente os economistas, receberam-no com críticas. O deputado Roberto Campos disse que "o plano é mais uma ressurreição do dirigismo do que um hino à liberdade". E alfinetou: "Hoje acredito que os planos são exercícios encomendados por desinteressados, a grupos despreparados, para fins desnecessários." Curiosamente, os elogios vieram da esquerda, especialmente do deputado Cesar Maia (PDT-RJ), que já apoiara entusiasticamente o Plano Collor I: "Eu dei um beijo na ministra e disse que ela poderia contar comigo." Zélia aproveitou para revelar como chegou à elaboração do plano: "Enquanto eu me divertia jogando videogame e perdendo, tive algumas ideias brilhantes."[2]

Entre os economistas, Bresser-Pereira foi uma exceção. Elogiou as medidas:

> Não havia alternativa senão editar o Plano Collor II. A questão não está em saber se um novo congelamento era necessário ou não, já que não havia alternativa para ele. Também não é saber se um congelamento é bom ou mau. Uma cirurgia é sempre "má", sempre significa uma violência para o paciente, mas frequentemente é uma violência necessária, que, se realizada no momento certo, com rapidez e com competência, salva o paciente.[3]

Não era a mesma opinião dos investidores estrangeiros. No mercado secundário americano, os papéis da dívida voltaram a se desvalorizar.

Aproveitando o tarifaço, a prefeita de São Paulo, Luiza Erundina, do Partido dos Trabalhadores, aumentou em 17% o preço da passagem de ônibus, um item importante no cálculo da taxa de inflação. Não era a primeira vez. Desde o início do Plano Collor, as passagens na capital paulista tinham aumentado 1.566%, e os combustíveis, menos da metade: 659%. Zélia protestou: "É impatriótico. Foi uma forma de a prefeita fazer caixa para sustentar a má gestão da CMTC."[4]

---

[2] A ministra da Economia tinha como hábito jogar videogame, inclusive nas viagens aéreas, mesmo quando acompanhada por outros membros do governo, o que impedia qualquer troca de ideias (entrevista com Lafaiete Coutinho, 25 de julho de 2014).

[3] Bresser-Pereira, Luiz Carlos, op. cit., p. 59.

[4] A Companhia Municipal de Transportes Coletivos (CMTC) era responsável por parte do transporte de ônibus em São Paulo. Foi privatizada em 1995.

Em rede nacional de rádio e televisão, Collor, mais uma vez, buscou o apoio da população. Fez um pronunciamento em clima de guerra: "Estou aqui para convocar a todos vocês, todos os que têm responsabilidade com o futuro de nossa pátria, para essa mobilização cívica, fiscalizando os preços, denunciando os abusos, economizando energia, comprando apenas o essencial." Ao justificar o congelamento — como em um ato falho —, expôs o dilema de um governo que tinha esgotado todos os seus instrumentos de política econômica: "O controle de preços deve ser visto como quase cirúrgico para ser usado quando não há outra solução."

Disse que as medidas iriam "assegurar a queda expressiva da inflação já a partir de março". Insistiu que o objetivo era "o fim definitivo da inflação". E não perdeu a oportunidade de novamente atacar os empresários: "É sobretudo essencial a cooperação dos empresários. É indiscutível que ela não esteve à altura dos avanços que fizemos pela construção de uma economia de mercado." Encerrou no velho estilo: "Não me deixem só, eu preciso de vocês. Juntos, com a ajuda de Deus, que nunca nos faltou, vamos reconstruir este país."

Dois dias depois, no domingo, o presidente voltou a ser notícia com a corrida habitual. Não se esqueceu de usar a camiseta-mensagem. Desta vez a inscrição estava em português e fazia referência à Guerra do Golfo e aos desastres ambientais: "Quem é que vai pagar por isso? Deixem a natureza em paz." Uma dúzia de populares estava na frente da Casa da Dinda. Collor convidou um casal e seus três filhos para entrar. Foram rezar junto a uma imagem de Nossa Senhora. O presidente orou e pediu que Deus iluminasse o Brasil.

Na esfera terrena, Collor continuava sem articulação com o Congresso. Foram renovadas as mesas da Câmara e do Senado, e os eleitos em outubro de 1990 tomaram posse. O PMDB, partido majoritário, indicou como presidentes o deputado Ibsen Pinheiro (RS) e o senador Mauro Benevides (CE). Na Câmara, Collor deveria ter mais problemas que no ano anterior; no Senado, perdera um importante aliado, o presidente Nelson Carneiro.

O governo teve dificuldade para aprovar o plano devido à resistência encontrada no Parlamento. De acordo com Antônio Kandir, "estamos abertos a todo tipo de negociação, mas não podemos nos render às tentações populistas". Até a ministra Zélia foi ao Congresso para se encontrar com Mauro Benevides e Ibsen Pinheiro. Mantendo a ofensiva, o presidente do Banco Central, Ibrahim Eris, anunciou que o descongelamento viria já em março e seria gradual. E notícias de desabastecimento novamente passaram a ocupar a atenção da imprensa. Faltavam carne, óleo de soja, embutidos, frutas e legumes, tal qual em outros congelamentos; a diferença foi que, desta vez, a escassez se manifestou muito cedo.

Collor novamente tentou seduzir o PSDB. Após uma audiência em que recebeu Arthur Virgílio — que defendia entusiasticamente a adesão —, "o presidente convidou o PSDB a assumir na prática e no governo o seu papel e seu programa", disse o prefeito de Manaus. Era voz isolada no partido, porém. Para o deputado José Serra,

> [...] o que a governabilidade exige é um entendimento político que vai muito além de mais ou menos um partido ao governo, mas que implique um acordo profundo com todas as forças representativas do Congresso e o máximo de representação possível da sociedade.

Na economia as notícias continuavam ruins. Só em janeiro a indústria paulista demitira quase 70 mil trabalhadores, número superior ao da perda de empregos durante todo o ano de 1982 — momento de forte retração.

Após o anúncio da demissão de 5 mil trabalhadores da Autolatina (associação entre Volkswagen e Ford), o governo respondeu — repetindo o ocorrido em outros planos, especialmente o Cruzado — com uma ação repressiva: um grupo de fiscais da Receita Federal permaneceu durante semanas dentro da empresa para levantar dados que pudessem configurar algum tipo de irregularidade. Medidas desse tipo — ameaçadoras e ineficazes — apenas aprofundavam ainda mais o fosso entre empresários e governo. Um deles, Antônio Ermírio de Moraes, em encontro com a ministra da Economia, ameaçou cancelar os novos investimentos do Grupo Votorantim, caso fosse mantido o congelamento.

Isolado, o governo acabaria derrotado na votação da MP 294. Foi derrubado o fim do indexador econômico. Tampouco conseguiu aprovar um imposto que incidiria sobre mutuários do Sistema Financeiro da Habitação, e os parlamentares não aceitaram que as empresas de previdência privada fossem obrigadas a comprar os certificados de privatização. Três derrotas em uma só sessão. Para piorar, uma pesquisa Datafolha revelou que a maioria absoluta dos pesquisados considerava que o Plano Collor II era ruim para o país — mesmo assim, acabou aprovado.

Ainda em fevereiro o governo lançou — cumprindo promessa eleitoral — o Programa de Competitividade Industrial. O objetivo era estimular a modernização da indústria, facilitando as importações de matérias-primas, máquinas e equipamentos e subsidiando os exportadores, tudo para ampliar a capacidade competitiva nacional e eliminar os cartéis.

Tentando mostrar que aprendera com o Plano Collor I, a 16 de março o governo iniciou o descongelamento. Começou com o cimento e o aço. No front externo, pagou US$ 350 milhões de juros atrasados da dívida externa — já fizera outros pagamentos no valor de US$ 105 milhões. O valor era baixo — os pagamentos estavam suspensos desde julho de 1989 —, porém demonstrava um sinal de boa vontade para com os credores.

Nada indicava, em março, que a inflação estivesse em queda. O governo estimava que haveria ainda um repique do tarifaço e que a taxa estaria em dois dígitos. Isto permitia que fossem retomados os boatos sobre a continuidade da equipe econômica. O alvo, então, era o presidente do Banco Central, Ibrahim Eris, criticado principalmente devido à política monetária. Especulou-se na imprensa que estivesse sendo atacado por Paulo César Farias. O ex-tesoureiro da campanha de Collor estaria sendo prejudicado pela ação administrativa de Eris.[5] Farias já era, desde a crise da Petrobras, em outubro do ano anterior, personagem conhecido na imprensa e sempre envolvido em situações pouco republicanas.

Um estranho episódio se deu na segunda quinzena de março. A ministra Zélia ordenou a suspensão das exportações de café, a 21 desse mês. Porém, nos três dias anteriores à medida, a Bolsa de Nova York registrou um aumento atípico nos negócios com café.

---

[5]"Nunca estive numa mesa de trabalho com ele. Uma vez ele foi recebido no BC e insinuou que gostaria de receber recursos para a campanha de 90. Respondi que esta não era a minha área. Collor nunca pediu nada para mim. Eu tinha total independência no BC" (entrevista com Ibrahim Eris, 18 de setembro de 2014).

Os operadores dessas transações eram brasileiros e teriam recebido informações privilegiadas acerca da decisão governamental – que acabou elevando artificialmente o preço do café. A portaria seria revogada uma semana depois.

Desde o início de sua gestão, Collor se notabilizara pelo uso de medidas provisórias. O Congresso — especialmente a legislatura eleita em 1986 — referendara os atos do Executivo. No entanto, proposta de emenda constitucional limitando a uma só vez a reedição de medidas provisórias tirava do governo um importante instrumento político, o de impor rumo, especialmente o da política econômica em um momento de crise. A 20 de março, por muito pouco (faltaram cinco votos), não foi derrubado o veto presidencial. Assim, o Executivo poderia continuar reeditando, sem limite, as medidas provisórias.

A vitória era aparente. O governo continuava sem base confiável no Congresso. Vivia de negociações pontuais. E tinha pela frente a nova direção do PMDB, liderado por Orestes Quércia, que, abertamente, se lançava como candidato presidencial às eleições de 1994. O ex-governador paulista apresentava-se como alternativa a Collor. Fortalecido pela eleição de Fleury Filho, pelo enfraquecimento de Ulysses Guimarães no partido e sem ter qualquer liderança concorrente de expressão nacional, estava transformando o PMDB em seu instrumento político.

Não apenas a administração da economia ia mal. Outras áreas do governo também encontravam problemas. O Ministério da Infraestrutura, por exemplo. Seu gigantismo imobilizara Ozires Silva. O ministro não pôde nomear os principais secretários ministeriais e os dirigentes das empresas estatais vinculados à sua pasta. A excessiva concentração de decisões no Ministério da Economia também foi outro entrave para Silva.[6] Mas houve outro fator importante:

> Eu comecei a me desencantar em particular com as reuniões ministeriais, principalmente com a interferência desse grupo que acabou levando o Collor ao impeachment. Eles entravam na sala com imposições que cheiravam muito mal. Eu não tive nenhuma constatação que pudesse dizer que aconteceu isso ou aquilo, mas o clima não me cheirava bem. Percebia que havia qualquer coisa errada. Cheguei a conversar com o presidente sobre isso certa vez, mas ele não quis fazer comentários. Isso me preocupou muito.[7]

Acabaria não sendo surpresa, portanto, o pedido de demissão de Ozires apresentado ao presidente Collor em 25 de março.[8] Ele foi imediatamente substituído por Eduardo Teixeira, que presidia a Petrobras e era estreitamente vinculado à ministra da Economia. Diversamente da experiência exitosa na iniciativa privada, Silva teve uma passagem discreta pelo ministério.

O governo teve de enfrentar outro problema. Desta vez na Previdência Social. Denúncias apresentadas na Câmara dos Deputados — de aposentados contemplados mensalmente com o

---

[6]"Uma vez Zélia demorou quinze dias para marcar uma reunião. Quando, finalmente, conseguimos nos reunir, ela interrompeu o encontro para atender a três telefonemas seguidos. Aí eu disse: 'Se a senhora atender a mais um, eu vou embora.' Ela, então, comunicou à secretária que não era mais para transferir as ligações" (entrevista com Ozires Silva, 7 de julho de 2014). Diz Zélia: "Eu gostava do Ozires. Sinceramente, não tinha nenhum problema pessoal com ele, não tinha nada de pessoal. Mas eu estava enlouquecida tentando resolver os problemas do dia a dia e, na maior parte das vezes, evitava encontros que me tirassem do foco ou implicassem pedidos/sugestões que não poderia atender" (entrevista com Zélia Cardoso de Mello, 16 de dezembro de 2014).
[7]Fischetti, Décio. *Ozires Silva, um líder da inovação*. São Paulo: Bizz Editorial, 2011, p. 188.
[8]Ozires Silva, desde janeiro, estaria com a carta de demissão pronta.

recebimento de cinquenta salários mínimos e de uma quadrilha especializada em falsificar documentos para o recebimento de aposentadorias, neste caso, no Rio de Janeiro — atingiram o ministério sob responsabilidade de Antônio Rogério Magri. Foram exonerados vários diretores do INSS. Pouco depois, Collor designou João Santana para presidir uma Comissão Especial de Fiscalização e Controle da Previdência Social, que, durante um mês, produziu uma radiografia do sistema e apresentou um lauto relatório de quinhentas páginas.

Foram abertos 314 inquéritos policiais, identificadas doze quadrilhas, efetuadas 38 prisões, encaminhados à Justiça Federal 688 inquéritos e afastados onze funcionários do INSS. No relatório também foram detalhadas propostas para impedir novas fraudes.[9]

Entre os novos governadores que haviam tomado posse a 15 de março, dois fizeram acenos ao presidente: Leonel Brizola e Ciro Gomes. O primeiro já era conhecido por esse tipo de aproximação: basta recordar a relação estabelecida com João Baptista Figueiredo e o apoio à tentativa de estender por mais dois anos o mandato do último presidente do regime militar — que governou por um sexênio. Ciro Gomes era novidade na política nacional. Passara brevemente pela prefeitura de Fortaleza e, com o apoio de Tasso Jereissati, elegeu-se governador do Ceará. Estado aonde Collor viajou, precisamente a Juazeiro do Norte, para anunciar a concessão de verbas federais para o Nordeste. No ato — que na tradição brasileira se transformou em comício —, o presidente

---

[9]Relatório da Comissão Especial de Fiscalização e Controle da Previdência Social, maio de 1991, p. 1-3.

irritou-se com as vaias de um pequeno grupo. Descontrolado, em meio ao discurso, disse:

> Não nasci com medo de assombração, nem tenho medo de cara feia. Isso o meu pai já dizia desde quando eu era pequeno, que eu havia nascido com aquilo roxo, e tenho mesmo, para enfrentar todos aqueles que querem conspirar contra o processo democrático.[10]

Em abril foi enviado ao Congresso um ambicioso projeto de legislação sindical. Propunha alterar alguns pilares da estrutura do peleguismo que vinham desde o Estado Novo. Extinguia completamente o imposto sindical a partir de 1993, mas permitia que fosse recolhido pela metade até 1992; assim, os sindicatos poderiam construir meios para sobreviver sem a cobrança obrigatória. Criava a representação dos trabalhadores por empresa e reconhecia as centrais sindicais. As entidades sindicais seriam registradas em cartório e não mais no Ministério do Trabalho. Era um projeto ousado e que incorporava demandas históricas dos trabalhadores. Contudo, para sua aprovação, teria de contar com o apoio não só dos sindicatos, mas também dos empregadores.

Ainda no terreno das boas notícias para o governo, o pedido de demissão de Ipojuca Pontes, secretário da Cultura, foi muito bem recebido por artistas e intelectuais. Durante catorze meses de gestão, ele não conseguira construir boa relação com a "classe". Mais do que isso, aprofundara o fosso que a separava de Collor desde a campanha presidencial. Pontes ficou mais conhecido pela extinção de diversos órgãos culturais vinculados à sua secretaria e

---

[10]No domingo seguinte, na habitual corrida matinal, Collor exibiu uma camiseta com os dizeres: "Roxo de paixão pelo Brasil."

pelas demissões de funcionários. Foi substituído pelo embaixador do Brasil na Dinamarca, Sérgio Paulo Rouanet.

No mês seguinte, Zico pediu demissão da Secretaria Nacional de Desportos. Deixou o governo quando já estava concluído o importante projeto — encaminhado ao Congresso — de reforma da estrutura do futebol brasileiro. Foi substituído por Bernard Rajzman.

As promessas eleitorais de reformas não foram deixadas de lado. Inicialmente, Jarbas Passarinho e Antônio Kandir percorreram o país divulgando as propostas para reformar a Constituição. Procuravam sensibilizar sobretudo "os responsáveis pelos órgãos mais importantes de comunicação de massa, para divulgar o pensamento do governo e, indiretamente, obter apoio".[11]

Com o objetivo de ampliar e facilitar a divulgação do projeto de reforma da Constituição, o governo editou o livro *Brasil: um projeto de reconstrução nacional*, com 140 páginas divididas em cinco capítulos e um anexo. Depois de uma breve introdução situando historicamente o momento vivido pelo país, o livro apresentava a proposta de reforma do Estado sob a seguinte divisão: a administrativa, o programa de desregulamentação e de desestatização e o papel das empresas estatais. Sem meias palavras, definiu-se a nova função do Estado:

> A tarefa de modernização da economia terá na iniciativa privada seu principal motor. Ao Estado cabe, porém, um importante papel de articulador dos agentes privados, com vistas a mobilizar esse conjunto de forças na direção aos objetivos de progresso e justiça social.[12]

À "reconstrução nacional" foram dedicadas sessenta páginas, passando pela "reestruturação competitiva da economia" (industrial,

---

[11]Passarinho, Jarbas, op. cit., p. 547.
[12]Collor, Fernando. *Brasil: um projeto de reconstrução nacional*. Brasília: Imprensa Nacional, 1991, p. 25.

agrícola, infraestrutura, ciência e tecnologia, educação, capital estrangeiro, meio ambiente, relações entre capital e trabalho e o padrão de financiamento) e pelo "resgate da dívida social" (combate à pobreza, seguridade social e a questão regional). Um capítulo foi reservado à cidadania e aos direitos fundamentais (incluindo direitos humanos, violência, populações indígenas, cultura, desporto, defesa do consumidor e as crianças) e outro ao que se esperava do Brasil no cenário internacional. No anexo foram listadas as 73 medidas propostas e os instrumentos legais utilizados (projeto de lei, resolução, portaria, decreto ou emenda constitucional).

O Congresso recebeu o "projetão" com frieza. Os oposicionistas mais radicais desconfiaram da proposta. PMDB e PSDB aceitaram iniciar a discussão. Os empresários não se entusiasmaram. Analistas especulavam sobre se o governo pretendia reformular a base de sustentação no Congresso tendendo para a centro-esquerda, como se a simples manifestação de um conjunto de intenções pudesse deslocar um eixo político.

O "projetão", pela sua complexidade, só poderia ser apresentado por um governo que controlasse uma sólida base parlamentar e que não estivesse politicamente isolado, como era o caso. Além do mais, o panorama econômico não dava ao Executivo a musculatura necessária à iniciativa política exigida por projeto tão inovador de reformas, que alterava o perfil do Estado brasileiro construído a partir da Revolução de 1930, além de ir de encontro a uma visão de mundo dominante na sociedade — independentemente do regime, democrático ou autoritário.[13]

*

---

[13]Destaca Guido Mantega que o "Estado é tido como centro racionalizador da economia, com a incumbência de intervir até mesmo como agente econômico direto, provendo a necessária infraestrutura para a expansão industrial e a canalização dos recursos nacionais para as novas atividades prioritárias" (Mantega, Guido. *A economia política brasileira*. São Paulo/Petrópolis: Polis/Vozes, 1984, p. 39).

Os arroubos do presidente eram inócuos quando se tratava da dívida externa. Depois de seis meses de negociação, o embaixador Jorio Dauster tinha chegado a um acordo com os credores. Dos US$ 8 bilhões atrasados, o governo propôs pagar US$ 1 bilhão de imediato e outro bilhão até o final do ano; os US$ 6 bilhões restantes deveriam ser transformados em bônus e pagos em dez anos. Contudo, três bancos europeus resistiram e impediram o fechamento do acordo. Isto não era bom, pois impedia a retomada dos empréstimos para o país em um momento economicamente difícil. Depois de três dias de negociação, contudo, o acordo finalmente saiu. Uma vitória da proposta governamental, que impôs aos credores o *quantum* e como poderia pagar. Os banqueiros protestaram, mas tiveram de aceitar as condições.

Após ter obtido o acordo com os credores externos, o governo voltou suas atenções para o "projetão". Resolveu redefinir as prioridades, enxugando o projeto inicial. Mesmo assim, estabeleceu onze pontos, número ainda alto para poder negociar com o Congresso. Foram evitados, porém, os temas mais polêmicos e as emendas constitucionais — adotando-se a prática de projetos de lei, mais fáceis de serem aprovados: 1. incentivos para investimentos em tecnologia; 2. estímulo à transferência de tecnologia estrangeira; 3. financiamento das exportações; 4. criação de um fundo imobiliário captando recursos estrangeiros e nacionais; 5. isenções de IPI sobre a importação de máquinas e equipamentos; 6. depreciação acelerada dos bens de capital aumentando a competitividade da indústria nacional; 7. reduzir a carga de tributos sobre as exportações. Os últimos quatro pontos eram um pouco mais controversos; 8. criação de um imposto sobre grandes fortunas; 9. modernizar os portos nacionais; 10. incluir no programa de desestatização a concessão e a permissão de serviços públicos; e 11. o estabelecimento da livre negociação entre empregados e empregadores.

A equipe econômica, fortalecida pela negociação da dívida externa e pela redefinição do "projetão", insistia na política de controle dos preços. De acordo com Zélia, "os empresários mostraram no ano passado que não souberam se comportar bem com a liberdade total". De forma acaciana, disse que o "controle de preços vai acabar quando for preciso, já que a nossa meta é a economia de mercado".

Tentando a todo custo evitar a disparada da inflação — que caíra de 20%, em fevereiro, para 7,48%, em março —, o governo ameaçou as empresas que concedessem aumentos salariais. Se assim o fizessem, teriam os pedidos de reajustes dos preços de suas mercadorias cuidadosamente analisados.

Os trabalhadores mais organizados — como os metalúrgicos do ABC — responderam à política salarial com greves. No caso do estado de São Paulo, a paralisação se estendeu pelo interior, chegando a São José dos Campos, Sertãozinho, Campinas e Piracicaba. Em São Bernardo do Campo, a reivindicação era por um reajuste de 216% — as empresas propunham 89,75%. As mobilizações eram respostas à dramática situação do emprego. Somente na Grande São Paulo, em março, o desemprego superara a marca de 1 milhão.

No final de abril as três centrais sindicais — Central Única dos Trabalhadores, a Confederação Geral dos Trabalhadores e a Central Geral dos Trabalhadores — convocaram uma greve geral, para 22 e 23 de maio, contra a política econômica. Era a segunda tentativa de greve geral — a primeira, a 12 de julho de 1990, patrocinada pela CUT, acabara fracassando.

O clima de guerra era mantido pelo governo. O trato com a sociedade — especialmente os setores organizados — caracterizava-se pelo clima belicoso. Como se a busca de algum tipo de consenso significasse perda de alguma fração do poder político. A cada dia havia um inimigo — real ou imaginário — a ser enfrentado.

A 25 de abril, o presidente do STF, ministro Sydney Sanches, cassou uma liminar do Tribunal Regional Federal de São Paulo que — extrapolando sua competência — permitia o desbloqueio de cruzados novos antes do prazo legal.

A prioridade das questões econômicas dava à ministra Zélia um protagonismo raramente encontrado na história republicana. A 27 de abril ela chegou a Nova York para negociar com o Fundo Monetário Internacional um programa econômico. A chancela do FMI era necessária para a obtenção de novos empréstimos, além de colaborar na negociação com os bancos privados (a dívida era de US$ 52 bilhões). A ministra foi mal recebida pelo fundo e ignorada pelos ministros da Fazenda dos principais credores do Brasil: no ar, um sentimento de hostilidade à proposta de negociação da dívida externa.

No país, o sentimento popular era de insatisfação. Pesquisa do Datafolha divulgada a 1º de maio indicava que, pela primeira vez, a maioria dos entrevistados (67%) se achava mais prejudicada do que beneficiada pelo Plano Collor II. Considerava que o poder de compra diminuíra e que a inflação deveria aumentar, assim como o desemprego; 51% avaliavam o governo como ruim ou péssimo.

O cenário de turbulência institucional era permanente. Uma juíza de Brasília determinou a prisão de Ibrahim Eris de forma intempestiva. Acusava o presidente do Banco Central de prevaricação, por descumprir decisão judicial que liquidara uma pequena corretora. Eris teve de ficar seis horas escondido para evitar ser preso pela Polícia Federal dentro do prédio do Banco Central. O imbróglio só foi resolvido quando o presidente do BC obteve um *habeas corpus.*

O governo respondia aos dilemas legais e econômicos denunciando atitudes conspiratórias. A 3 de maio, Fernando Collor declarou que "não é justo que em um momento de dificuldade as soluções deixem de ser encontradas pela desinteligência de uns poucos que querem conspirar, isto sim, contra a estabilidade rápida da nossa economia".

Uma boa notícia para o governo foi a criação, a 8 de maio, da Força Sindical, que nascia para se contrapor à CUT. Seu principal líder, Luiz Antonio de Medeiros, era aliado de Collor desde a campanha eleitoral de 1989 e teve importante participação nas negociações salariais e no pacto social. Segundo seus opositores, a organização da nova central contaria com recursos do esquema PC Farias, o que nunca ficou comprovado,[14] mas recebeu generosas verbas federais através de convênios com os ministérios da Saúde e da Educação, além de recursos da Caixa Econômica Federal para o edifício-sede. O isolamento político de Magri no Ministério do Trabalho — as principais decisões estavam concentradas na pasta da Economia — deixara um vácuo no meio sindical que foi ocupado pela ascensão da Força.[15]

Zélia continuava em rota de colisão com o FMI. Rebateu as declarações de dirigentes da instituição de que o governo deveria

---

[14]"Eu busquei apoio de empresas, do governador Brizola, do Quércia e do Fleury. Esse deu dez cargos do Baneser" (entrevista com Luiz Antonio de Medeiros, 18 de julho de 2014). "Em apenas um ano de governo, Luiz Antonio Fleury Filho havia aumentado o número de funcionários do Baneser de 5.884 para 10.045. Os 4.161 novos funcionários foram contratados sem concurso" (Conti, Mario Sergio, op. cit., p. 412).

[15]"Medeiros procurou Collor pedindo apoio. O presidente, antes de conceder o apoio, me consultou e eu concordei" (entrevista com Antônio Rogério Magri, 27 de maio de 2014).

estabelecer meta de inflação e que era possível aumentar o arrocho fiscal e monetário. A ministra atacou o fundo: "Fixar meta de inflação é fácil, difícil é cumpri-la." Com relação às políticas monetária e fiscal, foi taxativa: "Chegamos ao limite."

No interior do governo, a ministra bateu de frente com o secretário de Desenvolvimento Regional Egberto Baptista, estreitamente ligado a Collor desde a campanha presidencial. Baptista teria favorecido interesses empresariais de seu irmão (Gilberto Miranda), na Zona Franca de Manaus, contra a vontade de Zélia. Ele assinara uma portaria que concedia à sua secretaria a atribuição de emitir guias de importação para as empresas vinculadas à Superintendência da Zona Franca de Manaus (Suframa), o que irritou a ministra.

Não foi surpresa quando, a 8 de maio, Zélia pediu demissão. Estava isolada no governo, tendo perdido a batalha econômica — mais do que o combate à inflação, que, nos últimos meses, caíra: em abril fora de 7% —, e desgastada frente aos empresários, ao FMI e, especialmente, entre os credores privados internacionais.

Com ela sairia quase toda a equipe econômica[16] — uma das exceções foi João Santana, remanejado para o Ministério da Infraestrutura,[17] mas que não estivera diretamente vinculado à equipe que formulou o Plano Collor I, dedicado às questões afeitas à reforma do Estado.

As últimas declarações de Zélia já eram de uma ministra demissionária — entregara o cargo três dias antes de ser anun-

---

[16]Para Ibrahim Eris, "foi uma oportunidade para sair. Saí com um sentimento de alívio" (entrevista com Ibrahim Eris, 18 de setembro de 2014).
[17]"Collor me chamou. Falei que ia sair. Não iria trabalhar com Marcílio. Nada pessoal: era uma questão política. Se fosse o Serra, eu ficaria" (entrevista com Eduardo Teixeira, 21 de agosto de 2014).

ciada sua saída.[18] A demora deveu-se à dificuldade de Collor em escolher um sucessor. Acabaria trazendo Marcílio Marques Moreira, embaixador nos Estados Unidos e com ampla circulação nos meios financeiros internacionais — tinha, durante cerca de vinte anos, participado da diretoria do Unibanco. Para a equipe econômica, como disse Eris, "foi uma surpresa a escolha de Marcílio".[19]

A queda de Zélia foi bem recebida nos meios político[20] e empresarial. Os constantes confrontos com empresários e sindicalistas e certo desprezo da ministra para com o Congresso transformaram sua saída numa espécie de sinalização do governo de que poderia mudar o rumo político. O deputado Roberto Campos sintetizou esse sentimento: "A substituição decorre da percepção do presidente sobre o impasse internacional, fruto da ausência de virtude negocial da equipe econômica na dívida externa. O dirigismo de Zélia ao intervir na economia gerou a reação no empresariado." O também deputado Delfim Netto ampliou o leque de adversários da ministra demissionária: "Ao brigar com os credores internacionais, com os empresários, com os sindicatos, ao mesmo tempo que a inflação ainda está descontrolada, Zélia colocou Collor numa arapuca."

Não foi acidental que os papéis da dívida externa brasileira tivessem uma alta. Banqueiros estrangeiros comemoraram — as-

---

[18]"Faço questão de enfatizar que eu pedi demissão, não fui demitida. Entretanto, credores externos e Egberto Batista foram determinantes na minha saída voluntária do governo" (entrevista com Zélia Cardoso de Mello, 16 de dezembro de 2014).
[19]Entrevista com Ibrahim Eris, 18 de setembro de 2014.
[20]"Essa foi uma área em que poderia e deveria ter atuado melhor. Minha relação não era boa e vou ser extremamente honesta: acho que não dei a atenção que o Congresso merecia" (entrevista com Zélia Cardoso de Mello, 16 de dezembro de 2014).

sim como executivos das multinacionais que operavam no Brasil — entusiasticamente a mudança no Ministério da Economia. De acordo com Antônio Kandir, "ao que parece, caímos principalmente por pressão dos credores internacionais".[21]

Na transferência do cargo, Zélia fez um discurso emocionado, entendido também como uma espécie de plataforma para eventual candidatura a cargo público. Defendeu sua gestão e manteve os ataques a seus adversários. Disse que estava preocupada com "a incapacidade de nossas elites de discutir com objetividade e confiança o país que queremos e precisamos construir". Atacou os adversários da política econômica:

> Em sua cômoda posição de críticos, ignoram os avanços conseguidos até aqui, subestimam as dificuldades de se gerenciar um país que encontramos aos escombros, prisioneiro de uma gravíssima crise fiscal, de uma profunda crise de crédito, da falta de investimentos. Um país ineficiente e com profundas desigualdades regionais e sociais.

Identificou ainda nas "crescentes controvérsias" frente à sua atuação no ministério a razão da sua saída. Prometeu que escreveria um livro sobre o período no ministério: "Vou contar mais sobre a minha passagem por aqui no meu livro de memórias. Nele escreverei tudo o que puder ser publicado sobre essa experiência." A ex-ministra há muito pensava em uma autobiografia. Meses antes, procurara Alessandro Porro, editor da *Veja*, para ajudá-la no projeto. Já tinha até título: *Bésame mucho*. O jornalista ficou surpreso com as palavras de Zélia: "Parece uma loucura, mas deve ser isto mesmo. Para mim este bolero, que eu teria dançado em

---

[21]Entrevista com Antônio Kandir, 12 de novembro de 2015.

Brasília com Bernardo Cabral, durante a festa do meu aniversário, é o símbolo de muita coisa sórdida que fizeram comigo, desde a posse." E continuou: "'Bésame mucho' nunca foi tocado, nem dançado, nem existia entre as fitas, LPs e CDs ouvidos durante a reunião."[22]

Ela acabou desistindo — momentaneamente — do livro. Só voltou ao tema meses depois, quando deu um longo depoimento a Fernando Sabino, que o transformaria em *Zélia, uma paixão*, um enorme êxito editorial, mas que trouxe uma enxurrada de críticas corrosivas ao escritor mineiro. A ex-ministra concluiu sua passagem pela vida pública dando uma "aula" no programa humorístico *A escolinha do professor Raimundo*. Discursou por três minutos. Novamente se emocionou. Atacou — para variar — as elites, foi aplaudida pelos atores e a equipe técnica. No ano seguinte, casou-se com o humorista Chico Anísio, o "professor Raimundo".

Após duas décadas, Zélia traçou um amargo retrato de sua passagem pelo ministério:

> Cada vez eu me pergunto se a obsessão da imprensa comigo, o escarcéu que fizeram por pequenas coisas — como tirar duas semanas de férias no Natal e réveillon, onde nada funciona no Brasil —, as reações negativas ao plano e o fato, até hoje, de que o confisco é ligado exclusivamente a mim, não derivam do fato de eu ser mulher. É impressionante que em um grupo de, digamos, dez economistas — uma mulher e nove homens —, com um presidente que endossou, assinou e aprovou o plano, quando se

---

[22]Todos os participantes da festa de aniversário da ex-ministra que entrevistei — e que ficaram até o momento em que a música foi executada — relataram justamente o contrário.

fala em confisco, se fala de Zélia. Não se fala do presidente da República, nem do presidente do Banco Central, nem do secretário de Política Econômica.[23]

Para Fernando Collor, o episódio deixou marcas: "Foi um choque. O voluntarismo foi embora. Tinha absoluta confiança nela. E ela levou toda a equipe. Me pagou desta forma todo o apoio que dei. O governo começou a terminar ali, naquele momento."[24]

---

[23]Entrevista com Zélia Cardoso de Mello, 16 de dezembro de 2014.
[24]Entrevista com Fernando Collor, 21 de maio de 2015. Collor fez esta declaração com voz embargada. Parou de falar por um breve instante. E uma lágrima escorreu de seu olho esquerdo.

5. A dúvida

A DESIGNAÇÃO DE Marcílio Marques Moreira para o Ministério da Economia foi uma surpresa. Collor chegou a pensar em Eduardo Teixeira, que estava havia quarenta dias como ministro da Infra-estrutura; em Mario Henrique Simonsen, que fora ministro em dois governos militares (Geisel e Figueiredo), e, principalmente, em José Serra. Este último tinha a preferência do presidente. Jarbas Passarinho viajou a São Paulo para transmitir o convite. Serra recusou, pois o PSDB estava na oposição e nada indicava que o partido mudaria de postura.[1]

Marcílio aceitou o convite.[2] Era considerado um homem do mercado e respeitado nos meios financeiros internacionais. No discurso de posse deixou clara sua visão pragmática e negociado-ra. Proclamou-se "um liberal". Como bom diplomata, acentuou a necessidade de buscar "um amplo processo de entendimento social". E afirmou que no

> exercício das minhas funções procurarei ouvir atentamente os anseios de todos os setores da sociedade brasileira, porque estou convencido, como o presidente também o está, de que

---

[1]Entrevista com José Serra, 15 de julho de 2014.
[2]Segundo Jarbas Passarinho, o nome foi sugerido por José Mindlin. Ver Passa-rinho, Jarbas, op. cit., p. 558.

dela deve partir a definição de metas consensuais para um Brasil revigorado.

Elogiou diversas vezes o presidente. Citou o discurso de posse como metas a serem seguidas e fez questão de ressaltar o compromisso de combater a inflação: "Não se iludam, porém, aqueles que estão procurando interpretar o momento político como uma revisão das prioridades do governo. O combate à inflação continua a merecer atenção máxima."

Demarcando sua diferença em relação à antecessora, chegou até a citar Santo Antonino de Florença, santo do dia 10 de maio, segundo a tradição católica. De acordo com o ministro, o santo "já tinha inclusive uma ideia de inflação, da moeda que perde peso para se pagarem menores salários reais, embora mantidos os salários nominais, coisa que rechaçava com veemência".[3]

Com a demissão da equipe de Zélia — saíram cinquenta pessoas entre secretários e técnicos —, Marcílio teve de preencher rapidamente os postos, especialmente os mais importantes. Francisco Gros assumiu a presidência do Banco Central, Pedro Malan passou a ser o negociador da dívida externa, Roberto Macedo foi designado secretário de Política Econômica, Dorothea Werneck assumiu a Secretaria de Economia, Pedro Parente, a Secretaria de Planejamento, e Luiz Fernando Wellisch, a Secretaria de Fazenda (foi um dos poucos do grupo de Zélia a permanecer, juntamente com Eduardo Modiano, este na presidência do BNDES).

Fernando Collor indicou pessoalmente apenas os presidentes do Banco do Brasil (Lafaiete Coutinho, paraibano) e da Caixa Econômica Federal (Álvaro Mendonça, pernambucano). O novo presidente do BB — na cerimônia de posse — foi exaltado pelos

---

[3]Moreira, Marcílio Marques, op. cit., p. 266.

governadores nordestinos, todos pensando em rolar as dívidas de seus estados e obter generosos financiamentos. Joaquim Francisco, de Pernambuco, disse: "Vou pedir muito dinheiro." Antonio Carlos Magalhães também demonstrou entusiasmo: "Temos que aproveitar esse momento de grande oportunidade para o Nordeste." Além dos políticos presentes, lá estiveram Leopoldo Collor e Pedro Collor, este ainda pouco conhecido na cena política nacional.

O novo ministro sinalizou desde o início que a gestão econômica mudaria de rumo. Foi descartado qualquer novo choque. O tom belicoso de Zélia foi substituído pela diplomacia. Contudo, a situação econômica era extremamente difícil e exigia pronta ação. Especuladores aproveitaram o momento para remarcar os preços, especialmente dos alimentos. Marcílio protestou e chegou a ameaçar usar a legislação contra os aumentos abusivos.

No front externo, o novo ministro anunciou que era imperiosa a necessidade de renegociar a dívida externa, mas sob novo viés, com "maior pragmatismo", um meio metafórico para dizer que seria abandonada a estratégia de pagar os atrasados segundo a capacidade do país.

A sensação de que se tratava de um novo governo ficou no ar, tal a proeminência da ex-ministra Zélia. O próprio Collor, em visita à Espanha (era a sua décima segunda viagem presidencial), disse que a ação governamental teria um ar mais "soft", em contraposição ao estilo agressivo mantido desde o início da gestão. Até sobre o congelamento de preços o discurso se tornara moderado. De acordo com a nova secretária nacional de Economia, Dorothea Werneck, "nosso objetivo é a saída suave do congelamento".

Começaram a circular boatos de que poderia haver uma dolarização da economia, tal qual a ocorrida na Argentina sob o comando do ministro Domingo Cavallo. Pedro Malan, como representante do ministro Marcílio Marques Moreira, teria se reunido com economistas para avaliar a proposta. Mais um sinal de que o Plano Collor II era página virada e de que a nova equipe estava à procura de uma saída econômica para o país. Dias depois, Marcílio desmentiu que estaria estudando o assunto: "A ideia de dolarização está inteiramente excluída. É completamente descabida."

A 22 de maio, a CUT e as CGTs tentaram deflagrar uma greve geral nacional de dois dias — a Força Sindical se opôs. Foi um fracasso. Nem os metalúrgicos de São Bernardo do Campo — berço da CUT — aderiram. Ocorreram algumas paralisações em São Paulo, em grande parte devido à greve do metrô e dos motoristas e cobradores de ônibus, que tinham uma pauta própria. No resto do Brasil o dia foi normal. Mesmo assim, Jair Meneguelli, presidente da CUT, apresentou um número fantástico de trabalhadores que teriam aderido à greve geral: 19,5 milhões.

A 23 de maio Collor fez a décima segunda reunião ministerial. Não havia uma agenda específica. O objetivo era dar um ar de coesão ao governo após as substituições derivadas da saída de Zélia do Ministério da Economia. O mais importante, nas cinco longas horas de reunião, foi a declaração de que deveria haver "sintonia entre a ação administrativa e a ação política". Foram reservados noventa minutos para discutir a relação entre Planalto e Congresso, algo extemporâneo em uma reunião ministerial, mais ainda quando não havia no horizonte qualquer crise explícita entre o Executivo e o Legislativo.

Em um movimento ensaiado, Collor buscou se aproximar politicamente do governador Brizola. Defendeu a extensão, por todo o país, dos Centros Integrados de Educação Pública (Cieps) edificados no Rio de Janeiro, como Centros de Atendimento à Criança (Ciacs). Visitou várias vezes a antiga capital federal e recebeu declarações entusiásticas do governador e de seus aliados políticos.

Também buscou estabelecer contato com o governador mineiro Hélio Garcia, tudo na base do atendimento federal de alguns pleitos dos governadores e com ampla cobertura da imprensa. Contudo, essa aproximação com setores suaves da oposição não significou, politicamente, algum tipo de aliança ou, ao menos, o estabelecimento de uma pauta mínima comum. Na prática, acabou irritando sua frágil base de apoio no Congresso sem que fosse obtido qualquer ganho político real.

A liberalidade no atendimento dos governadores causou preocupação no Ministério da Economia. Especialmente em razão de os presidentes do Banco do Brasil e da Caixa Econômica Federal terem sido indicações diretas do presidente da República e se reportarem prioritariamente a Collor. O sinal vermelho acendeu quando, no final de maio, foram liberados Cr$ 20 bilhões para usineiros do Nordeste — estes já deviam Cr$ 517 bilhões (US$ 1,5 bilhão) para o Banco do Brasil, o Tesouro Nacional e a Receita Federal. Conseguiram, porém, sinal verde das autoridades econômicas para refinanciar a dívida. Uma vitória do lobby dos usineiros.

A mesma proposta fora recusada na época da ministra Zélia, em abril. Quando soube da negociação, que estaria sendo articulada por Egberto Batista, ela, em viagem a Paris, declarou que "o setor não vai ter mais subsídios".

Marcílio Marques Moreira, em longa entrevista à *Folha de S.Paulo*, a 25 de maio, insistiu na tese de que não "era hora de pôr o pé no acelerador". No dia seguinte foram divulgados os dados sobre o

PIB. De abril de 1990 a março de 1991, a queda fora de 6,87%, a maior da história. Só a indústria havia tido uma retração de 13%. O país descera para o décimo primeiro posto entre as maiores economias do mundo — suplantado pela Espanha, que ocupou o décimo lugar. O desemprego atingia 1.123.000 pessoas somente na Grande São Paulo.

No mesmo dia do anúncio do PIB, o presidente foi fotografado - despreocupadamente - alimentando as carpas coloridas no espelho d'agua do Palácio do Planalto.

A situação econômica, no entanto, era muito grave. Caíra o consumo de alimentos básicos: a carne, em 25%; o feijão, em 20%; e o arroz, em 15%. O valor real dos salários nos últimos doze meses sofrera queda de 22%. Notícias de saques a supermercados acabaram virando rotina. Marcílio buscava manter o otimismo: "Uma recuperação acelerada não seria bom para o projeto de estabilização neste momento. Será uma retomada gradual, do fundo para a boca do poço."

Uma vitória governamental foi definir o cronograma de privatização da Usiminas. Seria realizada em quatro etapas, com leilões das ações em mãos do governo federal. A empresa fora avaliada em US$ 1,8 bilhão. Catorze meses depois de iniciado o governo, seria efetivada a primeira privatização — e começando por uma das maiores empresas estatais. Contudo, o percurso até a consumação da venda seria longo e enfrentaria muitos obstáculos. Ainda em junho, por exemplo, Itamar Franco, no exercício interino da Presidência, declarou-se cóntrário à privatização, pois prejudicaria a economia de Minas Gerais.

Até o início de junho, Marcílio ainda não havia conseguido dar uma nova cara ao governo. A saída de Zélia e sua equipe produzira um vazio político. O novo ministro da Economia estabeleceu outro estilo administrativo. Era desconhecido do grande público e com pouco trânsito entre as principais lideranças do Congresso. Demonstrava o desejo de enfrentar os graves problemas econômicos com medidas gradualistas, evitando qualquer tipo de heterodoxia. A fase dos rompantes, do voluntarismo, era coisa do passado.

A cada dia ficava mais evidente o sentimento de que o governo estava em processo de "sarneyzação", tendo cumprido apenas um quarto do mandato. Perdia-se muito tempo para tratar de questões menores. O ministro do Trabalho Antônio Rogério Magri foi demitido oficiosamente porque faltara à reunião de abertura da Organização Internacional do Trabalho (OIT). Estaria tratando de assuntos pessoais.[4] Contudo, não só permaneceu no cargo como retomou o controle da Previdência, que permanecia numa espécie de intervenção branca desde as denúncias amplamente divulgadas no início do ano. A justificativa para mantê-lo era de que não havia líder sindical de expressão interessado em fazer parte do governo.

Marcílio tentava por todos os meios evitar a hiperinflação. Como disse um auxiliar do ministro: "Administrar a economia sem traumas." Medidas do governo continuavam questionadas na Justiça, como a cobrança da Taxa de Conservação Rodoviária, que renderia US$ 1,1 bilhão e foi derrubada pelo STF por oito votos a dois. A taxa seria destinada à recuperação das estradas federais e cobrada na compra de combustíveis.

Pesquisa Datafolha, divulgada a 9 de junho, reforçava o quadro de pessimismo: 72% dos entrevistados consideravam o Plano Collor II ruim. Apenas 9% o apoiavam. Para 66%, a inflação iria

---

[4] Segundo divulgado à época, Magri foi a "Genebra para o encontro anual da OIT, mas prefere passear pelas ruas da cidade ao lado de duas mulheres. Pego em flagrante, explica que estava apenas comprando morangos e relógios" (ver Krieger, Gustavo et alii, op. cit., p. 131).

aumentar. O desemprego tendia a crescer para 54%, e 80% achavam que o poder de compra diminuíra.

Em meio à paralisia governamental, o Palácio do Planalto iniciou uma ofensiva para conquistar o Congresso. Recebeu o apelido de "cooper cívico do presidente para superar problemas". Foi considerada uma prioridade pelo próprio Collor: "Ampliar e melhorar o relacionamento com a base governista." Mesmo assim, o governo teve derrubada a MP 296, que tratava do reajuste de parte dos servidores civis e militares — o ministro da Justiça chegou a pedir demissão, que não foi aceita pelo presidente. Para o deputado Ricardo Fiúza, líder do PFL e aliado de Collor, o governo "precisa formar uma base parlamentar de apoio". Caso contrário, "o país caminha para uma crise institucional". Antonio Carlos Magalhães foi mais direto: "Alinhamento automático exige também atendimento automático."

Às vésperas da viagem que o presidente faria aos EUA, foi divulgada a nova proposta de reestruturação do pagamento de parte da dívida externa, aquela vinculada aos bancos estrangeiros privados: US$ 52,3 bilhões (o total devido era de US$ 118,2 bilhões). A taxa de juros anual seria de 7%. Assim, o governo teria de pagar anualmente US$ 3,66 bilhões. Porém, segundo o ministro, o país poderia arcar apenas com US$ 1,46 bilhão nos três primeiros anos do acordo, ou seja, 40% dos juros. No quarto e quinto anos o Brasil pagaria 50% das taxas de mercado. Depois do quinto ano, discutiria com os credores um desconto superior a 50%. Em outras palavras, o governo abandonara a política defendida pela equipe de Zélia, a de capacidade fiscal de pagamento. Os credores receberam bem a nova proposta, mesmo sem saber se haveria cancelamento dos juros não pagos ou se seriam transformados em títulos.

O acomodamento ao *statu quo* e o distanciamento do voluntarismo foram retirando do governo suas principais características. E o enfraqueceram ainda mais. A prometida demissão de 360 mil funcionários, um ano depois, fora reduzida a 179 mil. Muitos dos afastados — cerca de um terço — não foram demitidos, mas colocados em disponibilidade, e continuaram a receber seus salários sem trabalhar, devido a problemas legais. É provável — já que não havia números exatos — que o total de demitidos tenha sido menor, pois o governo incluiu os aposentados, estimados em 47 mil.

A visita aos Estados Unidos produziu poucos efeitos. Collor discursou em inglês, foi elogiado por George Bush, mas não obteve o apoio americano para a negociação da dívida externa. Prudentemente, os Estados Unidos aguardavam a solução de contenciosos referentes à propriedade industrial, da informática. Havia também a questão da venda de armas para o Iraque e a participação de um brigadeiro brasileiro no desenvolvimento de um sistema de mísseis para Saddam Hussein, inimigo dos Estados Unidos.

A fim de discutir a nova política econômica, Marcílio Marques Moreira foi a Washington encontrar-se com o diretor-gerente do Fundo Monetário Internacional, Michel Camdessus. O Brasil desejava um empréstimo de US$ 2 bilhões e teria de se adequar aos compromissos estabelecidos pelo FMI. Era mais uma guinada em relação à política econômica adotada até maio. Poucas semanas depois, o Banco Central pagou US$ 875,3 milhões de juros atrasados aos credores internacionais.

Causou estranheza, ainda no início de junho, o pagamento realizado pelo Banco do Brasil de uma dívida dos usineiros alagoanos em um banco londrino. O BB era avalista. O empréstimo fora efetuado em 1984. Era de US$ 70 milhões. Como os credores não conseguiam receber, chegaram a propor um desconto que reduziria o total da dívida para US$ 20 milhões. Não se soube como e quem ordenou — o presidente do BB, Lafaiete Coutinho, não autorizou a transação —, mas o empréstimo foi pago. E mais, com multa. O valor total foi de US$ 85 milhões.

O governo manobrava politicamente em busca do apoio de uma parcela da oposição — caso do PDT e da aproximação com o governador Brizola. Tentava também se acercar do governador Fleury, imaginando uma possível revolta da criatura contra seu criador, o ex-governador Quércia. Este último atuava agressivamente contra Collor. Pretendia se afirmar como liderança nacional do PMDB e era pré-candidato informal à Presidência da República em 1994.

Numa rara manifestação militar de inconformismo, os três ministros das Forças Armadas divulgaram um manifesto, a 2 de julho, criticando o Congresso Nacional, que derrubara, na semana anterior, a medida provisória que reajustava os salários dos funcionários públicos militares e civis. Não foram advertidos pelo presidente, que se manteve em silêncio. Especulou-se que Collor tivesse até estimulado o pronunciamento militar — e tomado conhecimento da nota antes de sua divulgação — como mais um meio de pressionar os parlamentares a aprovar as medidas governamentais consideradas essenciais pelo Planalto.

O presidente não conseguia obter ganhos concretos na aproximação com a oposição. E pior: sua base no Congresso estava em constante rebelião exigindo cargos no governo. O tempo passava e os indicadores econômicos não davam sinais de melhora. Collor vivia de pequenas ações de marketing, ora chegando ao trabalho com um livro sobre a conjuntura internacional — do qual fazia questão de mostrar a capa —, ora colhendo milho, de terno e gravata, na horta do Palácio do Planalto. Se, na primeira fase de seu governo, se negara sistematicamente a dar entrevistas coletivas, de súbito passara a dá-las em grande escala.

O estilo "soft" que adotara desde a chegada ao ministério de Marcílio Marques Moreira vez ou outra era abandonado. Numa sexta-feira, na cerimônia da descida da rampa, uma pessoa vaiou o presidente e lhe fez o sinal com o dedo médio esticado. Recebeu o mesmo gesto como resposta. Tudo amplamente fotografado pela imprensa. E na presença do embaixador francês, de empresários e de quinze candidatas ao concurso Miss Distrito Federal.

Já no âmbito das negociações com o FMI, o chefe da missão no Brasil, o economista José Fajgenbaum, fez uma infeliz declaração. Disse que um acordo de longo prazo com o fundo teria de ser completado com uma reforma da Constituição. Em vez de uma resposta através de um ministro, Collor fez questão de confrontar o funcionário: "Espero que o FMI tenha sensibilidade para retirar do país esse serviçal que fez essas declarações." A intempestiva resposta estava associada a uma discreta mudança no discurso do presidente, insatisfeito com a aparente insensibilidade dos países ricos aos problemas econômicos do Brasil. Teve até manifestação na entrada do Palácio do Planalto, com populares empunhando cartazes "anti-imperialistas". O FMI encerraria o incidente substituindo o chefe da missão.[5]

O segundo semestre legislativo foi aberto sob o signo da paralisia política e do acomodamento da inflação acima de 10% ao

---

[5] O deputado Roberto Campos ironizou o episódio: "Já vi esse filme. Termina mal. O Juscelino Kubitschek conseguiu transformar a bancarrota cambial numa vitória nacionalista. Mas o truque durou pouco. Sei-o bem, porque o embaixador Moreira Salles teve de ir a Washington e eu à Europa, logo no início do governo Jânio Quadros, para renegociar a dívida externa. O Brasil não tinha dinheiro para pagar nem o pão nem a gasolina de cada dia. Nacionalismo não enche barriga. Nem cria empregos. Apenas esvazia o bolso" (*Folha de S.Paulo*, 27 de julho de 1991).

mês — em julho, chegara a 13,2%, puxando a taxa de juros anual para 392%. A reforma da Constituição era tema recorrente. Ibsen Pinheiro, presidente da Câmara, defendeu ampla revisão em 1993 do texto, que considerava "paternalista e detalhista". Disse: "Para a revisão constitucional, devemos levar um lápis e uma borracha. Talvez até duas borrachas e um lápis." Havia certo consenso de que era necessária a reforma constitucional, algo que o próprio governo vinha defendendo desde o ano anterior, quando divulgara o "projetão".

O parlamentarismo aparecia como solução à crise do presidencialismo, eufemismo que designava o governo Collor. Pesquisa Datafolha mostrou que a maioria dos congressistas era favorável ao regime. Políticos expressivos começaram a divulgar a tese. O PSDB era o único partido que, no seu programa, defendia o parlamentarismo. O presidente Collor acenou que concordava com a mudança do regime, mas após o término de sua presidência. Naquele momento, a defesa do presidencialismo estava resumida a Orestes Quércia e Leonel Brizola.

O governo anunciou que anteciparia para 15 de agosto — um mês antes do prazo — o início da liberação dos cruzados novos retidos desde março de 1990. A notícia foi bem recebida pelos correntistas — mesmo que tivessem sofrido perda aproximada de 30% frente à inflação. Porém, o temor de um aumento da inflação, devido ao crescimento da demanda, preocupava as autoridades monetárias.[6]

---

[6] "O montante ainda bloqueado é da ordem de 6% do PIB, ou seja, seis vezes o valor da base monetária ou um terço dos ativos financeiros totais. [...] Os riscos, na ausência de drástico ajustamento fiscal, são o encilhamento da moratória interna ou a hiperinflação" (Reis, E. J. Com quantos Collor se faz uma estabilização?. In: Faro, Clóvis de (org.). *A economia pós-Plano Collor II*. Rio de Janeiro: LTC, 1991, p. 89).

A remuneração em 10,6% das cadernetas de poupança em julho, quando a inflação foi de 13,2%, fora entendida como um estímulo ao consumo.

Ainda em agosto, o governo encaminhou ao Congresso Nacional um projeto de lei que aumentava as penas para os servidores públicos federais acusados de atos de corrupção. O projeto era bem detalhado: especificava nove formas de enriquecimento ilícito. Buscava endurecer o combate à corrupção, isto quando já tinham surgido, ao longo de quase um ano e meio de governo, denúncias envolvendo autoridades, empresas e o esquema PC e seus derivados.

As estatais continuavam a dar prejuízo. Estimou-se um déficit operacional de US$ 5 bilhões, que correspondia a 1,4% do PIB, muito superior ao do ano anterior (0,6% do PIB). Pela imprensa instalou-se um bate-boca entre os ministros da Economia e da Infraestrutura: para o primeiro a culpa do déficit governamental era das estatais; já Santana identificava o problema na inexistência de controle dos gastos.

Estavam adiantadas as negociações para a formalização do Mercosul. Diversos encontros ocorreram, de 19 a 26 de agosto, entre os presidentes de Brasil, Argentina, Uruguai e Paraguai. Carlos Menem, da Argentina, esteve no Brasil e discursou no Congresso Nacional defendendo a aprovação parlamentar para o acordo entre os quatro países.[7]

Começou a especulação de que haveria um novo plano de estabilização, que adotaria medidas rigorosas — seria o Plano Collor III. O governo desarquivou as ameaças de controle de preços. E o

---

[7]No processo de aproximação com a Argentina, em dezembro Collor assinou, em Viena, na Áustria, um acordo com o presidente Menem sobre o uso pacífico da energia nuclear.

déficit público estimado em 2,5% do PIB foi considerado o vilão responsável pelo aumento da inflação (15,2% em agosto).

Três meses após a posse, Marcílio começou a ser "fritado" pelo Palácio do Planalto. Na imprensa, notícias eram "plantadas" dando-lhe um perfil de gerente da inflação, sem criatividade, mero burocrata. O ministro reconhecia a situação difícil vivida pelo país: "Qualquer processo de descongelamento, pelas experiências passadas, deve ser ordeiro para evitar a explosão da inflação. Evidentemente não é um momento confortável, mas também não é um momento de alarme."

As denúncias de corrupção continuavam a atingir o governo. O foco central era Paulo César Farias. O ex-tesoureiro considerava-se um bode expiatório: "Querem me pegar para Cristo." E até dissertou sobre moralidade pública: "Essas denúncias de corrupção fazem parte da orquestração de pessoas que querem esse ou aquele ministério." Disse que "se um amigo quiser saber alguma coisa nas áreas em que atuo — venda de tratores, aviões, jornal e cocos — eu ajudo. E só". Mas não conseguiu explicar o escritório mantido em São Paulo, ocupando três andares, em bairro nobre, onde recebia empresários. Contudo, seria defendido enfaticamente pelos ministros. Um deles, João Santana, declarou que "o amigo" era "um grande empresário e um sujeito inteligente. O presidente toca o governo, e PC seus próprios negócios".

Tendo origem em auxiliares próximos do presidente, notícias informavam que a ex-ministra Zélia constantemente falava por telefone com Collor e que ele teria designado oficiosamente o ex-secretário de Política Econômica Antônio Kandir como uma espécie de emissário para sondar governadores e lideranças políticas sobre as propostas do "projetão". Zélia organizou o Instituto Brasil, um centro de acompanhamento da conjuntura econômica, com escritórios em São Paulo, Brasília e Rio de Janeiro. E pretendia ter alguma interferência no debate econômico e nas eleições municipais do ano seguinte — teria sido sondada pelo PDT e pelo PMDB, que desejariam sua candidatura à prefeitura de São Paulo.

A falta de resultados da política econômica era evidente. Sem ter algo para mostrar, Collor transformou questões mais banais em temas relevantes. Com raro senso de marketing, passou a ocupar as páginas dos jornais com sucessivas entrevistas. Como numa republiqueta latino-americana, até a crise conjugal do casal presidencial seria assunto. O presidente fez questão de exibir a mão esquerda sem a aliança de casamento. Repetiu o gesto por vários dias. A família da primeira-dama se deslocou a Brasília para prestar solidariedade a Rosane. E tudo acabou em clima de novela com a reconciliação pública do casal.

A 21 de agosto o presidente resolveu mexer novamente no governo. Demitiu Carlos Chiarelli do Ministério da Educação. O ex-senador gaúcho desempenhara mal suas funções. Em um ano e meio de gestão pouco havia feito. Foi substituído por José Goldemberg, que ocupava a pasta de Ciência e Tecnologia — que permaneceria momentaneamente sem um titular efetivo. Chiarelli foi nomeado para um papel inexistente no organograma ministerial, a de ministro extraordinário para o Mercosul, invadindo uma das atribuições do Itamaraty, sem que tivesse em qualquer momento demonstrado aptidão para o exercício da nova função.[8] Também foi exonerado Alfeu Valença, presidente da Petrobras, em rota de colisão com o ministro da Infraestrutura.[9]

---

[8]A "pasta" foi criada por decreto. Era vinculada diretamente à Secretaria-Geral da Presidência. Apesar de não ter dotação orçamentária, recebeu vinte assessores. Segundo Francisco Rezek, "eu deveria ter saído do governo neste momento" (entrevista com Francisco Rezek, 8 de maio de 2014).
[9]Ernesto Weber assumiu a presidência da empresa.

As mudanças pontuais demonstravam que o governo estava sem rumo. Era o momento para uma reforma geral do ministério, que poderia trazer maior eficiência administrativa e angariar apoio político no Congresso. Mas Collor não fez nem uma coisa nem outra.

A saída de Rosane Collor da direção da LBA era uma exigência do presidente. As acusações de desvios de verbas a deixavam politicamente exposta, tanto que corria o risco de ser convocada a depor no Congresso.[10] A permanência à frente da LBA era, para a primeira-dama, uma maneira de defender os interesses da família Malta na política alagoana, como ocorrera na eleição estadual de 1990. E a entidade tinha um orçamento anual, nada desprezível, de US$ 1 bilhão, além de 9.400 funcionários.

O enxugamento de pessoal, bandeira eleitoral de Collor, implementado logo no início de sua gestão pelo então secretário João Santana, continuava a sofrer derrotas legais. O STF, por nove votos a dois, considerou inconstitucional a redução dos salários dos servidores colocados em disponibilidade.

A 22 de agosto o governo divulgou o Programa de Saneamento Financeiro e de Ajuste Fiscal, mais conhecido como "emendão". Era uma nova versão do "projetão", que tampouco passara das intenções à prática. Na introdução do documento, Marcílio Marques Moreira escreveu que, se a inflação passasse de 20% mensais, não restaria alternativa a não ser um novo choque. No dia seguinte o ministro foi obrigado a voltar atrás. Disse que não haveria choque, que a inflação não estava acelerando.

Parlamentares governistas insistiram na tese de que a única solução para a crise seria a aprovação das medidas. Eram 44 emendas

---

[10]Na Comissão de Seguridade Social da Câmara, o deputado José Dirceu apresentou requerimento de convocação de Rosane. Foi rejeitado por 23 votos a cinco.

à Constituição. Teriam efeitos em médio e longo prazos. Até sua aprovação seria demorada: após passarem por todo o trâmite legislativo, o mais provável era que fossem votadas no primeiro semestre de 1992, ano de eleições municipais. Boa parte das propostas era impopular, como o término da aposentadoria por tempo de serviço, a extinção do ensino público gratuito universitário, além do fim do sigilo bancário — concedia-se à Receita Federal o direito de acompanhar todas as movimentações bancárias sem necessidade de autorização judicial.

Inabilmente, o governo tentou relacionar a aprovação do "emendão" à rolagem da dívida dos estados (um total de US$ 57 bilhões). Considerava que seria um meio de obter o apoio dos governadores. A manobra foi prontamente rejeitada.

Fernando Collor fez um pronunciamento em rede nacional de rádio e televisão defendendo o "emendão". Discursou durante sete minutos. Pediu paciência à população: "Não se podem obter resultados de um dia para o outro." Falou em negociação: "Precisamos encontrar soluções compartilhadas para sairmos das dificuldades em que o país se encontra." Mas o tom de otimismo soava falso — o próprio presidente tinha consciência da impopularidade de seu governo: "Hoje eu vejo alguns já um pouco cansados. 'Não, poxa, um ano e meio e os resultados ainda não aconteceram.' É claro, minha gente, porque milagre não se faz, não se podem obter resultados de um dia para o outro, agora nós temos é que perseverar, temos de ter confiança, temos que continuar avançando, mesmo que em alguns instantes nos sintamos desestimulados."

De pouco adiantaram os esforços do presidente. A iniciativa era fadada ao fracasso. Não pelos temas, mas pela abrangência. Seriam necessárias, repita-se, 44 emendas à Constituição. Na prática, uma revisão constitucional, que já estava prevista para 1993. O governo continuava fragilizado no Congresso Nacional, e a interlocução direta com os eleitores — realizada pelo presidente no início do Plano Collor I — não obtinha mais êxito devido à estagflação. Nem o anúncio de que Collor decidira modificar o "emendão", retirando as medidas mais polêmicas, daria nova vida ao projeto.

O isolamento político do governo chegou a tal ponto que, suprema ironia, José Sarney passou a ser visto como homem-providencial, aquele que poderia coordenar um entendimento nacional para que o país saísse da crise. Crise, registre-se, em grande parte gerada pelo desgoverno do seu quinquênio presidencial.

No final de agosto, mais uma péssima notícia: a safra de grãos fora a menor dos últimos cinco anos. A produção de soja teve um resultado ainda pior: caíra ao nível de 1981. Estimou-se que o país perderia US$ 1 bilhão, deixando de exportar 2 milhões de toneladas de soja. E, para piorar, o ministro Marcílio Marques Moreira declarou em Nova York que, se as reformas do "emendão" não fossem aprovadas, o Brasil iria para o "quarto mundo". E foi ainda mais incisivo: o nosso país "vai se alinhar com a África". Dias depois Collor iniciaria uma viagem de cinco dias por quatro países justamente do continente africano.

A 1º de setembro, finalmente, teve início o censo, que deveria ter sido realizado em 1990, o que não aconteceu devido aos problemas internos do IBGE e ao programa de demissão dos funcionários. Também havia problemas legais de contratação de pesquisadores exclusivamente para o censo. Tudo isso gerou o atraso de um ano, rompendo uma longa série histórica decenal.

Paralelamente, o presidente sinalizou que poderia romper com o autoisolamento político ao estabelecer uma ponte com o PSDB. Recebeu no palácio Tasso Jereissati e o senador Fernando Henrique Cardoso. E foi ao encontro de lideranças do PDT, do PFL e do PMDB.

Dava a impressão de que inauguraria uma relação de diálogo com os partidos políticos e de que buscaria uma aliança com o Parlamento.

Do lado sindical, a tensão estava restrita aos setores mais organizados e vinculados à CUT. A 11 de setembro, 60 mil petroleiros entraram em greve. Depois de onze dias de paralisação, a categoria obteve um reajuste inferior às suas pretensões, mas superior ao que a Petrobras pretendia pagar.

O governo completou dezoito meses. A confusão era generalizada. Quando Collor estava em visita à África, Itamar Franco, numa reunião de rotina com o ministro Passarinho para tratar do "emendão", exaltou-se com as opiniões do titular da pasta da Justiça e ameaçou demiti-lo. Só não o fez, segundo suas palavras, para não piorar a crise. De acordo com Passarinho, o incidente começou de forma banal, depois que ele enviou um documento a Itamar chamando-o de vice-presidente, quando, de acordo com o político mineiro, o tratamento correto seria "ao vice-presidente no exercício da Presidência". Tiveram um bate-boca e Passarinho disse: "Neste caso, demita-me agora!" Itamar teria preparado a demissão, que só não foi publicada no Diário Oficial devido ao retorno de Collor ao Brasil.[11]

Da África, em entrevista, o presidente atacou os críticos da "República de Alagoas". Disse que era discriminação contra o Nordeste, embora o significado da expressão — do qual tinha pleno conhecimento — fizesse referência ao grupo mais próximo de Collor, que estaria envolvido em acusações de corrupção, especialmente PC Farias.[12]

---

[11]Ver Passarinho, Jarbas, op. cit., p. 548-51.

[12]Luis Romero Farias, irmão de PC Farias, pediu demissão da estratégica Secretaria Executiva do Ministério da Saúde em 27 de setembro de 1991. Ocupava o posto desde o início do governo. Tinha chegado ao cargo sem o apoio do ministro Alceni Guerra. Dois meses antes, a "República de Alagoas" fora capa da *Veja*, com destaque especial a Paulo César Farias.

Mesmo assim, o governo estava protegido das denúncias de corrupção, inclusive pela própria oposição. Em entrevista à revista *Veja*, Fernando Henrique Cardoso, líder do PSDB no Senado, ao ser perguntado sobre se o governo Collor era corrupto, respondeu:

> Não diria isso. Ouço muitos rumores de que setores do governo são corruptos. Mas ainda não vi ninguém ir ao Ministério Público com uma prova concreta. Também não vejo a existência de um sistema organizado de corrupção dentro do governo federal, como tem acontecido em governos estaduais. Mas a verdade é que o rumor é de tal magnitude junto à administração federal que, se o governo não demonstrar o contrário, a versão de que ele é corrupto vai virar uma marca e ficar para sempre.

Levantamento do Datafolha, quando o governo completou dezoito meses, identificou que 41% dos entrevistados consideravam a gestão ruim ou péssima, contra 18% de ótimo ou bom e 39% de regular; 57% não tinham qualquer esperança de que a crise econômica fosse vencida. Numa hipotética eleição presidencial, Lula venceria Collor com 43% das intenções de voto contra 28%.

Tentando negociar o "emendão", o presidente se reuniu com Orestes Quércia e Antonio Carlos Magalhães, deu diversas entrevistas e desenhou um cenário caótico caso as reformas que propunha não fossem aprovadas: "Não abro mão de ter a caneta para fazer jus ao mandato que recebi e de fazer as modificações no momento que julgar conveniente."

Recebeu o apoio do governador Brizola, que defendeu com ardor o governo Collor. Disse que as oligarquias estariam "ameaçando a legitimidade do mandato do presidente" e que gostariam de implantar "o parlamentarismo ou um governo de união nacional para assumirem o governo". Identificou os "conspiradores": Ulysses Guimarães, Orestes Quércia e Antonio Carlos Magalhães.[13]

O presidente chegou a convocar pela primeira vez, a 17 de setembro, o Conselho da República. Cumpria o disposto no artigo 89 da Constituição. Presidiu a reunião com catorze conselheiros: Itamar Franco e Jarbas Passarinho, representando o governo, os presidentes da Câmara e do Senado (Ibsen Pinheiro e Mauro Benevides, respectivamente), os líderes da maioria e minoria na Câmara dos Deputados (Ricardo Fiúza e Genebaldo Correa, respectivamente), os líderes da maioria e minoria no Senado (Humberto Lucena e Marco Maciel, respectivamente), e mais seis membros indicados pelo Executivo — inclusive ainda na Presidência de Sarney — e pelo Legislativo: Saulo Ramos, Paulo Macarini, Jorge Bornhausen, Thales Ramalho, Victor Fontana e Severo Gomes.

Na reunião ficou patente a dificuldade de encaminhar o "emendão", mesmo após o relato do secretário de Política Econômica Roberto Macedo, que apresentou um quadro econômico catastrófico, que levaria o governo a não ter recursos, em 1992, sequer para pagar os salários do funcionalismo público. O déficit operacional de 1991 seria de 2,4% do PIB e, no ano seguinte, de 2,6%. O presidente do Senado informou que estavam em tramitação 26 propostas de emendas constitucionais. Ibsen Pinheiro lembrou que o regimento da Câmara era um obstáculo à rápida aprovação das emendas, a não ser que houvesse um acordo entre líderes de todos os partidos.

O governo reduziu as emendas de 44 para 22, ainda um número alto. Centrou fogo em algumas medidas fiscais, como a proibição

---

[13]Pesquisa Datafolha divulgada no dia 19 de setembro informou que a maioria dos pesquisados era favorável ao parlamentarismo: 46%. O presidencialismo foi escolhido por apenas 36% dos entrevistados.

da emissão de títulos de dívida por estados e municípios. Das questões mais gerais — e polêmicas — permaneceram o fim da estabilidade no emprego dos funcionários públicos, exceto para as carreiras de Estado, e a ampliação da idade mínima para a aposentadoria (sessenta anos para os homens e 55 para as mulheres). Seriam modificados dezessete artigos constitucionais. A oposição considerou as propostas um fiasco, e até os governistas as avaliaram insuficientes.

A gestão não dava sinais de que tiraria o país da crise. As sucessivas reuniões ministeriais eram inúteis. Serviam para que o presidente exercitasse seu ego. Ainda em setembro, no décimo terceiro encontro, ele deu um tapa na mesa, indignado com o silêncio dos ministros frente às acusações de corrupção: "Quero um governo de macho." E determinou, em linguagem de palanque, ao delegado Romeu Tuma, presente à reunião, que botasse "os corruptos na cadeia". Enquanto isso, sequer medidas de curto prazo eram implementadas, e uma longa greve dos petroleiros — onze dias — infernizou o país. Os bancários do Banco do Brasil também estavam de braços cruzados.

A 24 de setembro foi suspenso o leilão da Usiminas. Manifestantes cercaram o prédio da Bolsa Valores no Rio de Janeiro, atiraram ovos e agrediram fisicamente investidores e funcionários. Liminares tentaram impedir o leilão — foram derrubadas pelo governo, mas o presidente ordenou-lhe o cancelamento antes de saber o resultado da última liminar.

A polêmica foi estabelecida sobre as sete moedas permitidas: cruzados novos, títulos da dívida externa, certificados de privatização, obrigações do fundo nacional de desenvolvimento, títulos da dívida agrária, debêntures da Siderbras e dívida securitizada.

Na frente parlamentar o governo obteve importante vitória com a aprovação da Lei da Informática, que derrubava a tão criticada reserva de mercado (pela antiga lei, terminaria em outubro de 1992).

Collor, a 26 de setembro, em telefonema ao presidente da Confederação Nacional da Indústria (CNI), Albano Franco, reclamou de que a discussão sobre o "emendão" não avançava porque havia uma conjunção de fatores: "O entendimento não progride porque os políticos só querem dividir o poder, os empresários só querem manter seus lucros e os trabalhadores são corporativistas." Era uma declaração de guerra e, ao mesmo tempo, de abandono do "emendão" como caminho para sair da crise.

Subitamente, a 30 de setembro, o Ministério da Economia decretou uma maxidesvalorização, de 14,5%, do cruzeiro em relação ao dólar. Os boatos tomaram conta do país. Desde a saída da equipe econômica inicial, os brasileiros temiam uma crise cambial e até a adoção de um novo choque. A cotação do ouro disparara e as taxas de juros saltaram ainda mais: 1.005% ao ano. Os preços dos alimentos subiram imediatamente: arroz, 66%; óleo de soja, 56%; açúcar, 30%.

Pela primeira vez falou-se em impeachment. O próprio presidente fez questão de responder, numa entrevista coletiva: "E a questão do impeachment, eu não vi isso pela voz autorizada de nenhum dos parlamentares que mereçam respeito."[14] E teve o apoio do senador Fernando Henrique Cardoso: "Está-se confundindo crise de governo com crime contra o Estado."

Dois dias depois, em reunião dos líderes partidários na Câmara, com a presidência de Ibsen Pinheiro, o "emendão" seria rejeitado. Decisão unânime. Um dos líderes destacou que a Constituição

---

[14]O deputado Delfim Netto (PDS-SP) resumiu sarcasticamente o momento: "O problema agora do governo é que, além de não encontrar soluções, já nem consegue saber qual é o problema" (*Folha de S.Paulo*, 2 de outubro de 1991).

não era programa de governo para ser mudada a toda hora. Ibsen resumiu o resultado do encontro: "Do modo como está, o 'emendão' é inaceitável, está morto e sepultado." A Câmara só apreciaria questões relativas a ajustes fiscais e desregulamentação da economia.

Para complicar ainda mais a situação política de Collor, Itamar Franco resolveu ocupar espaço na crise. Já tinha se manifestado contra a privatização da Usiminas. Chegou a dizer que poderia comparecer a um comício organizado pelo governador Brizola contra a privatização da empresa. Pouco antes — numa interinidade — ameaçara Passarinho de demissão. Passou a apoiar a antecipação do plebiscito do parlamentarismo para abril de 1992 e defendeu que, em caso de aprovação, deveria ser adotado imediatamente. Afirmou que o presidente estava distante do povo: "A sociedade não está entendendo, neste instante, o dialeto do governo." Falou que a vitória do parlamentarismo poderia levar à convocação, em 1992, de eleições gerais. Ou seja, estava, na prática, defendendo a interrupção do mandato de Collor, que, de acordo com a Constituição, iria até 15 de março de 1995. Para completar, não se esqueceu também de dizer que estava desconfortável na vice-presidência.

Apesar da situação adversa, Collor encaminhou ao Congresso a proposta do "emendão". Os 31 artigos e as 44 mudanças na Constituição foram sensivelmente diminuídos para apenas oito artigos que, se aprovados, alterariam 26 dispositivos constitucionais. Diversos pontos polêmicos haviam sido retirados. O presidente dera um passo atrás sobre o funcionalismo público. Concordava com a estabilidade após dois anos para as carreiras de Estado e de dez para as demais. Os servidores em disponibilidade seriam remunerados proporcionalmente ao tempo de serviço. Mantinha a proposta de extinguir o monopólio estatal nas telecomunicações, refino e transporte de petróleo. Continuou defendendo limites ao sigilo bancário e que os estados e municípios não poderiam mais emitir títulos de dívida.

Mesmo assim, o "emendão" foi recebido com frieza pelos parlamentares. À noite, o presidente convocou rede nacional de rádio e televisão para apresentar a proposta. Pouco adiantou. O sentimento de cansaço em relação às diatribes presidenciais tomava conta do país. A preocupação popular não era com as reformas, mas com a disparada do custo de vida. A cesta básica, em uma semana, tivera um aumento de 17,9%.

O recuo sem garantia de aprovação das medidas — ou da maioria delas — era uma dupla derrota para o governo. O presidente perdia a possibilidade de implementar as reformas, defendidas desde o discurso de posse, e mostrava fraqueza junto ao Congresso, não apenas pelas alterações no "emendão", mas porque dificilmente seriam aprovadas sem uma negociação que modificasse a relação do Executivo com o Legislativo.

Como em um grande salto para trás, parlamentares recriaram a Frente Parlamentar Nacionalista, em outubro. A liderança era de Miguel Arraes e contava com o apoio do governador Brizola.[15] Era uma resposta ao programa de privatização e em especial ao leilão da Usiminas. As estatais eram em número de 188. Empregavam diretamente 700 mil funcionários e movimentavam bilhões de

---

[15]O governador Leonel Brizola marcou, em outubro, por duas vezes, um comício para protestar contra a privatização da Usiminas. Alegando razões diversas, adiou o evento. Logo esqueceu o assunto, e o comício nunca foi realizado.

dólares. Eleitoralmente, era interessante sua defesa, tanto pelo uso do apelo nacionalista como pelos recursos que fornecedores daquelas empresas poderiam conceder aos partidos.

O cumprimento da promessa de desestatização era uma das poucas vitórias do governo, que soube usá-la — apesar dos problemas ocorridos durante o processo. Duas semanas depois, o leilão da Usiminas foi realizado com ágio de 14% sobre o preço inicial. Entre os controladores estavam os fundos de pensão dos funcionários do Banco do Brasil, da Petrobras e da Vale do Rio Doce.

A 10 de outubro, o FMI, através de seu diretor-gerente, Michel Camdessus, informou que estava aprovando o plano de estabilização feito com o Brasil. A normalização das relações era considerada essencial pelo governo, que poderia sacar US$ 3,6 bilhões. Camdessus falou na necessidade de o país crescer, rompendo com a estagflação. E, como de hábito no receituário do FMI, o governo teria de cortar US$ 20 bilhões do orçamento nos próximos dois anos.

O lançamento, em outubro de 1991, do livro *Zélia, uma paixão*, depoimento da ex-ministra ao escritor Fernando Sabino, relatando sua participação na campanha eleitoral de 1989, na formulação do Plano Collor, e os catorze meses no Ministério da Economia, causou um enorme impacto. Foi um sucesso de vendas. O que mais chamou a atenção foram as revelações mundanas do romance entre a ex-ministra e Bernardo Cabral,[16] além de alguns detalhes referentes ao Plano Collor I.

---

[16]Entre as diversas revelações amorosas do casal, a ex-ministra relatou que era constante a troca de bilhetinhos entre eles durante as reuniões ministeriais. Em um deles, Cabral escreveu: "Esta sua saia curta está deliciosa." Quando da publicação do livro, a ministra Margarida Procópio foi perguntada sobre o fato: "Eu sabia que eles trocavam bilhetinhos, mas nunca imaginei que o conteúdo fosse tão infantil e jocoso: a menina era mesmo quente." E completou: "Se eu recebesse um bilhete desses, saberia o que fazer. Minhas pernas têm dono."

A repercussão entre os empresários e no meio político foi desastrosa para o futuro político da ex-ministra.[17] O Instituto Brasil não passou de uma reunião: "A ideia era boa, mas acabou pelo impacto do livro."[18] Em sua edição de 22 de outubro, a *Folha de S.Paulo* concedeu amplo espaço para que empresários comentassem a publicação: "sordidez fantástica" e "grande baixaria", disseram uns. Outro afirmou que Zélia tinha "perdido a cabeça". Fernando Sabino também saiu chamuscado. Era um escritor respeitado, mas o primarismo do que escrevera maculou sua carreira.[19]

A 23 de outubro, o Senado aprovou a proposta do senador José Richa (PSDB-PR), em primeira votação, antecipando o plebiscito sobre o parlamentarismo para 21 de abril de 1992 — e não, como dispunha a Constituição, para 7 de setembro de 1993. Foram 53 votos a favor e quinze contrários (houve uma abstenção). Collor liberara a bancada governista. Dias antes, tinha recebido no Planalto os senadores Richa e Fernando Henrique. Deixou clara

---

[17]Quando perguntada sobre um possível arrependimento pela publicação do livro, respondeu: "Sim e não. Sim porque me queimou e queimou a possibilidade de escrever meu próprio livro, me afastou de amigos, criou inimizades. Não porque, como resultado, me afastei da vida pública, me casei, tive dois filhos maravilhosos e recuperei minha privacidade" (entrevista com Zélia Cardoso de Mello, 16 de dezembro de 2014).

[18]Entrevista com Luís Eduardo Assis, 23 de dezembro de 2014.

[19]Sabino se encaminha para concluir o texto da seguinte maneira: "Assim vamos chegando ao fim deste livro. Levei quarenta dias para escrevê-lo. O que não é nenhuma vantagem: em apenas 52 dias Stendhal compôs *La Chartreuse de Parme*, com suas quinhentas e tantas páginas imortais" (Sabino, Fernando, op. cit., p. 266). Ainda no campo mundano, o deputado Cleto Falcão fez questão de revelar o que chamou de um segredo guardado por catorze anos. Era a dedicatória feita por Zélia para Collor, dias após a publicação do livro: "Fernando, dedico este livro a você não apenas com carinho ou amizade. É com amor e você sabe que é amor de verdade" (Falcão, Cleto. op.cit., p. 355).

sua posição sobre o tema: "Eu sou parlamentarista."[20] A votação superou os três quintos necessários para aprovar uma emenda constitucional (49 votos).

Passou-se a especular sobre se o parlamentarismo entraria em vigência imediatamente, em caso de vitória no plebiscito, ou se valeria apenas para o próximo presidente, ou seja, a partir de 1º de janeiro de 1995. Collor fez questão de prontamente considerar um golpe a adoção imediata do novo regime, mesmo manifestando apoio ao parlamentarismo: "Seria rasgar a Constituição e frustrar a voz das urnas."

A 25 de outubro, abandonando o estilo soft, o presidente fez um duro ataque a empresários e economistas. Disse que os primeiros "demitem para fazer crer que estão demitindo por culpa do governo, quando nós sabemos que já estão fora do padrão de competição, são covardes porque não assumem suas incapacidades, porque não trabalham". Já a respeito dos segundos afirmou que "são consultores econômicos que recebem de grandes empresários na moeda americana para fazer relatórios sinistros e cujas canetas só têm tinta para escrever coisas negativas".

As violentas críticas só agravariam ainda mais o quadro político e econômico. O pânico tomou conta do mercado: a taxa de CDBs prefixados de trinta dias foi negociada com juros anuais de 3.800% (três dias antes a taxa era de 1.880%), e a cotação do ouro saltou 10% em um dia, assim como o dólar paralelo. O IGP-M de outubro foi de 22,6% (em setembro tinha sido de 15%). Falou-se em uma inflação de até 50% em novembro. No mercado secundário caiu o valor dos títulos da dívida externa. O número de concordatas e falências não parava de aumentar. O cenário de hiperinflação estava desenhado. Desde o aumento da temperatura econômica,

---

[20]Entrevista com Fernando Henrique Cardoso, 31 de julho de 2014.

do choque do presidente com os empresários, o ministro Marcílio Marques Moreira desaparecera do noticiário.

Denúncias de corrupção atingiram o Exército. Foram reveladas compras de fardas superfaturadas. O ministro Carlos Tinoco protestou: "Mais um episódio da campanha sistemática de descrédito das Forças Armadas junto à opinião pública se processa." O problema é que o resultado da licitação, com preços cinco vezes superiores aos de mercado, fora conhecido dias antes e publicado em forma de anúncio cifrado no *Jornal da Tarde*. Convocado, o ministro Tinoco foi depor em uma comissão da Câmara. Comportou-se agressivamente. Disse que os ministros militares não seriam "fritados". No dia posterior foi chamado ao Planalto, juntamente com os ministros da Marinha e da Aeronáutica. Como de hábito nessas circunstâncias, o presidente deu-lhes um "chá de cadeira" de uma hora. Ao serem finalmente recebidos, o tom mudara. Tinoco disse que tudo não tinha passado de um mal-entendido. E a licitação foi cancelada.

No início de novembro o governo encaminhou ao Congresso um pacote de medidas que considerava uma reforma fiscal. Aumentava a taxação na fonte, indo de 25% a 35%. Os impostos seriam indexados mensalmente. A reação negativa, porém, fez com que fossem alteradas as alíquotas do imposto de renda na fonte. Collor imaginava arrecadar até o final da sua gestão, com os novos impostos, um total de US$ 80 bilhões.

Mas a oposição continuava colocando o presidente contra a parede. Aguardava-se a segunda votação no Senado da emenda que antecipava o plebiscito sobre o parlamentarismo. Orestes Quércia percorria o Brasil articulando o PMDB para a sucessão de 1994. E não perdia oportunidade de atacar Collor. No Rio Grande do Sul, disse que o impeachment "não deve ser excluído [...], se o governo não tiver nenhuma condição, a medida deve ser adotada". Mas fez uma importante ressalva: "Por enquanto não há condições para isso."

A 6 de novembro o Senado derrubou a emenda parlamentarista que antecipava o plebiscito. O governo não precisou fazer muita força. A emenda obteve 46 votos — treze contrários — e necessitava de 49. Foram apenas 59 votantes, embora a lista de presença indicasse a presença, no plenário, de 74 senadores. A mudança deveu-se aos desdobramentos da primeira votação. Alguns parlamentaristas anunciaram que desejavam implantar imediatamente o novo sistema de governo. Para Collor — que apoiava discretamente a emenda —, o parlamentarismo, caso fosse escolhido no plebiscito, deveria ser adotado após o final de seu governo. O caminho de abreviar o mandato do presidente através do parlamentarismo acabara derrotado.

Para o senador José Richa (PSDB-PR), autor da emenda, "quem perdeu foi o Brasil. O Senado fechou a única porta para o país sair da atual crise pela porta do entendimento. Houve uma molecagem do governo em avisar poucas horas antes que mudara de posição". Richa fazia referência a uma comunicação do ministro Passarinho — que articulou a rejeição da emenda — feita duas horas antes do início da votação. O ministro tinha claro que antecipar o plebiscito consistia em um meio de julgar o governo nas urnas — e este seria, era evidente, derrotado. Assim, seria inevitável a adoção imediata do novo sistema. Era também a posição de Leonel Brizola: a emenda "debilitaria o atual governo com um sabor de golpismo. Uma espécie de cassação branca".[21]

Nem deu tempo para o governo comemorar. No dia seguinte foi divulgada a taxa de inflação de outubro na cidade de São

---

[21]Na Câmara estava tramitando outra emenda para antecipar o plebiscito, de autoria do deputado José Serra. Marcava o plebiscito para setembro de 1992.

Paulo, calculada pela Fipe: 25%. A maior desde o início do governo, nove pontos superior à de setembro. O mercado estava projetando inflação ainda maior para novembro. Marcílio passou a admitir a volta da indexação, que fora combatida desde o início do governo: "Se você indexar a economia como um todo, de certa maneira institucionaliza a inflação. Acho que temos de usar mecanismos em certos nichos, como o salário mínimo." E diplomaticamente acrescentou: "Acho que esses papéis de longo prazo precisam de indexação, porque na prefixação o Tesouro acaba tendo de arcar com uma taxa de risco muito alta quando o clima é um pouco nervoso."

E, para piorar, no Congresso, fora muito mal recebida pela oposição e por parlamentares relativamente próximos ao governo a derrota da antecipação do plebiscito. O PSDB foi duramente criticado por ter acreditado que o presidente se manteria neutro na votação. Congressistas ameaçaram rejeitar a reforma tributária e o "emendão". Fernando Henrique, líder do PSDB no Senado, lamentou: "Eles nos alvejaram no coração." José Richa, autor da emenda, previu um aumento da tensão com o Executivo: "O presidencialismo só negocia sob pressão. Então será pressão por pressão. Se eles querem aprovar o 'emendão' ou a reforma fiscal, então terão que se entender com os parlamentaristas." Fernando Collor, em um bilhete dirigido a seu porta-voz, ironizou os lamentos tucanos: "Torcem o pé, fazem muxoxo, ficam emburrados, *enfants gâtés* que são da política nacional." Já Delfim Netto foi cáustico: "Não sei como o Fernando Henrique, que não acredita em Deus, pode confiar no Collor."

Aproveitando mais um aniversário da proclamação da República, o presidente Collor assinou decreto concedendo aos índios ianomâmis uma área de 9,4 milhões de hectares (1,1% do território nacional) nos estados do Amazonas e de Roraima. Estimou-se que viviam na região 10 mil índios em 150 aldeias. Pelo decreto, a demarcação deveria ocorrer em seis meses. Desde o ano anterior o governo assumira este compromisso, mas até a assinatura do decreto teve de enfrentar, principalmente, a oposição dos ministros militares.

O cenário de confronto entre o Palácio do Planalto e o Congresso Nacional, agravado pela rejeição no Senado da emenda parlamentarista, intensificou-se no momento em que o presidente vetou vários artigos da lei salarial, sobretudo no tocante ao salário mínimo. Com o Judiciário, a pendenga envolveu o reajuste dos aposentados. O governo tinha determinado que fosse de 54% e tribunais estaduais concederam quase o triplo: 147%.

A crise econômica era evidente. Crescera o número de desempregados e caíra a massa salarial. A inflação não dava sinais de desaquecimento. Certo arrefecimento político, contudo, permitiu que o governo voltasse a negociar com o FMI uma carta de intenções para um acordo. O diretor-geral do fundo, Michel Camdessus, veio ao Brasil e passou um dia inteiro discutindo com a equipe econômica os termos da carta. Insistiu na necessidade de diminuir a inflação, conter o déficit público, atacar a sonegação fiscal e abrir a economia, receita já bem conhecida. Acabou sendo recebido pelo vice-presidente, pois Collor estava na Colômbia. Como era de conhecimento público, Itamar manifestara discordância com a política econômica adotada, mas, desta vez, evitou externar sua opinião.

Camdessus acabou encontrando Fernando Collor na Colômbia e reafirmou seu apoio à carta de intenções, que era otimista, especialmente em relação à inflação: em dezembro de 1992 estaria em 2% ao mês e, no ano seguinte, seria de 20% (média de 1,5% ao mês). Confiante, o diretor-geral do FMI declarou que "os brasileiros acreditarão que se pode acabar com a inflação, e o mundo acreditará que o Brasil entrou em uma nova era".

Quando foi conhecido o teor da carta, ficou claro que a equipe econômica apostava em recessão para 1992. Seria uma forma de reequilibrar as finanças públicas e combater a inflação. O governo se propunha a um rígido aperto monetário através do controle do crédito e da alta da taxa de juros. Reduziria os gastos públicos e ampliaria as receitas aperfeiçoando o recolhimento dos impostos. Realisticamente, Roberto Macedo disse que, "com alguma sorte, a gente pode ter o desenvolvimento deste programa sem agravar a situação da economia, que já não é boa".

Para o ministro Marcílio Marques Moreira o teor do acordo "não é recessivo; é um programa de prevenções de crises". Não era possível esconder que o programa seguia fielmente a cartilha do FMI. Foi visto com naturalidade, no dia seguinte, o entusiasmo de Michel Camdessus. Ele iniciou animadamente a entrevista coletiva: no Brasil "está tudo azul, azul, azul". E aproveitou para dar uma estocada na antiga equipe econômica: "Nele, não se tem mais milagres, não se tem mais mágicas, não se tem mais brilhantes estratégias heterodoxas." Em entrevista, o presidente Collor procurou demonstrar satisfação frente às negociações: "Nós podemos ter um 93 já positivo e um 94 de retomada de crescimento."

Em meio às negociações da dívida externa, o Ministério da Saúde seria novamente notícia. Em novembro, a contratação, sem licitação, de uma empresa paranaense — estado do ministro Alceni Guerra — que deveria cuidar da implantação dos Ciacs em todo o país acabou virando caso de polícia. Após a denúncia de supostas irregularidades, a operação foi cancelada. Segundo divulgado, com o valor a ser pago por serviços técnicos, era possível construir 2 mil escolas convencionais. A dotação orçamentária de 1992 apenas para este projeto atingiu um valor fantástico: US$ 1,3 bilhão.

No início de dezembro nova irregularidade foi divulgada pela imprensa: o ministério teria comprado 23.500 bicicletas e 20 mil filtros de um fornecedor paranaense — as Lojas do Pedro. No caso das bicicletas, por preços superiores aos de mercado em 50%. O objetivo da aquisição — realizada pela Fundação Nacional de Saúde (Funasa) — era facilitar o trabalho dos agentes de saúde, especialmente nas áreas afetadas pelo cólera.[22] Os filtros — soube-se depois que eram 60 mil e também adquiridos por valores superiores aos de mercado, de acordo com a denúncia — eram para a mesma campanha.[23]

Alceni Guerra reagiu: "Superfaturamento é a mãe de quem está inventando isso. Provamos que os preços eram inferiores aos da fábrica e que o acréscimo em relação ao varejo deve-se aos custos de frete e armazenagem." O ministro acabaria suspendendo todas as licitações e contratos do ministério, pois surgiram novas denúncias de superfaturamento na compra de 22.500 guarda-chuvas e 22.500 mochilas. Abriria setenta sindicâncias e suspenderia por quinze dias a diretoria da Funasa a fim de apurar as compras.

A "República de Alagoas" não dava sossego ao presidente. O deputado Cleto Falcão, íntimo de Collor, deu uma entrevista à revista *Veja* proclamando, sem qualquer constrangimento, como suas despesas eram pagas: "Os amigos me ajudam." E explicou a razão deste gesto: "Estava quebrado, mas aproveitei a situação. Fui

---

[22]O primeiro caso confirmado do cólera foi em Tabatinga (AM). Havia no Peru um surto da doença, que atingira mais de 10 mil pessoas e deixara cerca de mil mortos.
[23]Em abril surgiu uma polêmica entre o Ministério da Saúde e a Secretaria da Saúde de São Paulo. O ministério comprou de Cuba 15 milhões de vacinas contra a meningite B. A secretaria informou que a vacina era eficaz em apenas 20% dos casos.

eleito, era íntimo do presidente e os amigos pagariam as dívidas."
As dívidas, segundo o deputado, eram de campanha e incluíam
28 cheques sem fundo. Morava em uma mansão em Brasília, com
vários carros, moto, lanchas e a marca registrada da era Collor:
dois jet-skis. Ganhara os bens de "empresários". Mas fez questão
de ressaltar: "Esses presentes não tiram a minha independência."

Mais uma má notícia para o presidente, justamente no momento em que viajava para a Itália. A 11 de dezembro, a *Folha de S.Paulo* publicou uma entrevista, em forma de reportagem, com chamada na primeira página. Nela, Pedro Collor, seu irmão, atacava Paulo César Farias, que estava para lançar o jornal *Tribuna de Alagoas*, que iria concorrer com a *Gazeta de Alagoas*, de propriedade da família Collor. Na entrevista de uma hora e meia de duração, Pedro estava nervoso, fumou nove cigarros e ameaçou PC com um dossiê que teria elaborado: "Vou defender o patrimônio da família com as armas de que disponho."

O outro Collor, o Fernando, também fazia o possível para defender seu patrimônio político. E com todas as armas de que dispunha, especialmente o verbo. Em entrevista coletiva atacaria mais uma vez, duramente, os empresários:

> Antigamente, quando alguma empresa entrava em dificuldades, aí descia a avenida Paulista inteira no Palácio do Planalto para pedir ao Presidente da República uma "operação hospital", crédito do BNDES, juros subsidiados. Esta operação não existe mais. Quem não tem competência não se estabelece. Muda de ramo. Monta um botequim, um armazém de secos e molhados, vai fazer qualquer outra coisa. Agora, aceite que também cometeu erros. Aceite a incompetência na gerência das suas empresas. E não venham, de uma forma cínica e hipócrita, colocar sobre os ombros do governo a culpa da sua própria incapacidade.

Quanto aos economistas que criticavam o governo, tachou-os de "ignorantes de plantão". Perguntado sobre a entrevista do irmão, considerou que tudo não passava de "questões da paróquia, da província".

Pressionando a Câmara, o governo conseguiu aprovar o que foi chamado, com exagero, de reforma tributária. Os impostos e as contribuições federais foram reindexados à inflação e foram redefinidas as alíquotas do imposto de renda, mas não da forma como pretendida pelo Ministério da Economia. O PMDB insistia em que era necessário votar também a rolagem da dívida dos estados e municípios, que seria federalizada, fazendo com que o endividamento da União saltasse de US$ 70 bilhões para US$ 140 bilhões.[24]

A proximidade do recesso parlamentar impunha ao Senado a necessidade de votar rapidamente as medidas. O governo, em resposta à obstrução do PMDB, ameaçava impor a reforma via MP. Depois de muita negociação, ela foi aprovada pelo Senado, um dia antes do recesso. Uma vitória, pois o aumento da carga tributária e da receita governamental era indispensável para honrar o acordo então finalizado com o FMI.

A 22 de dezembro foi divulgada mais uma pesquisa Datafolha sobre a popularidade de Collor e do governo. Somente 8% dos entrevistados consideraram bom ou ótimo o desempenho do presidente, enquanto 63% o julgavam ruim ou péssimo; 82%

---

[24]Para Sallum Jr., "com esta decisão, o Congresso não colocou em xeque a política de 'ajuste fiscal' do ministro Marcílio, mas acabou invertendo as relações federativas: ao invés dos governadores e prefeitos reforçarem a pressão do governo sobre o Congresso pelas 'reformas', de modo a obter como prêmio uma rolagem condicionada das dívidas estaduais e municipais, o Legislativo exigiu que Collor concedesse um reescalonamento sem condições das dívidas dos governadores e prefeitos para que o Executivo recebesse como 'prêmio de consolação' uma forma restrita da 'reforma tributária de emergência'" (Sallum Jr., Brasílio. *O impeachment de Fernando Collor: sociologia de uma crise*. São Paulo: Editora 34, 2015, p. 154-55).

achavam que o poder de compra caíra desde a adoção do Plano Collor, e 79% que a inflação aumentaria ainda mais, assim como o desemprego (78%).

A avaliação de Collor era ainda pior no Congresso. Segundo pesquisa do Instituto de Estudos Econômicos, Sociais e Políticos de São Paulo (Idesp), somente 6% dos parlamentares achavam o governo bom ou ótimo, enquanto 58% o consideravam ruim ou péssimo. Na mesma pesquisa os legisladores apontavam como ainda piores as relações do presidente com o Congresso. Para 69%, eram ruins ou péssimas, e apenas 4% as viam como boas ou ótimas.

Na primeira tentativa de se aproximar dos profissionais da cultura, a 23 de dezembro foi promulgada a Lei nº 8.313, que ficaria conhecida como Lei Rouanet. Ela definia três formas de incentivo à cultura: o Fundo Nacional de Cultura, os Fundos de Investimento Cultural e Artístico e o Incentivo a Projetos Culturais. Caberia à Secretaria de Cultura analisar os projetos culturais passíveis de captação de recursos via renúncia fiscal.

No mesmo dia ocorreu a última reunião ministerial do ano. Desta vez em um horário inabitual: às sete horas da manhã. O discurso presidencial que abriu o encontro, apesar do horário, foi transmitido em rede nacional de rádio e televisão. Collor fez um balanço de 1991. Acreditava que, no primeiro semestre de 1992, o Congresso apreciaria o "emendão". Apresentou propostas para combater a corrupção governamental ("As denúncias dirigidas contra o governo federal têm sido apuradas com rigor") e insistiu na necessidade do diálogo ("Numa democracia é essencial reconhecer que há limites para a ação do governo e partir do pressuposto de que as grandes soluções são definidas coletivamente. Eis a resposta para estes momentos de dificuldade: formar uma vontade coletiva").

O entendimento político era considerado essencial ("No diálogo entre o governo e o Congresso Nacional, ambos respaldados pela legitimidade do mandato popular, chega-se a uma síntese desta vontade coletiva").[25] O presidente falou ainda em uma "agenda para o consenso", que passaria pelo controle da inflação, o saneamento das finanças públicas, a reestruturação do Estado e a modernização da economia — naquele ano tinham sido privatizadas quatro empresas. Concluiu com o otimismo tradicional: "Que 1992 seja o início da nossa vitória definitiva sobre as dificuldades econômicas."

Dias depois, irritado com os balanços realizados pela imprensa sobre as realizações do governo em 1991, Collor, após seu *cooper* dominical de dez quilômetros, entrou na Casa da Dinda sem conceder a habitual entrevista, como vinha fazendo nas últimas semanas. Segundo Paulo Octávio, seu amigo e acompanhante nas corridas, estaria "magoado com a imprensa". E sua camiseta não mostrava qualquer inscrição, uma raridade. Haviam sido 43 ao longo do ano.

Os resultados econômicos consolidados não foram bons. O PIB ainda conseguiu crescer 1% (a média da América Latina foi de 3,8%). A inflação anual ficou em 480%, inferior à do ano ante-

---

[25]Segundo o senador Fernando Henrique Cardoso, escrevendo no calor da hora, em novembro de 1991, "é forçoso reconhecer que o governo Collor decepcionou. Se foi capaz de provocar tremores de terra, por exemplo, com seus propósitos de reforma do Estado e de desregulamentação da economia, e mesmo se provocou um terremoto com o 'confisco' dos cruzados, não foi capaz de reconstruir instituições com a velocidade necessária (nem as estatais), nem soube desvencilhar-se do outro polo da armadilha do crescimento econômico; obcecado pelo controle da inflação (já agora de modo mais ortodoxo via políticas fiscais e juros altos), esqueceu-se de desenhar um horizonte de novos investimentos e deixou, como todos os governos anteriores, a 'preocupação com o social' para depois do equilíbrio da economia" (Cardoso, Fernando Henrique. Reflexões sobre o Brasil. In: Reis Velloso, João Paulo dos (org.). *Visões de Brasil*. São Paulo: Nobel, 1992, p. 48-49).

rior (1.476%), mas muito longe da meta governamental. A dívida externa bruta teve uma leve alta: US$ 123,9 bilhões. As reservas internacionais caíram US$ 500 milhões e atingiram US$ 9,4 bilhões. A taxa de desemprego aberto ficou em 4,8% (em 1990 fora de 4,3%). Mesmo assim, Fernando Collor mantinha o otimismo: "1992 será um ano melhor para todos nós, brasileiros, e poderá ser o ano da virada."

6. A calmaria

FERNANDO COLLOR PRETENDIA fazer de 1992 o ano em que retomaria seu protagonismo político, já pensando no plebiscito a ser realizado em setembro de 1993. Buscou retomar teses da campanha de 1989 e estabelecer uma relação direta — bem a seu estilo — com seu eleitorado. Logo no início do ano apresentou um ousado programa de reforma agrária. Desejava desapropriar 18 milhões de hectares — algo que só ocorrera uma vez na América Latina nessas proporções, e em um mandato presidencial: o de Lázaro Cárdenas, no México, entre os anos 1934-1940, resultado do processo da Revolução Mexicana que ceifou a vida de um milhão de mexicanos. Assumiu o compromisso de assentar 630 mil famílias com o custo total de US$ 6 bilhões. Metas ambiciosas, especialmente para um país em sérias dificuldades econômicas e com um histórico de fracassos nos diversos planos de reforma agrária.

Foi dado ao programa o nome pomposo de Terra Brasil, que logo se transformaria na sigla Terrac. O "c" foi acrescentado para associá-lo ao carro-chefe da propaganda governamental, os Ciacs. Seria implantado tendo uma ação coordenada entre o Incra, que faria a distribuição dos lotes,[1] o Ministério da Saúde, que cons-

---

[1] Em todo o período governamental foram expedidos 154.605 documentos de titulação de terras, sendo 135.495 definitivos e 19.110 provisórios. Foram ajuizadas 85 ações de desapropriação de 818.767 hectares e processadas 74 imissões de desapropriações, perfazendo um total de 684.144 hectares. Ver Ministério da Agricultura e Reforma Agrária, op. cit., p. 34.

truiria ambulatórios e hospitais, o Ministério da Educação, responsável pelas escolas, o Ministério da Infraestrutura, encarregado das estradas, e o Banco do Brasil, que financiaria os produtores. Quem recebesse um lote não poderia vendê-lo durante dez anos e seria obrigado a ter produtividade dentro da média nacional.

No papel parecia um plano perfeito, mas o primeiro problema era saber como se realizaria a desapropriação das terras pelo que o governo chamava de rito sumário. Seria necessário apoio no Congresso. Se o tema já era polêmico, o que dificultaria sua aprovação, era agravado pela frágil base parlamentar e pelo alto custo do programa. Para o presidente, o Terrac seria um "amortecedor social" e um claro sinal para os descamisados: "Quem nos colocou aqui foram os verdadeiros pés-descalços e precisamos de uma resposta urgente para mantê-los ao nosso lado." O programa, contudo, encontrou muitas dificuldades, segundo Antonio Cabrera:

> Em primeiro lugar, a falta de recursos. Uma medida implementada foi a transferência do ITR para as prefeituras visando uma melhor arrecadação. Em segundo lugar, o alto custo da reforma agrária, pois a terra acaba sendo um pequeno valor. Caro mesmo é a cidadania exigida nos assentamentos: saúde, educação, estradas e assim por diante.[2]

A 5 de janeiro, um domingo, Collor publicou em vários jornais um artigo com título pomposo: "Agenda para o consenso: uma proposta social-liberal." Era o primeiro de oito artigos tratando do tema. Deveria funcionar como uma espécie de avant-première de um programa para uma nova legenda sonhada por ele, o Par-

---

[2]Entrevista com Antonio Cabrera, 23 de dezembro de 2014.

tido do Social-Liberalismo Brasileiro. Pouco duraria o sonho de ideólogo. Três dias depois, a *Folha de S.Paulo* demonstrou que o artigo tinha como inspiração um documento de 33 páginas escrito pelo diplomata José Guilherme Merquior, falecido em 1991, com o título "O social-liberalismo".[3] Inicialmente o governo atribuiu o plágio a uma coincidência. Não colou. Em seguida, o secretário Egberto Baptista tentou resolver o imbróglio assumindo a autoria do texto. Tampouco colou.

Fernando Collor ensaiou justificar-se: "Esta série de artigos sobre o social-liberalismo deve muito às ideias de José Guilherme Merquior, defensor vigoroso do argumento liberal." Candidamente concluiu: "As ideias que apresentei não pretendem ser originais nem ter contornos acadêmicos." E pior: tinha reduzido sua agenda de trabalho para, supostamente, dedicar-se à leitura e redação dos

---

[3]Nas primeiras páginas, o documento expõe as razões da criação do novo partido. E critica as escolhas políticas do passado: "Os liberalismos conservadores não correspondem à sede de desenvolvimento e modernização de sociedades em mudança. As modernizações autoritárias presidiram a importantes processos de industrialização, mas negaram às nossas massas o principal fruto do progresso: um padrão de vida decente. Os dirigismos socialistas sufocaram a liberdade sem conseguir dar ao povo os níveis de consumo da sociedade industrial avançada. As receitas populistas chafurdaram na demagogia das soluções cosméticas, sem atacar a raiz dos problemas e carências da população. Enfim, a própria social-democracia se encontra em fase de exaustão. Suas técnicas de consenso institucionalizado parecem ter esgotado seu potencial criativo." Posteriormente Merquior identifica sete temas social-liberais: o papel do Estado, democracia e direitos humanos, o modelo econômico, capacitação tecnológica, ecologia, a revolução educacional e desarmamento e posição internacional do Brasil. E conclui dizendo que "o problema crônico da América Latina não é uma questão de identidade e sim de integração. De fato, os dois grandes desafios latino-americanos do nosso tempo são a integração das massas no conforto, na segurança e na prosperidade e a integração de nossas economias nacionais entre si e na economia-mundo, para maior benefício de nossas sociedades e mais rápida incorporação dos frutos da modernidade ao acervo de recursos nacionais".

artigos.[4] Collor, porém, recebeu rasgados elogios. Para o sociólogo Hélio Jaguaribe, os artigos eram o mais importante documento da política brasileira das últimas décadas.

O governo insistia em manter a iniciativa e romper o isolamento político. Aproveitando uma cerimônia de inclusão da Embraer no programa de privatização, Collor pronunciou um discurso que manifestava o desejo de romper o círculo de ferro que ele mesmo criara: "Nunca um governo teve de defender-se de tantas dúvidas e ataques." Criticou o presidencialismo. Associou o velho patriotismo nacional à oposição que encontrava no Congresso: "Se cada um de nós brasileiros tiver um coração verde-amarelo, tiver respeito aos valores maiores, se tiver amor por esta pátria, cabe aceitar este convite, cabe aceitar esta reflexão, para que nós possamos nos encontrar num espaço comum."

A fala de Collor estava diretamente relacionada à crise da Previdência Social, que o governo pretendia resolver aumentando o valor das contribuições. A maioria dos parlamentares se opôs, alegando que o rombo — que, segundo o governo, seria de US$ 33,2 bilhões — poderia ser solucionado com o remanejamento do orçamento ou com um crédito suplementar. A situação era difícil, pois, segundo o presidente, um aumento geral para os aposentados de 147% sepultaria a previdência, que "não sobreviverá".

---

[4]Dois anos depois, já fora do governo, Cláudio Humberto manteve a versão inicial: "Um projeto político com estratégia perfeita, factível, da mudança para o parlamentarismo à organização de um partido ideologicamente forte, consistente, que até já tinha programa, manifesto e nome: Partido do Social-Liberalismo, PSOL, inspirado no PSOE (Partido Socialista Obrero Español) do líder político que mais admira, Felipe González, presidente do governo da Espanha. Teses que desenvolveu com a ajuda do falecido embaixador José Guilherme Merquior" (Rosa e Silva, Cláudio Humberto, op. cit., p. 12).

A 17 de janeiro, em busca de um novo rumo ao governo, Collor demitiu dois ministros: Margarida Procópio, da Ação Social,[5] e Antônio Rogério Magri, do Trabalho e Previdência Social. Nomeou dois ministros políticos, ambos deputados federais: Ricardo Fiúza[6] — ex-líder do governo na Câmara — e Reinhold Stephanes. Foi uma guinada política. Desde a posse, em março de 1990, o presidente se recusara sistematicamente a negociar apoio político no Congresso em troca da entrega de ministérios aos partidos. Mudou de ideia. Era uma espécie de rendição. O argumento de que fora eleito com 35 milhões de votos e que, portanto, não precisaria negociar com ninguém já não servia mais.

A aproximação com o PFL representou também um rearranjo político no discurso presidencial. A ênfase social-democrata tinha perdido espaço para o social-liberalismo. Porém o PFL, apesar do "L" da sigla, não era um partido liberal no sentido clássico. Sua liderança provinha, em grande parte, da Arena, partido de sustentação do regime militar. O presidente também adotou outra mudança. De forma prosaica, deixou de assinar os documentos com "F. Collor" e passou para "Fernando Collor Mello". Continuou deixando de lado o "Affonso" e o "de", por sugestão de um numerólogo. Assim, imaginava que poderia melhorar a sorte do governo.[7]

Margarida Procópio não tinha expressão política. Chegou ao ministério na cota pessoal do presidente. Pouco se destacou. Tinha dificuldade para falar em reuniões e fez gestão pífia. O ministério

---

[5]Três meses depois identificou-se que a ministra, pouco antes de deixar o cargo, tinha assinado 624 contratos, que comprometiam os recursos do FGTS por dois anos.

[6]Alto e com largo bigode, Fiúza era conhecido como o "D'Artagnan do fisiologismo" (entrevista com Celso Lafer, 16 de junho de 2014).

[7]Outra numeróloga discordou da mudança. A nova assinatura do presidente, segundo ela, conduziria ao número treze, que, no tarô, representa a morte.

aparecia na imprensa sempre associado a alguma irregularidade, ora voltada à política alagoana, ora por privilégios favorecendo os familiares da ministra. Na saída, fez questão de dizer que pedira demissão, e não que fora dispensada. Falou até que não aceitaria qualquer pedido de "reconsideração" de Collor: "O presidente sabe que, quando eu tomo uma decisão, ela é firme."

Já Antônio Rogério Magri era um caso distinto. Ele havia apoiado Collor em 1989 e simbolizava, no ministério, a classe trabalhadora. Teve muitas dificuldades na gestão da pasta. A fusão dos ministérios do Trabalho e da Previdência Social não obtivera êxito. As acusações de mau uso dos recursos da previdência foram constantes e a pressão dos aposentados pelo reajuste das aposentadorias ampliava o desgaste do ministro.[8] Seu estilo, considerado folclórico, era ridicularizado pela imprensa.[9] Ele estava, no momento da demissão, isolado de suas bases sindicais. A CUT sempre fora sua opositora, e a Força Sindical mantinha distância dele, mas não do presidente Collor. Para Jair Meneguelli, presidente da CUT, Magri "saiu desmoralizado, sem possibilidade de voltar para o movimento sindical. Sai para ser um joão-ninguém daqui para a frente". Para Medeiros, da Força Sindical, a saída de Magri "era necessária para restabelecer a tranquilidade social entre trabalhadores e aposentados". Já segundo Canindé Pegado, que assumira a presidência da CGT com a ida de Magri para o ministério, ele "esteve sempre a reboque do governo".

---

[8] Só no mês de janeiro diversas liminares foram obtidas pelos aposentados garantindo o pagamento dos 147%. A Polícia Federal chegou a reprimir uma manifestação de aposentados em Florianópolis. No Rio Grande do Norte, um diretor do INSS foi preso por não pagar os 147%. Em fevereiro, o presidente do INSS também foi preso.

[9] A *Folha de S.Paulo*, comentando sua demissão, fez questão de listar algumas de suas frases. Numa delas, Magri teria dito: "Penso muito nos meus momentos de solidez."

A temporada de mudança ministerial continuaria na semana seguinte. Pressionado pelas denúncias de corrupção, Alceni Guerra acabou afastado do Ministério da Saúde. Sem nome para ocupar a pasta, Collor resolveu designar provisoriamente José Goldemberg, que acumularia o cargo com o de ministro da Educação. A queda de Alceni era esperada. Ele estava desgastado, e Collor sinalizou que desejava ter alguém na pasta que agregasse apoio político.[10]

Aproveitando a ocasião, o presidente extinguiu o inútil Ministério Extraordinário para Assuntos do Mercosul ocupado por Carlos Chiareli, que, apesar de ser do PFL, estava incompatibilizado com as principais lideranças do partido, especialmente o governador baiano Antonio Carlos Magalhães. No mesmo dia, criou a Secretaria de Governo, designando para seu comando o pefelista Jorge Bornhausen. O presidente completava o movimento pró-PFL com a nomeação dos três ministros. A guinada ficou ainda mais evidente com o posto-chave reservado a Bornhausen, que despacharia no Palácio do Planalto.

No campo econômico o governo manteve a política das privatizações. Teve determinação e coragem, pois os adversários eram poderosos. Houve resistências dentro da própria Petrobras. Ernesto Weber, seu presidente, posicionou-se contra a privatização da petroleira e buscou até apoio empresarial. Acabou fracassando. O governo tentava incluir a Rede Ferroviária Federal no programa de privatização, o que exigia autorização do Congresso. Contava com o apoio do senador Fernando Hen-

---

[10]Seis dias após a demissão, o Tribunal de Contas da União inocentou o ministro Alceni Guerra no caso da compra das bicicletas. Mas determinou que fossem devolvidas. Em outras palavras, anulou a compra.

rique Cardoso, que tinha apresentado e aprovado um projeto no Senado regulamentando a venda.

O programa foi ampliado. A Embraer estava para entrar no programa de desestatização. A Companhia Siderúrgica Nacional também deveria ser privatizada, assim como a Companhia Siderúrgica de Tubarão e a Copesul. De acordo com Eduardo Modiano, presidente do BNDES, "as privatizações da Usiminas, Usimec, Celma, Mafersa e Cosinor renderam ao governo o resgate de US$ 1,7 bilhão — o que representa 0,5% do PIB em títulos da dívida interna e externa".

Eduardo Teixeira — que presidira a Petrobras e passara brevemente pelo Ministério da Infraestrutura — discordava dos rumos da privatização e manifestou publicamente sua posição contra a venda da Copene (Companhia Petroquímica do Nordeste), controlada pela Petroquisa, considerando que o preço de US$ 40 milhões seria facilmente pago, uma vez que o lucro líquido anual da empresa era de US$ 150 milhões. Daí ter afirmado que a venda "só será um ótimo negócio para quem comprá-la". Para Teixeira, Modiano tinha "falta de conhecimento" do setor petrolífero e não via a importância da verticalização numa companhia como a Petrobras. Acentuou que o "ponto central é que empresas de petróleo, especialmente a Petrobras, procuram se verticalizar (o famoso poço ao posto), mas também aproveitar evidentes sinergias e crescer em mercados conexos (movimento horizontal), como é o caso da petroquímica".[11]

Ainda no campo econômico, uma boa notícia: a 29 de janeiro o Fundo Monetário Internacional fechou um acordo com o Brasil de reescalonamento da dívida e anunciou a liberação de US$ 2,1 bilhões divididos em sete parcelas trimestrais até agosto de 1993 — a

---

[11]Entrevista com Eduardo Teixeira, 23 de dezembro de 2014.

primeira foi liberada a 3 de fevereiro no valor de US$ 238 milhões. O governo se comprometeu a obter um superávit primário de 2% do PIB, e de 4% no ano seguinte. Deveria reduzir a taxa anual de inflação, em 1993, para 20% e continuar o programa de privatizações.

Na abertura dos trabalhos legislativos, a 17 de fevereiro, o governo insistiu que os tempos na economia eram outros:

> Nos primeiros meses de meu governo, conseguimos afastar a ameaça da hiperinflação. Agora, superada aquela etapa, praticamos uma política econômica que, evitando sobressaltos e consolidando a confiança interna e externa, coloca o Brasil no rumo da modernidade. [...] No Brasil, um dos males trazidos pelo intervencionismo estatal foi justamente o vício das constantes alterações arbitrárias das normas econômicas ditadas pelo poder público. Assim, nesse ano de 1991, a conquista mais importante na esfera econômica foi a abolição definitiva dessas práticas e o consequente restabelecimento da tranquilidade do mercado.[12]

No mês seguinte, a 26 de fevereiro, foi fechado o acordo com o Clube de Paris, no total de US$ 49 bilhões — de acordo com o ministro Marcílio Marques Moreira, de imediato houve uma redução na dívida de US$ 4 bilhões. O total da dívida era de US$ 118 bilhões. Se a negociação com o FMI fora relativamente fácil, quadro muito distinto ocorreu com os credores privados europeus e japoneses. Eram mais de 1.800:

> Isso aconteceu, primeiro, porque na origem dos próprios empréstimos fora frequente a sindicalização, isto é, a distribuição entre vários credores do montante a ser emprestado — era já o primeiro

---

[12]Collor, Fernando. *Mensagem ao Congresso Nacional*. Brasília: Presidência da República, 1992, p. XIII.

passo para a securitização, pois o líder ou líderes da operação de empréstimo eram bancos que desde o início recolocavam os créditos. Mas também havia bancos que passaram a vender os créditos próprios mais tarde. Com isso surgiram novos atores sem a mesma experiência e sem o mesmo interesse dos bancos. O banco se interessa em ajudar seu devedor porque o quer reter como cliente amanhã, enquanto aquele que compra um crédito de banco quer ser reembolsado ou então vender o crédito.

Logo as metas estabelecidas com o FMI seriam descumpridas. Em outubro a inflação estava em 27% e foi se mantendo em patamares altos quando se esperava uma taxa de um dígito e que alcançasse em dezembro 2%. Mas o acordo restabeleceu a confiança dos investidores: "Em dez meses, em termos líquidos, entraram no mínimo 20 bilhões de dólares — no mínimo, talvez mais. Houve um acréscimo de reservas de uns 16 bilhões e uma melhora muito grande na qualidade das reservas."[13]

Em 1992, o país pagaria 50% dos juros devidos, sendo que o restante, além dos 70% não pagos no ano anterior, acabou transformado em bônus com doze anos de prazo, três de carência, tudo a juros de mercado. Os primeiros resultados do ano, contudo, não eram nada animadores. Só a indústria paulista demitiu, em janeiro, 27 mil trabalhadores. E uma discussão sobre o aumento das tarifas públicas acabou estabelecendo uma polêmica entre os ministros da Economia e da Infraestrutura.

Em fevereiro, a taxa de inflação chegara a 21%, e não aos 27% estimados. O presidente ficou feliz com a notícia: a inflação estaria "totalmente dominada". Eufórico, disse que 1992 "será o ano da virada e vamos estourar a boca do balão em 1993". Já o ministro

---

[13]Para as duas últimas citações, ver Moreira, Marcílio Marques, op. cit., p. 307, 311.

da Economia, satisfeito com os acordos com o FMI e o Clube de Paris, declarou que, após algumas novas reformas, o país poderia adotar a dolarização da economia: "A âncora (a dolarização) se joga ao mar quando está-se perto da terra onde esperamos chegar não a daqui muito tempo."

Se a inflação continuava fora de controle, não foi bem recebida pelos empresários a proposta de Marcílio Marques Moreira de antecipar a liberação das importações para o mês de outubro seguinte. Governadores estaduais protestaram, assim como setores empresariais. O ex-secretário de Política Econômica Antônio Kandir considerou a medida "um erro grave", que levaria a um enfraquecimento político da figura do ministro da Economia: "Marcílio representava a estabilidade das regras, a segurança do mercado. Mudar uma regra dessas pode minar a sua credibilidade." A imprensa aproveitou a declaração de Kandir para especular seu possível retorno ao ministério:

> Depois da decisão sobre a saída de Zélia eu recebi vários convites e sondagens, entre os quais, continuar na secretaria de Política Econômica, a presidência do CADE e a presidência da Itaipu Binacional. Recusei todos os convites e não deixei estimular nenhuma nova abordagem.[14]

Ainda na fase de rearranjo ministerial, a 6 de fevereiro, Collor nomeou para o Ministério da Saúde o conceituado médico Adib Jatene. Foi uma tentativa de criar uma agenda positiva na Saúde depois das acusações contra a gestão de Alceni Guerra. No dia anterior à designação, Isabel Stéfano, que presidira a Funasa, em depoimento no Congresso, afirmou que as compras superfatu-

---

[14]Entrevista com Antônio Kandir, 24 de dezembro de 2014.

radas efetuadas na gestão Guerra teriam o objetivo de financiar políticos vinculados ao ex-ministro — três semanas depois, ele acabaria sendo indiciado por crime de prevaricação. O ministro era acusado de ter comprado bicicletas (23 mil), carros (748), guarda-chuvas (22 mil), mochilas (22 mil) e construído hospitais (28), todos superfaturados.

A queda do ministro da Saúde foi considerada uma vitória de Antonio Carlos Magalhães ("O presidente acertou em quem deveria sair e em quem deveria entrar", disse), seu adversário no PFL e opositor feroz da aproximação de Guerra com o governador Brizola. E uma vitória dos funcionários do Ministério da Saúde, que comemoraram com rojões a mudança ministerial. O entusiasmo foi tão grande que Guerra teve de sair do prédio do ministério escoltado por três policiais federais.

As más notícias continuavam rondando o governo. O ex-ministro Antônio Rogério Magri foi acusado de ter recebido US$ 30 mil para parcelar a dívida de uma empresa com o INSS. Magri teria conversado sobre o assunto com o então diretor de arrecadação do instituto, Volnei Ávila, que gravou a conversa telefônica. O fato, segundo a denúncia, ocorrera em novembro de 1991 e seria do conhecimento do chefe do Gabinete Militar, o general Agenor Homem de Carvalho, que negou: "Não vejo o Dr. Volnei há muitos meses, nem sei há quanto tempo." Magri confirmou a conversa com Ávila, porém argumentou que fazia um "teste de honestidade" com o subordinado.[15] O ex-ministro explicou que tudo

---

[15]O Senado criou uma CPI para investigar o caso. O ex-ministro Magri foi convocado, a 17 de março, depôs e negou a acusação. Volnei Ávila entregou a fita com a gravação da conversa com Magri à Polícia Federal.

foi um teste. Eu tinha recebido telefonemas e cartas anônimas denunciando o Ávila. Para não chamar a Polícia Federal, usei um método próprio. Cerquei bem o Ávila com propostas. Ele não aceitou. Então, eu fui dizer ao presidente da República: "Este Ávila é honesto."

Ainda no mês de fevereiro — e agora no campo pessoal —, o presidente apresentou sinais de cansaço. Boatos circularam de que Collor seria operado no intestino. Tinha emagrecido doze quilos desde a posse. Uma jornalista de Brasília chegou a perguntar se estava com Aids. O presidente, inclusive, não comparecera um dia ao Palácio do Planalto, o que, estando na capital, jamais havia ocorrido desde a posse. Cláudio Humberto desmentiu os boatos e garantiu que Collor gozava de boa saúde. Por sua vez, o presidente fez questão de criticar o que chamou de aleivosias e se mostrou indignado com as fofocas.

Reapareceria, em fevereiro, a proposta de adoção do parlamentarismo. Desta vez através de um projeto de emenda constitucional do deputado pefelista Roberto Magalhães, que pretendia antecipar o plebiscito determinado pela Constituição de 7 de setembro de 1993 para 21 de abril. Magalhães era o relator da Comissão da Câmara que analisava a proposta original do deputado José Serra, que advogava a antecipação do plebiscito em um ano; portanto, para setembro de 1992. Collor sinalizou que apoiaria o projeto de Magalhães, mas com o compromisso de que o parlamentarismo fosse adotado somente a partir de 1º de janeiro de 1995, ou seja, após o final do seu mandato. Magalhães deixou claro que concordava com o presidente: "Não queremos dar um golpe branco em Collor."[16]

---

[16]A Câmara aprovou, a 25 de março, a antecipação do plebiscito. No mesmo dia, aprovou a primeira emenda à Constituição, regulamentando a remuneração dos vereadores em até 75% dos vencimentos dos deputados estaduais e estes em até 75% dos deputados federais.

O caso Magri continuou ocupando amplos espaços na imprensa. O general Agenor Homem de Carvalho, chefe do Gabinete Militar, era acusado de omissão, pois teria recebido a denúncia de Volnei Ávila e não tomado providências. Ele negou. Insistiu que as denúncias eram vagas e sem a devida identificação da ação criminosa. E defendeu Collor: "Falam muito de corrupção dentro do governo. É claro que existe, mas o presidente não tem deixado nada sem apurar. O presidente sofre com as denúncias de corrupção contra o seu governo. Ele sente como se cada ministro fosse parte do seu corpo." O general lamentou a extinção do SNI, que, segundo ele, poderia controlar e informar o governo dos atos de corrupção.

A polêmica alimentada pelos jornais duraria mais alguns dias. Jarbas Passarinho e o general Agenor não se entendiam sobre a versão governamental para o incidente: se Collor tinha conhecimento antecipado das denúncias de Ávila que teriam chegado ao Palácio do Planalto em novembro de 1991. A Polícia Federal periciou a fita com a gravação da conversa entre Magri e Ávila e constatou sua veracidade. Novas fitas foram divulgadas e deixaram o ex-ministro em situação difícil. Segundo as gravações, os US$ 30 mil teriam sido pagos para facilitar a liberação dos recursos do FGTS para a construção do Canal da Maternidade, em Rio Branco, no Acre, obra sob responsabilidade da empreiteira Norberto Odebrecht, que negou o fato.

Outra denúncia não esclarecida atingiu Magri. Envolvia a empresa Confederal, de Eunício de Oliveira — que, no século XXI, seria eleito senador pelo Ceará e ministro das Comunicações no primeiro governo Lula. Magri estaria solicitando um parcelamento da dívida da empresa junto ao INSS e, de acordo com a imprensa, teria pedido a intermediação do deputado Paulo Octávio.

Quem saiu em defesa de Rogério Magri foi o governador Brizola: "O ministro Magri, em que pese o fato de que as denúncias devam ser apuradas, não acumulou uma grande fortuna. A história do Brasil apresentou muitas campanhas contra a corrupção que eram justificativas de golpe." E continuou com a teoria conspirativa, agora defendendo o presidente: "Já disse ao próprio Collor que qualquer tentativa de golpeá-lo será combatida por mim." Dois dias depois das declarações do governador, o presidente, em visita ao Rio de Janeiro, liberou recursos federais para a construção da Linha Vermelha, ligando a Via Dutra à Ilha do Governador.

Causou estranheza a entrevista dada pelo irmão do presidente, Pedro Collor, à revista *Veja*, publicada na edição de 19 de fevereiro. O assunto da reportagem era bem conhecido: o lançamento do jornal *Tribuna de Alagoas* por Paulo César Farias. Pedro chamou PC de "lepra ambulante" e disse ter um dossiê tratando dos negócios nebulosos do tesoureiro da campanha presidencial do irmão. Também declarou ter gravado fitas detalhando as acusações e que seu conteúdo derrubaria o governo em 72 horas.

Apesar da gravidade das denúncias, a entrevista não obteve qualquer repercussão.

A 6 de março, o porta-voz Cláudio Humberto pediu demissão. Era mais uma tentativa de melhorar o diálogo do governo com a imprensa. O jornalista alagoano estava desgastado. Ao longo de quase dois anos, criara diversos atritos com a imprensa. Ficou famoso pela expressão "bateu-levou". Era sempre encarregado de atacar violentamente os adversários e preservava o presidente desta tarefa. Mas a fase de enfrentamento parecia página virada, e Humberto foi nomeado adido cultural na embaixada brasileira de Lisboa. O quarto "collorido" a ter este privilégio: em Roma o posto era ocupado pelo jornalista Sebastião Nery; em Buenos Aires, pelo ex-ministro Ipojuca Pontes; e em San Francisco, pela ex-deputada Ruth Escobar.

A 14 de março, em reunião ministerial comemorativa dos dois anos de governo, Fernando Collor fez questão de pontuar que as denúncias de corrupção "maculam os sonhos de moralismo da campanha presidencial" e exigiu dos ministros "severa vigilância" em defesa da coisa pública. O presidente fez um pronunciamento em rede de rádio e televisão. Era mais uma tentativa de reverter o quadro de popularidade. Segundo pesquisa Datafolha, 48% consideravam o governo ruim ou péssimo, pior resultado desde a posse. Somente 15% achavam o governo bom ou ótimo — em março de 1990, eram 71%.

No dia seguinte Collor foi a uma missa de Ação de Graças, na catedral de Brasília. Somente meia dúzia de ministros compareceu. Depois dirigiu-se à Casa da Dinda, onde gravaria uma participação no programa *Sabadão sertanejo*, do SBT, comandado pelo apresentador Gugu Liberato. Com a esposa, acompanhou a dupla sertaneja Chitãozinho e Xororó cantando alguns sucessos.

Ainda faltavam 1.022 dias para acabar o mandato. Mas os sinais de exaustão eram evidentes. As acusações de corrupção abalaram o governo — na Procuradoria-Geral da República havia duzentos inquéritos para apurar denúncias de mau uso do dinheiro público —, a economia continuava em ritmo próximo da estagnação, a inflação resistia, com taxas superiores a 20% — em fevereiro fora de 21,57% —, e o ex-ministro Alceni Guerra estava indiciado em inquérito da Polícia Federal acusado do crime de prevaricação.

Paralelamente, as alterações no ministério mobilizavam a atenção do mundo político. A 21 de março foi demitido o secretário do

Meio Ambiente José Lutzenberger — o presidente aproveitou para também demitir o diretor do Ibama. Pesava contra Lutzenberger a falta de articulação política, o desgaste junto aos funcionários da secretaria e declarações consideradas, pelo governo, inconvenientes. Uma delas era a de que os recursos de países estrangeiros para a organização da Eco-92 — uma das meninas dos olhos de Collor — poderiam "cair nas mãos de corruptos". Outra foi a acusação da existência de corrupção no Ibama:

> [...] é uma sucursal 100% das madeireiras, entregava pilhas de guias em branco, fazia exatamente o que o madeireiro quer. [...] Não sei até que ponto é burrice, limitação de espírito, e até que ponto é sacanagem mesmo, é corrupção.[17]

Lutzenberger tinha grande prestígio internacional, mas colecionou diversos inimigos internos, como entre a alta oficialidade das Forças Armadas, acerca de sua posição sobre a exploração da Amazônia.[18] Não conseguiu imprimir uma marca administrativa à sua secretaria. A proximidade da Eco-92 no Rio de Janeiro fez, afinal, com que o governo o substituísse. Interinamente, assumiu a pasta o ministro José Goldemberg. Dias depois seriam apurados atos de desvio de recursos envolvendo a organização do evento.

A temporada de denúncias de corrupção envolvendo altos funcionários do governo continuava a pleno vapor. A 22 de março o secretário de Assuntos Estratégicos, Pedro Paulo Leoni Ramos, foi acusado de promover a venda de derivados de petróleo a empresas

---

[17]Dreyer, Lilian, op. cit., p. 326-27.
[18]Em setembro de 1991, numa reunião em Genebra, na Suíça, preparatória da Rio 92, respondeu a um general, que o tinha acusado de defender os interesses dos países desenvolvidos sobre a Amazônia: "Não me interessa o que esses babacas estão dizendo. Não vale a pena contestar."

de amigos, causando, segundo publicado na imprensa, prejuízos à Petrobras. A operação ficaria conhecida como "esquema PP". O secretário, dois dias depois, pediu demissão, que não foi aceita por Collor.

A agenda negativa predominava: Jarbas Passarinho revelou ter pedido ao Exército para que investigasse denúncia que envolvia o delegado Romeu Tuma, superintendente da Polícia Federal, em ações de contrabando de café em Foz do Iguaçu, Paraná. Nada seria comprovado, mas o episódio desgastou a relação entre o ministro e seu subordinado.

Numa tentativa de reverter o quadro — após um primeiro trimestre recheado de denúncias de corrupção e de inanição administrativa —, o presidente surpreenderia o meio político com uma profunda reforma ministerial. Exigiu que todos os ministros colocassem seus cargos à disposição. Demitiu Jarbas Passarinho e nomeou Célio Borja para o Ministério da Justiça.[19] Pela segunda vez — a primeira fora com Francisco Rezek, em 1990 — Collor buscava um ministro no Supremo Tribunal Federal.

Manteve os ministros militares, o da Saúde, Educação, Ação Social e Trabalho e Previdência Social. Indicou para a Secretaria de Ciência e Tecnologia o sociólogo Hélio Jaguaribe.[20] Permanecia o suspense sobre se mudaria ou não os outros ministros.

---

[19]Borja justificou a aceitação do convite: "Era uma oportunidade ímpar de contribuir para a implantação do parlamentarismo, que não se viabilizaria por um ato presidencial. Seria trabalhar para convencer a opinião pública, o Congresso, preparar anteprojetos, a exemplo da reforma do serviço público, uma tarefa realmente fascinante" (Borja, Célio. *Célio Borja: depoimento ao CPDOC*. Rio de Janeiro: FGV, 1999, p. 289).

[20]O sociólogo Hélio Jaguaribe, que fazia parte da Executiva do PSDB, foi um entusiasta da adesão dos tucanos a Collor. Na reunião em que o partido decidiu pela recusa de fazer parte do governo, Jaguaribe, exaltado, em certo momento, ao responder os que criticavam o presidente, disse: "Mas Bismarck também era um canalha" (entrevista com José Serra, 15 de julho de 2014).

Tentou uma manobra de marketing, bem a seu estilo. Sabia que o governo estava paralisado. Disse na tradicional reunião matutina do Palácio do Planalto que o "bombardeio tem sido incessante. Sai um alvo da imprensa e entra outro. Muitas vezes mais de um alvo frequenta o noticiário. Precisamos fazer algo".

No mesmo dia foi divulgada a informação de que o ministro Ricardo Fiúza, quando exercia o mandato de deputado federal, recebera um jet-ski de presente da empreiteira OAS. E mais: a Febraban lhe dera US$ 100 mil para a campanha eleitoral de 1990. Fiúza deixou de lado a "colaboração" eleitoral da Febraban e só respondeu sobre o presente da OAS: "Dar um jet-ski para mim é o mesmo que dar uma gravata para o meu motorista. Eu poderia comprar cem."[21] A conjuntura adversa não dava ao governo mínima possibilidade de perder o apoio do PFL e de um ministro que estava construindo a base parlamentar no Congresso Nacional.

Collor finalizou o mês de março sem concluir a reforma ministerial, que considerava essencial para dar novo alento ao governo. No dia 31, nomeou para a Secretaria de Assuntos Estratégicos Eliezer Batista, que tinha larga experiência na área mineral — presidira a Companhia Vale do Rio Doce, que era ainda uma empresa estatal —, e se livrou do incômodo amigo Leoni Ramos, envolvido em denúncias de corrupção e vinculado a um suposto esquema de Leopoldo Collor, que operaria em São Paulo para favorecer empresas em detrimento do interesse público.[22]

---

[21]Na semana seguinte o ministro devolveu o presente à empreiteira, com, segundo ele, "um bilhete delicado".

[22]Em abril, Leoni Ramos e Zélia Cardoso de Mello foram acusados pela Associação Brasileira de Entidades de Previdência Privada de terem pressionado fundos de pensão de empresas e bancos estatais a comprar 50 bilhões de ações da empresa Sade Engenharia. Os ex-ministros, de acordo com a denúncia, teriam relações com a diretoria da empresa.

O presidente recebeu por uma hora e meia catorze jornalistas. Deu uma longa entrevista coletiva. Insinuou que estava isolado politicamente e que defenderia a adoção do parlamentarismo. Insistiu que se incomodava com as denúncias de corrupção no governo. Na entrevista, disse que gostaria de que o PSDB fizesse parte do governo. Jaguaribe, um dos fundadores do partido, estava no ministério a título pessoal e não como representante partidário. A adesão do partido era importante para Collor porque lhe possibilitaria construir um arco de respeitabilidade interna e externa do governo — ainda mais com a proximidade da Eco-92. Isto explicava o convite formal de Bornhausen ao senador Fernando Henrique para que ocupasse a pasta das Relações Exteriores. Ao partido poderia também ser destinado o Ministério do Trabalho — desmembrado da Previdência Social — e até a Secretaria do Meio Ambiente.

O maior problema era que a direção do PSDB estava dividida. O senador Mario Covas se posicionara radicalmente contra o apoio a Collor: "O mandato que recebemos do povo é para ficar na oposição." Já Fernando Henrique tinha posição oposta. O apoio ao governo dependeria de compromissos com um "novo projeto educacional, políticas sociais muito nítidas e uma reforma fiscal", além da garantia efetiva de que "o governo criará condições para a implantação do parlamentarismo".

O governo pretendia manter a iniciativa política e isolar o PMDB, especialmente os seguidores de Orestes Quércia. Sinalizou que pretendia dividir em três partes o Ministério da Infraestrutura, retomando o formato vigente até março de 1990, ou seja, recriados os ministérios das Comunicações, Transportes e Minas e Energia. Desta forma, seria ampliado o leque de opções para a negociação de apoio congressual. Em outras palavras, as justificativas apresentadas no início do governo para a implantação da reforma administrativa tinham virado pó. Agora, o importante era buscar novo fôlego político e aguardar sinais positivos na economia.

O PSDB não conseguia tomar uma posição rápida e coesa sobre os acenos do governo. No Senado, de uma bancada de nove, sete eram contrários à adesão; na Câmara, numa reunião com apenas 21 deputados, vinte eram contra. Da Itália, contudo, Fernando Henrique defendia o ingresso no governo: "O partido não pode ficar em cima do muro, com medo de tudo." Atacou a posição da bancada no Congresso, considerando-a "sectária". E contou com o apoio entusiástico do economista Bresser-Pereira: "O presidente, que ainda tem três anos de governo, reformou sua administração e se dispõe a levar adiante o ajustamento fiscal e as reformas necessárias. Para isso, precisa de apoio. O PSDB não deve negá-lo."

Curiosamente, Renan Calheiros — já filiado ao PMDB e sem mandato parlamentar — entrou na polêmica, atacou o governo e alertou os tucanos:

> A reforma foi feita de improviso por imperativo de sobrevivência e diante de acusações que tornam essa mudança mais parecida com uma fuga do que com acerto de rota. As dificuldades para encontrar nomes evidenciam o modo apressado como foi feita a operação. No Congresso, até agora, ela não produziu o resultado esperado pelo governo. O PSDB haverá de refletir bastante sobre o risco de aventurar-se a avalizar um projeto que amanhã, como ontem, corre perigo de virar poeira.

Depois de dias de indecisão, o PSDB, a 3 de abril, decidiu não entrar no governo. A Executiva do partido, formada por dezessete membros, teve uma votação empatada: oito votos a favor e oito votos contra. O presidente, Tasso Jereissati, optou pela abstenção.

Dois membros titulares não compareceram — seriam, de acordo com os que simpatizavam com a adesão, favoráveis à participação no governo. A indecisão viraria motivo de chacota e serviria de excelente matéria-prima para os chargistas e humoristas, que exploraram a imagem até a exaustão.

A divisão entre os tucanos acabou, por tabela, paralisando a continuidade da reforma ministerial. O governo ainda apostava na adesão. Ofereceu o Itamaraty, o Ministério da Infraestrutura e a Secretaria de Desenvolvimento Regional. Nova reunião da Executiva do PSDB levou a novo empate e a decisão de não tomar qualquer posicionamento acabou prevalecendo contra os desejos do governador cearense Ciro Gomes, do deputado Franco Montoro, de Pimenta da Veiga, do senador José Richa e de Fernando Henrique Cardoso, que ainda estava na Europa e sem condições de ter voz mais ativa na decisão partidária. Ao chegar ao Brasil, tentaria uma última cartada: "Não podemos nos negar a ajudar o país. Há urgências no Brasil. A conversa com o governo está além do partido. É uma questão do país."

A 7 de abril, a Executiva voltou atrás na decisão — foram dez votos favoráveis e quatro contrários —, dando ao presidente do PSDB autorização para negociar a adesão. Ele estipulou algumas precondições. O partido falou no pagamento dos 147% aos aposentados, na retomada do crescimento e no combate à corrupção, entre outras propostas que chamou de programa mínimo. Collor rejeitou as precondições e o PSDB acabou não entrando no ministério como partido — deixou, porém, uma porta aberta para filiados ou simpatizantes que desejassem aderir a título pessoal.

Os tucanos saíram desgastados do episódio pela dificuldade de decidir, da qual decorreu o estereótipo de indecisos, pecha que colou, durante alguns anos, à imagem do partido.

Finalmente, a 9 de abril, Collor terminou de compor a nova equipe ministerial. Afinal, em vez de em três, resolveu dividir o Ministério da Infraestrutura em dois (antes demitiu João Santana): Transportes e Comunicações e Minas e Energia. Nomeou Affonso de Camargo e Pratini de Moraes, respectivamente. Com isso abriu uma vaga para o PTB e outra para o PDS. Para o Ministério do Trabalho e da Administração designou o deputado João Mellão (do PL de São Paulo) — a pasta da Previdência foi desmembrada e permaneceu com Reinhold Stephanes. Celso Lafer[23] assumiu o Ministério das Relações Exteriores no lugar de Francisco Rezek,[24] demitido por telefone (cumpria uma missão oficial em Nova York). Lafer era identificado como um intelectual simpático aos tucanos.[25] Egberto Baptista foi demitido da Secretaria de Desenvolvimento Regional e, para seu lugar, o presidente nomeou o

---

[23]Afirmou Lafer: "Eu nunca tinha conversado anteriormente, ou tido qualquer contato pessoal com ele [Collor]. Tinha-o visto apenas em duas cerimônias no Itamaraty." Continuou: "Conversei realmente com o presidente por telefone, embarquei naquele mesmo dia para São Paulo, de São Paulo fui para Brasília e aí tive de fato uma longa conversa, de duas horas e meia, sobre política externa. E essa conversa foi ótima." (Lafer, Celso. *Desafios: ética e política*. São Paulo: Siciliano, 1995, p. 183). "Nas eleições, votei no primeiro turno no Dr. Ulysses e anulei o voto no segundo turno" (entrevista com Celso Lafer, 16 de junho de 2014).

[24]A 15 de abril, Collor encaminhou ao Senado a designação de Francisco Rezek novamente para o STF.

[25]Depois da negativa de Fernando Henrique, o governo tentou atrair uma fatia do PMDB e sondou o deputado Ulysses Guimarães, que não aceitou (o deputado estava em viagem parlamentar à África e tinha perdido, semanas antes, a eleição para presidir a Comissão de Constituição e Justiça da Câmara dos Deputados, numa articulação do presidente do PMDB, o ex-governador Orestes Quércia). Também tentou o deputado Roberto Campos (PDS-RJ), que recusou o cargo. A 15 de abril Collor substituiu o secretário nacional de Comunicações: saiu Joel Rauber e entrou o ex-deputado Nelson Marchezan, filiado ao PDS do Rio Grande do Sul. Marchezan havia tido militância ativa na Arena especialmente durante a Presidência Figueiredo, quando o partido alterou sua denominação para PDS. Não querendo demitir da direção da Polícia Federal o delegado Romeu Tuma, Collor acabou criando uma secretaria especial para o delegado: a Secretaria da Polícia Federal, sem deixar claro no que sua ação diferia da do diretor-geral da PF.

baiano Ângelo Calmon de Sá, próximo do governador Antonio Carlos Magalhães. E manteve os outros ministros.

O término da reforma frustrou os planos iniciais do presidente, pois aumentara as pastas ministeriais e secretarias de 22 para 24, sem qualquer justificativa administrativa. Tudo apenas para ampliar sua base de apoio no Congresso, o que não conseguiria, uma vez que outros partidos ou frações de partidos não contemplados acabaram se mantendo independentes, o que obrigaria o governo a negociar a cada votação importante. A reforma abriu as portas para políticos oriundos do regime militar e concedeu amplo espaço na máquina de governo para o governador da Bahia. Não teve êxito em atrair o PSDB. O resultado final de semanas de negociações foi pífio.

O discurso contra o fisiologismo, presente desde a campanha eleitoral de 1989, fora jogado no lixo. Se na economia a guinada ocorrera em maio de 1991 — com a saída de Zélia Cardoso de Mello e sua equipe —, foi em abril de 1992 que, na esfera política, Collor alterou o rumo do governo. A aproximação com o PFL retirou-lhe o pouco que ainda restava de novidade. A "sarneyzação" ficava evidente. A contagem regressiva para o final da gestão era um claro sinal de esgotamento. Mas o problema maior — diferente da Presidência Sarney — era a perspectiva de uma nova recessão, embora não tão acentuada como a de 1990.

O presidente havia se afastado do que ficara conhecido como "República de Alagoas". Primeiro veio o rompimento com Renan Calheiros, posteriormente o afastamento do deputado Cleto Falcão, as saídas de Cláudio Humberto e de Margarida Procópio, e depois a queda de Egberto Baptista. Além disso, Marcos Coimbra ficara muito enfraquecido.[26] Para completar, Cláudio Vieira, secretário particular do presidente, fora obrigado a se demitir — semanas depois foi aberto um inquérito, por solicitação do ministro Célio Borja, para apurar denúncia de que Vieira cobrava propina para liberar o pagamento de anúncios governamentais em jornais do interior.

O novo figurino do presidente necessitava também de uma mudança na relação — geralmente tumultuada — com a imprensa. Ele tivera vários atritos com a *Folha de S.Paulo*. A 19 de abril, o jornal publicou uma longa entrevista exclusiva com Collor. O presidente ficou no terreno das obviedades: "Governar é um caminho que tem mais espinhos que rosas." Disse que o "governo é uma máquina de moer gente". Que teria aprendido "mais com os inimigos do que com os amigos". Estes, inclusive, teriam, segundo ele, "enfiado espinhos no seu coração". E prometeu "não se meter mais em eleição". Fazendo uma autoanálise, declarou: "Estou mais sofrido e, portanto, mais amadurecido, mais compreensivo, preparado, estou menos impetuoso e mais prudente." Considerou a invasão do jornal pela Polícia Federal, em 1990, "lamentável". Aproveitou até para mostrar as imagens de santos que tinha no seu gabinete e exibir um exemplar da Bíblia, que, supostamente, lia nas horas vagas. Fortalecendo o novo figurino, apareceu com uma máquina fotográfica em punho tirando fotos de um jardim. Falou que publicaria um livro somente com imagens de flores do cerrado.

O jogo de morde e assopra entre Itamar Franco e Collor marcou os meses de março-abril, no momento da reforma ministerial. O

---

[26]Marcos Coimbra, inicialmente, não fazia parte do grupo. Porém, no exercício da Secretaria-Geral da Presidência, acabou se aproximando da "República de Alagoas".

vice-presidente não fora ouvido. Ficou magoado. Pela imprensa, soltava seus balões de ensaio, sempre críticos às mudanças no ministério. Aproveitando a cerimônia de 21 de abril, Itamar, publicamente, deu dois longos abraços em Collor e fez questão de declarar que não "guardava mágoa ou ressentimento" e que tinha "a maior estima" pelo presidente.[27] Na mesma cerimônia, diversos governadores protestaram contra a política restritiva de Marcílio. Reivindicavam verbas de convênios aprovados, mas não liberados. Para o ministro, o atendimento levaria a abrir os cofres e o país correria risco de hiperinflação.

O governo, na área econômica, tinha dificuldades para cumprir as metas estabelecidas com o FMI, especialmente em relação ao déficit público. A queda na arrecadação dos tributos federais era mais um complicador. Marcílio chegou a anunciar a possibilidade de criar um empréstimo compulsório, sugestão do ministro Adib Jatene, que, segundo estimativa, poderia recolher para o Tesouro Cr$ 220 bilhões. De acordo com o ministro da Economia, seria "uma solução extrema". Ainda acreditava em um crescimento da receita.

Uma vitória importante foi a aprovação, a 29 de abril, do novo valor do salário mínimo: Cr$ 230 mil — a oposição defendia que fosse de Cr$ 242 mil. Os reajustes seriam quadrimestrais e não bimestrais, como propunha a oposição. Foi um teste para a nova maioria formada na Câmara, e o governo acabou vitorioso — ainda que em uma votação apertada: 233 a 215. Dias depois, porém, no Senado, o governo seria derrotado com a inclusão do reajuste bimestral, derrubado pela Câmara no início de maio (229 votos a 197).

As críticas à política econômica vinham também dos empresários. Muitos identificavam na abertura às importações a razão

---

[27]Duas semanas depois, Itamar pediu sua desfiliação do PRN.

dos prejuízos: "A política de redução tarifária tem levado a indústria brasileira ao sufoco e ao desespero", disse Paulo Vellinho, ex-presidente da Associação Brasileira da Indústria Elétrica e Eletrônica. E, no final de abril, Antonio Carlos Magalhães atacou duramente Marcílio Marques Moreira: "Quem derruba ministro da Economia não sou eu nem o presidente da República: é o número da inflação."

O sentimento era de que a equipe econômica não tinha mais instrumentos para enfrentar a inflação e a estagnação. Mas Collor defendeu seu ministro dando apoio "invariável e integral". Recebeu a concordância do seu aliado, o governador Brizola: "O ministro [Marcílio] sempre encontrou tempo para ouvir e diligenciar em relação aos nossos apelos e às nossas solicitações."

Em um aceno para cineastas e produtores cinematográficos, Sérgio Paulo Rouanet comunicou que o governo destinaria à Secretaria Nacional de Cultura Cr$ 2 bilhões para a produção cinematográfica. Desde a extinção da Embrafilme e de outras autarquias voltadas à cultura, era o segundo momento em que o governo dava atenção efetiva ao cinema e às artes nacionais — o primeiro fora com o estabelecimento da Lei Rouanet. Era mais uma tentativa de diminuir as arestas com setores organizados da sociedade — neste caso, numericamente pequeno, mas com grande influência política.

Tudo indicava que, apesar dos tropeços, o governo retomava a iniciativa política e criava condições de governabilidade. A dependência financeira dos governadores era um bom sinal. Nenhum deles queria se posicionar frontalmente contra o presidente, e no Congresso o cenário era de relativa tranquilidade.

7. A vingança

"O PC É o testa de ferro do Fernando." Assim começou a célebre entrevista de Pedro Collor à revista *Veja*. A publicação chegou às bancas no dia 24 de maio, um domingo. As denúncias do irmão do presidente cairiam como uma bomba. A entrevista fora concedida em São Paulo. Ele estava acompanhado da esposa, Thereza, e da irmã, Ana Luísa. Falara por duas horas. Retomou a acusação de que PC Farias lançaria um jornal concorrente — a *Tribuna de Alagoas* —, de que estaria construindo uma moderna gráfica e de que contratava funcionários a peso de ouro, inclusive da própria Organização Arnon de Mello.[1] O verdadeiro proprietário do novo jornal seria o presidente da República.[2]

---

[1]"Com o jornal *Gazeta de Alagoas*, a TV Gazeta, duas rádios FM e uma AM em Maceió, a Organização Arnon de Mello emprega setecentas pessoas e faturou US$ 12 milhões, com um lucro de aproximadamente US$ 1 milhão em 1991. Os rendimentos das empresas da família Collor de Mello são distribuídos na proporção das cotas dos acionistas. Leda Collor, a matriarca da família, detém 80% das ações da empresa desde que o filho mais velho, Leopoldo, desfez-se da quota de 5% das ações que cabem a cada um dos filhos — o presidente Fernando Collor, a embaixatriz Leda Coimbra, a 'Ledinha', a psicóloga Ana Luísa e o próprio Pedro" (Suassuna, Luciano e Luís Costa Pinto. *Os fantasmas da Casa da Dinda*. São Paulo: Contexto, 1992, p. 11).
[2]Paulo César Farias teria investido no jornal US$ 1,2 milhão. A tiragem inicial seria de apenas 5 mil exemplares.

A ofensiva tinha se iniciado duas semanas antes. Depois de muitas ameaças, Pedro Collor revelara à *Veja*, na edição que chegou às bancas no dia 10, o dossiê contra Paulo César Farias.[3] Não era a chamada principal. Paradoxalmente, a capa da revista foi dedicada à dificuldade que o governo federal encontrava para implantar a política de modernização dos portos e as barreiras impostas pelos setores corporativistas, especialmente os sindicatos de trabalhadores — a reportagem tecia largos elogios às medidas adotadas por Collor.

Pedro entregou o dossiê à *Veja*. Tinha dezessete páginas. Ele havia rastreado, com seus próprios recursos ("estou gastando um dinheiro federal, em dólares, para estourar o Careca", disse), as empresas e os negócios de PC Farias na Europa, nos Estados Unidos e no Caribe. Como esperado, PC negaria tudo. Pedro continuou atacando e não se dispondo a qualquer tipo de acordo, a não ser a desistência do projeto de criação da *Tribuna de Alagoas*. Por precaução, segundo suas palavras, gravara cinco fitas, de 25 minutos cada, em que explicava o conjunto das denúncias.

Na semana seguinte, a *Veja* voltou ao tema. Deu a Pedro a capa e a manchete principal: "Tentáculos de PC." A revista obtivera as declarações de renda de Paulo César Farias através de um vazamento criminoso. Eram 214 páginas. Um promotor do Ministério Público de Alagoas tinha sob sua guarda cinco declarações de renda, de 1987 a 1991. Revelavam um súbito enriquecimento. A revista não poderia publicá-las sob pena de violar a lei. A *Veja* conseguiu, porém, que o deputado José

---

[3]"Paulo César era um homem de João Lyra. Foi muito importante na campanha. Pedro só teve uma tímida participação no segundo turno. Ele ficou com ciúme do prestígio que o PC acabou adquirindo durante a eleição" (entrevista com Fernando Collor, 21 de maio de 2014).

Dirceu aceitasse tê-las recebido anonimamente e assim tratou do imposto de renda em nove páginas.[4]

Pedro foi chamado de "esquizofrênico" por Augusto Farias, irmão de Paulo César. Para este, era "um insano, chantagista e irresponsável". Do Palácio do Planalto só se ouvia um silêncio ensurdecedor sobre o tema. Nenhuma declaração, nada. O objetivo era não amplificar a denúncia. Jogava-se com a possibilidade do esquecimento ou de transformá-la numa mera disputa paroquial ou familiar. E as sucessivas declarações de Pedro reforçavam esse estigma: "Sou um caminhão de 7 mil toneladas descendo uma ladeira sem freio."

Era o PT — através do deputado José Dirceu — que tinha outra leitura da conjuntura: pretendia propor uma Comissão Parlamentar de Inquérito para apurar as denúncias. Contudo, até aquele momento, era voz solitária.

A família Collor respondeu às denúncias na segunda-feira, 18 de maio. Pedro foi ao encontro da mãe, em São Paulo. A conversa ocorreria em um hotel — o Caesar Park, na rua Augusta, suíte 1707 — para, segundo ele, evitar alguma armadilha. Exigiu que estivesse a sós com Dona Leda. Recusou de pronto uma conversa com todos os familiares na residência do irmão Leopoldo.

Antes, pela manhã, procurou os advogados Paulo José da Costa Júnior[5] e Luiz Roberto de Arruda Sampaio, que "me aconselharam a limitar meus ataques a Paulo César Farias". Depois do almoço,

---

[4]Ver Conti, Mario Sergio, op. cit., p. 390-93.
[5]Paulo José da Costa Júnior conta que foi indicado a Pedro Collor por um amigo. O primeiro encontro entre Pedro e o advogado foi no dia 18 de maio. Ver Costa Júnior, Paulo José da. *O homem que mudou o país*. São Paulo: Revista dos Tribunais, 1993, p. 12.

às 14h30, chegou ao hotel e se dirigiu à suíte presidencial, que fora alugada pela família. No quarto em frente estavam Leopoldo, o casal Ledinha e Marcos Coimbra e José Barbosa, velho amigo da família. Pedro chamou o local, ironicamente, de "QG dos aflitos". A mãe não perdeu tempo e apelou: "Meu filho, tu não podes fazer isso com teu irmão." Conversaram durante duas longas horas e não chegaram a acordo. Coimbra foi chamado por Dona Leda para, em um último esforço, tentar convencê-lo a voltar atrás: "Pedro, você não está percebendo que está sendo usado, manipulado pelo PT. Os inimigos de Fernando estão usando você como arma contra seu irmão. A comunidade de informações, os integrantes do SNI estão se vingando de Fernando através de você." Pedro respondeu: "Você está louco? Nunca estive com ninguém do PT, muito menos com gente do SNI, você está redondamente enganado."

No dia seguinte, Dona Leda, a filha e Coimbra foram a Brasília conversar com o presidente Collor. Pedro rumou para Maceió. No voo, encontrou o jornalista Luís Costa Pinto, da *Veja*, que ia para Alagoas em busca de provas de corrupção contra o presidente. Combinaram um encontro na casa de Pedro às 22h daquele mesmo dia. No começo da noite, na sede de *A Gazeta*, Pedro recebeu, via fax, a carta da mãe distribuída pela Secretaria de Imprensa do Palácio do Planalto. Diz ele: "Tentei duvidar, acreditar que o documento era falso. Mas não, estava ali. Com a assinatura inconfundível de D. Leda".[6]

O documento não deixava dúvidas:

O abundante noticiário divulgado pela mídia brasileira durante estas duas últimas semanas, focalizando o atrito entre dois empresários alagoanos, extravasou dos limites regionais. Diante

---

[6]Diz Costa Júnior: "Em conversa telefônica com Dona Leda, disse-me ela que a resolução e a redação foram suas" (ver Costa Júnior, Paulo José da, op. cit., p. 16).

disso, vencendo mandamentos pessoais de recato e discrição, venho declarar que meu filho Pedro, em quem sempre depositei plena confiança, a ponto de lhe haver entregue, há anos, incondicional direção de nossa empresa familiar, meu querido filho Pedro, repito, atravessa, neste momento, uma séria crise emocional que o impede de avaliar a situação de expectativa ansiosa em que suas declarações apaixonadas vêm colocando nosso público leitor. Quaisquer que sejam os motivos que o levaram a estar hoje com seu equilíbrio emocional visivelmente conturbado, não lhe reconheço o direito de ocupar, com problemas pessoais ou funcionais, o palco da publicidade nacional numa hora em que cada cidadão, ao invés de colocar pedras no caminho, tem o sagrado dever de facilitar a aplicação de medidas orientadas para a solução dos problemas nacionais. Isto posto, tenho a declarar que, embora meu filho Pedro me mereça carinhoso afeto e enorme gratidão pela dedicação e eficiência com que, há cerca de dez anos, vem se dedicando totalmente a preservar a nossa empresa, sou hoje sofridamente constrangida a reconhecer, preocupada também pela sua saúde, que deverá ele se afastar, temporariamente, das suas atividades, de forma a recuperar o quanto antes a clareza de visão que sempre o caracterizou.

A redação da carta era confusa. O problema não era entre "dois empresários alagoanos". Tampouco o destinatário da carta era o "público leitor" de *A Gazeta*, muito pelo contrário. Pedro havia feito graves acusações contra Paulo César Farias, resvalando no irmão presidente. Não era possível afirmar que tudo era devido a "problemas pessoais ou funcionais". E, estranhamente, o texto terminava com uma exortação política: "cada cidadão, ao invés de colocar pedras no caminho, tem o sagrado dever de facilitar a aplicação de medidas orientadas para a solução dos problemas nacionais".

Segundo Pedro Collor, a mãe telefonou e explicou que o presidente se comprometera a apenas apresentar a carta para parlamentares com o objetivo de frustrar a instalação de uma CPI. Dona Leda teria sido iludida pelo filho. Pedro encerrou a ligação com uma ameaça: "Minha reação será tremenda." E resolveu ir a São Paulo para fazer exames que comprovassem sua sanidade mental e dar nova entrevista à *Veja*, "onde diria que Paulo César Farias e Fernando Collor de Mello eram irmãos xifópagos, estreitamente ligados por um bolso só". Foi este o momento decisivo. Pedro deixou de lado as ameaças e tomou a decisão de romper com Fernando — sem mais titubear: "Ele ia voltar atrás, mas se sentiu abandonado pela mãe."[7]

Pedro passou a madrugada dando entrevista para Costa Pinto. Fez questão de gravar em vídeo. Terminou às quatro horas da manhã. Na quarta-feira rumou para São Paulo. Ao chegar à capital paulista foi levado do aeroporto de Guarulhos à sede da revista *Veja*, na Marginal Tietê. Lá, repetiu a entrevista dada em Maceió. Novamente, ficou até a madrugada com os jornalistas e fez também uma longa sessão de fotografias.

No dia seguinte iniciou os exames neurológicos e as entrevistas com a junta médica que o atendeu, formada pelos doutores Miguel Roberto Jorge, que coordenava a equipe, José Alberto del Porto e Marcos Pacheco de Toledo Ferraz. À noite — e vararia novamente a madrugada —, ficou em reunião, no Maksoud Plaza, com seus dois advogados: Paulo José da Costa Júnior e Luiz Roberto de Arruda Sampaio. Foi orientado a recuar das acusações, pois "corria o risco de ser preso". De acordo com Costa Júnior, "se você continuar atacando o presidente da República, em breve vou ter

---

[7]Entrevista com Dora Kramer, 20 de janeiro de 2015.

de visitá-lo na prisão. Você prefere ser um mártir ou continuar livre e lutar para incriminar PC? A escolha é sua".[8]

O governo tentaria pressionar a *Veja*. Mas sem qualquer tipo de ameaça que ferisse a liberdade de imprensa. Jorge Bornhausen veio a São Paulo. Conversou com o editor da revista, Mario Sergio Conti. Pediu confirmação sobre temas tratados na entrevista:

— Vocês têm corrupção?
— Temos, confirmou.
— Vocês têm drogas?
— Temos.
— Vocês têm sedução?
— Temos.
— Vocês têm rabo?
— Como, ministro?
— É, rabo... homossexualismo.
— Não, não temos.[9]

Pedro chegara a autorizar que os advogados negociassem com a revista a retirada dos trechos em que acusava diretamente o presidente. E mais: deu-lhes uma procuração para que as fitas da entrevista fossem apreendidas pela Justiça. Segundo Paulo José da Costa Júnior, seu "cliente não tinha a cabeça no lugar" quando as gravou e tudo fora feito "num clima de mágoa e ressentimento". No ano seguinte, em livro, Costa Júnior seria mais direto: "Ao abraçar-me, [Pedro] foi logo dizendo: 'Fiz uma burrada daquelas.

---

[8]"Pedimos para ele amenizar a situação. Que fosse menos ríspido. Ele não tinha provas contra Fernando Collor nem contra Paulo César Farias. Dona Leda me ligou duas vezes. Numa delas conversou comigo por uma hora e meia" (entrevista com Luiz Roberto de Arruda Sampaio, 23 de janeiro de 2015).
[9]Mello, Pedro Collor de, op. cit., p. 234.

Disse o diabo na gravação.' Na realidade, a expressão empregada por Pedro não foi burrada, mas outra que, por questão de eufemismo, preferi trocar."[10]

Pedro titubeava. Ligou para Luís Costa Pinto, o jornalista de *Veja* que o havia entrevistado, e pediu: "Sabe, são trinta os pontos por mim abordados. Dos trinta pontos, vinte e um dizem respeito ao PC. Todos esses ficam. Mas os demais, relativos ao Fernando, precisam ser amenizados."[11] O jornalista lembrou que a revista seria obrigada a fazer uma reportagem relatando os fatos, o recuo do entrevistado, a alegação de perturbação mental; portanto, "que eu era realmente um louco". Pedro tomou uma decisão definitiva: "Percebi que se seguisse o conselho do advogado, estaria fazendo o jogo de Fernando, além de ficar desmoralizado. Resolvi, nessa hora, correr o risco de ser preso em nome da preservação de minha integridade moral. Afinal, dissera tudo aquilo à revista e não poderia desmentir."

Na noite de sábado, com um exemplar de *Veja* nas mãos, Pedro regressou a Maceió. Novamente recusou seguir duas sugestões de seu advogado: não dar mais entrevistas e viajar imediatamente para o exterior. Voltou a São Paulo na semana seguinte para continuar os exames, entre os dias 21 e 26 de maio. O laudo saiu no dia 27. Era breve. Depois de um sucinto histórico concluiu que Pedro

> [...] não apresentou nenhum elemento que fizesse suspeitar de quadro psiquiátrico atual. Em que pese a presença de características como impulsividade, agressividade, baixa tolerância ao

---

[10]Costa Júnior, Paulo José da, op. cit., p. 16-17.
[11]Costa Júnior, Paulo José da, op. cit., p. 19.

estresse, não encontramos traços suficientes para o diagnóstico de nenhum dos distúrbios de personalidade descritos nos sistemas classificatórios.[12]

Paradoxalmente, o mês de maio tinha começado relativamente tranquilo. Imaginava-se que a economia continuaria sinalizando um crescimento próximo a zero e a inflação mensal permaneceria em dois dígitos, mas longe da hiperinflação. As centrais sindicais tentaram, a 1º de maio, organizar manifestações contra a política salarial do governo. Fracassaram. Reuniram alguns milhares de trabalhadores, mas nem perto da meta propagandeada pelos dirigentes sindicais. Em parte o fracasso poderia ser creditado ao desemprego acentuado do setor industrial. Em quatro meses, no estado de São Paulo, haviam sido fechados 75 mil postos de trabalho. O reajuste bimestral dos salários, aprovado pelo Senado contra a vontade do governo, aguardava a votação na Câmara — onde seria derrubado.

Entre os economistas havia um relativo otimismo. Para Eduardo Giannetti da Fonseca,

> [...] o governo Collor começou mal, mas amadureceu com a passagem do tempo. A gestão do ministro Marcílio tem se pautado pela sobriedade e bom senso. Sua equipe não promete qualquer tipo de alívio imediato no curto prazo e define com clareza as prioridades para vencermos a inflação crônica. O que propõem à sociedade e ao Congresso é que se enfrente de forma persistente e racional os verdadeiros problemas, em vez de evitá-los.

---

[12]Na ressonância magnética foi encontrada uma "lesão vascular localizada na região parieto-occipital direita. Esse achado foi discutido com diversos especialistas, sendo consensual a ideia de que esta malformação arteriovenosa não está causando qualquer déficit neurológico" (Mello, Pedro Collor de, op. cit., p. 247-48).

Marcílio insistia na tecla de que o país vivia "um momento delicado e crucial". A inflação de 20% ao mês era considerada uma vitória, pois estava em queda. O ministro dizia que o PIB cresceria 2% em 1992. Mas a realidade era distinta, tanto que os saques a supermercados, mercearias e padarias no Rio de Janeiro continuavam.

O noticiário político deu pouca importância à primeira denúncia de Pedro Collor. Na terça-feira, dia 12, o ministro da Justiça Célio Borja declarou que "só iniciaremos uma investigação se o Banco Central ou a Receita apurarem que houve algum ilícito criminal". De acordo com o porta-voz da Presidência, o presidente teria tido uma "reação positiva" ao saber da iniciativa de Borja.[13]

No dia seguinte o governo iniciaria uma ofensiva contra as denúncias. Marco Maciel, líder no Senado, declarou que Collor "não quer que nenhum tipo de denúncia fique sem apuração". Na Câmara, o deputado José Dirceu tentou aprovar requerimento em que convocava Pedro Collor e Paulo César Farias a depor. Acabou derrotado pela bancada governista. Ainda na fase de esfriamento das denúncias, Augusto Farias, irmão de PC e deputado federal, afirmou que a família estava revendo seus planos jornalísticos: "Pedro Collor, aquele falsificador de documentos, quer o nosso jornal fora de Alagoas, então vamos fazer isso para levar paz ao presidente Collor."

Numa entrevista à *Folha de S.Paulo*, Pedro Collor respondeu aos movimentos do governo. Disse que só sossegaria quando PC

---

[13]Segundo Borja, "[Collor] foi da mais absoluta correção. Jamais pediu nada que se relacionasse ao inquérito, nem para que se deixasse de ouvir uma testemunha, ou de investigar qualquer aspecto dos fatos da denúncia. Nada, rigorosamente nada" (ver Borja, Célio, op. cit., p. 290).

fosse preso: "Eu não descanso enquanto isso não acontecer." E foi mais enfático: "Depois que eu vir o PC na cadeia, podem me matar." E prometeu continuar no ataque: "O difícil foi entrar nessa. Agora sou uma jamanta com 40 mil quilos ladeira abaixo." Estranhamente, na mesma entrevista, fez largos elogios ao governo: "Como irmão, a minha nota para o governo do Fernando é dez. Como brasileiro, nove. E como empresário, oito."

O presidente, por sua vez, marcou um seminário de três dias para avaliar o governo, de 15 a 17 de maio. Todos os ministros participaram do evento. Itamar Franco não compareceu.[14] Collor aproveitou para ocupar espaço político retomando bandeiras do início da sua administração. Disse que pretendia "acelerar o processo de modernização" e que, em 1993 e 1994, a economia já estaria estabilizada. Para ele, o Estado tinha de se voltar para a população e não atrapalhar a vida dos empresários. E foi direto: "O Estado faliu."

Resolveu também dar uma guinada no encaminhamento da crise. No sábado, 16, anunciou que romperia relações com o irmão Pedro — retirando-o da direção das empresas da família, o que dependeria da concordância da mãe, maior acionista do grupo — e, para mostrar equilíbrio, com seu ex-tesoureiro de campanha.[15] O senador Mauro Benevides, presidente do Congresso, disse que poderia rever o número de CPIs a serem instaladas. Segundo ele, seria necessário observar o "preenchimento dos requisitos constitucionais". Fazia referência ao pedido do deputado petista José Dirceu.

---

[14]Itamar Franco se desligou do PRN em 4 de maio de 1992.

[15]Os cafés da manhã das segundas-feiras na Casa da Dinda teriam sido interrompidos um ano antes, em maio de 1991. Collor nega: "Não é verdade. Isso nunca existiu. Não há qualquer registro. Note que havia vigilância militar, que registrava quem entrava e quem saía" (entrevista com Fernando Collor, 21 de maio de 2015).

A novela das denúncias de Pedro Collor continuava. O irmão do presidente, pressionado pela mãe, falou que manteria as acusações contra PC: "Não quero acertar mais ninguém, seja quem for", declarou na segunda-feira. Pedro desmentiu que tivesse dito que o irmão era "conivente" com o ex-tesoureiro de campanha: "O que acontece é que o PC tem um jeito que acaba envolvendo as pessoas." Na Câmara, o presidente Ibsen Pinheiro declarou que não queria "uma nova República do Galeão".[16] O PMDB argumentava que não havia fatos suficientes que justificassem uma CPI.

As notícias econômicas não eram nada favoráveis e apimentavam ainda mais o ambiente político. A taxa de desemprego em São Paulo atingira 15,5%. Segundo dados da Fiesp, duas em cada três empresas acabaram tendo resultado negativo no ano. E os prejuízos eram significativos. Em média, representaram 11% do patrimônio líquido das indústrias.

A 20 de maio, o escândalo já ocupava amplo espaço na imprensa, mas ainda parecia circunscrito a uma disputa familiar. Oito governadores se pronunciaram em defesa do presidente. O leque ia de Antonio Carlos Magalhães (BA) a Luiz Antonio Fleury Filho (SP), passando por Ciro Gomes (CE). O governador baiano aproveitou para ironizar: "A psiquiatria aponta muitos casos em que um irmão se incomoda com a ascensão do outro. Existe até quem mata uma pessoa só para sair em manchete de jornal." Segundo Fleury Filho, era necessário tratar as denúncias "com calma e responsabilidade".

---

[16]República do Galeão é a denominação pela qual ficou conhecido o inquérito policial-militar realizado na base aérea da Aeronáutica, no Rio de Janeiro, iniciado em 12 de agosto de 1954 após o atentado que feriu Carlos Lacerda e matou o major Rubens Vaz, da Força Aérea Brasileira. Os oficiais da Aeronáutica assumiram o protagonismo na investigação do atentado. O inquérito foi encerrado em 19 de setembro, três semanas após o suicídio de Getúlio Vargas.

No Congresso, parlamentares falavam no perigo de colocar em risco a governabilidade, e que a grave situação econômica não suportaria uma CPI. Collor demonstrava publicamente dar pouca importância às denúncias do irmão. Dizia estar muito satisfeito com o seminário de três dias que realizara com toda a equipe ministerial. Acreditava que as dificuldades econômicas seriam logo superadas. Sobre Pedro, em público, nada falou.

Tudo mudaria no domingo, 24 de maio, quando chegaram às bancas a *Folha de S.Paulo* e a *Veja*. A *Folha* trazia uma entrevista exclusiva de Pedro Collor ao jornalista Lúcio Vaz, em que disse que ele e o irmão, quando moravam em Brasília, consumiram drogas. Mirou seu ataque em PC Farias: "Se eu paro agora, ele me mata. Não é hoje, nem amanhã, um dia o carro lá bateu... um acidente de automóvel e morreu o Pedro. Ele joga pesado. O irmão dele mata gente à beça lá em Alagoas, já matou lá."

A entrevista a *Veja* foi precedida de uma abertura de duas páginas destacando que os "ataques de Pedro Collor a PC Farias atingem em cheio o presidente e abrem uma crise política". Ocupou cinco páginas. Pedro respondeu a 54 perguntas. Insistiu que PC e Fernando Collor eram sócios. O tesoureiro teria inclusive falado com ele sobre a sociedade. Pedro declarou que o irmão tinha um apartamento em Paris, avaliado em US$ 2,7 milhões, em nome de um laranja. Afirmou que teria consumido cocaína e LSD com o irmão quando eram jovens e moravam em Brasília. Disse que teria almoçado com o presidente em janeiro e reclamado da criação da *Tribuna de Alagoas*. Collor teria ignorado o assunto. Quando perguntado sobre a razão de não ter falado com o irmão sobre as denúncias de corrupção atribuídas a PC, respondeu: "Eu sentia que, se eu falasse, ele poderia ter uma reação violentíssima. O Fernando não gosta de escutar críticas."

Questionado sobre a razão de ter relacionado suas acusações contra PC ao presidente, falou que

> [...] eu comecei a receber ameaças de morte dos irmãos do PC através de interlocutores comuns. Cheguei a falar com Cláudio Vieira sobre tudo o que estava acontecendo. Concluí que o PC não estava agindo por conta própria. É o estilo típico do Fernando usar instrumentos. Ele não ataca de frente.

A *Veja* abriu mais duas páginas para tratar da fita de vídeo com duas horas de depoimento de Pedro. As cópias estariam em um cofre de um banco em Nova York. Deu detalhes de valores arrecadados por PC. Este teria recebido US$ 12 milhões dos usineiros alagoanos como comissão pelo atendimento do pleito para não pagarem mais ICMS e receberem os valores que já tinham recolhido. Segundo Pedro, parte do dinheiro teria sido utilizada no início da campanha presidencial do irmão. No segundo turno, PC teria arrecadado US$ 100 milhões, e, no primeiro turno, "um pouco menos". Em relação ao consumo de drogas, a transcrição é mais explícita:

> Eu tive envolvimento com drogas quando era jovem, induzido pelo Fernando. Ele era um consumidor contumaz de cocaína e me induziu a cheirar, a aspirar cocaína. Aprendi ali, com aquele pessoal que ele me apresentou, aquela coisa toda. Houve também LSD, mas pouco.

A revista logo se esgotou. Os 836 mil exemplares foram vendidos rapidamente. Foi necessário imprimir mais 150 mil cópias. Collor respondeu de pronto às denúncias. Disse que acionaria Pedro judicialmente: "Estou mais forte do que nunca. As calúnias e difamações não me abatem." Convocou o ministro da Justiça Célio Borja para entrar com uma ação penal em defesa da sua honra. Plantou na imprensa a notícia de que estaria magoado com o irmão: "Tem horas que dá vontade de jogar tudo para o alto." Mas seus lamentos não impressionaram os parlamentares. No Congresso, o clima mudou após a publicação da entrevista. O PMDB, partido com o maior número de parlamentares, passara a considerar necessária a instalação da CPI. Governadores começaram a admitir a possibilidade de investigar as denúncias de Pedro Collor.

Diversamente do que era esperado pela imprensa e por políticos, uma pesquisa Datafolha apontou que 43% dos entrevistados apoiavam o impeachment de Collor (25% defendiam a renúncia, e 18%, o afastamento temporário para as apurações devidas) e 88% queriam a criação da CPI.

O presidente, desejando retomar a iniciativa política, reafirmou que processaria o irmão pelo delito de calúnia — fez o pedido, através do ministro da Justiça, ao Procurador-Geral da República, listando seis trechos da entrevista a *Veja* — e que abriria um inquérito para apurar as irregularidades em que estaria envolvido seu ex-tesoureiro de campanha. Reforçou sua indignação com as acusações: "Não posso permitir que a leviandade e a mentira sejam utilizadas para ferir as instituições e a Constituição." E concluiu ao seu estilo: "O voto de 35 milhões de brasileiros me fez guardião dessas instituições que são mais importantes que a minha pessoa, que meus parentes, que minha dor. A verdade prevalecerá." Ganhou apoio até de PC: "O presidente faz muito bem em investigar tudo."

*

A proximidade da realização da Eco-92[17] — que reuniria mais de cem chefes de Estado e governo, o maior encontro diplomático do pós-guerra — criou uma dificuldade adicional a Fernando Collor. Célio Borja vocalizou o desespero do governo:

> Por que, em um momento como este, em que o país está recebendo uma centena de chefes de Estado e de governo; que é sede de uma conferência mundial da importância da Eco-92; em que o presidente está executando um programa de governo ao menos ousado; em que se pretende reformar algumas instituições; em que o presidente está pedindo ao Congresso que aprecie projetos de lei de grande importância para a economia. Meu Deus, por que de repente se reeditar, no bojo de uma briga de família, um clima tal que paralisa o país?

O ministro chegou a questionar a possibilidade de uma CPI: "Quando um fato está submetido ao Poder Judiciário, não tem lugar a investigação parlamentar."

Collor aparentava não dar importância à crise. Com a proximidade do início da Eco-92, assinou a demarcação da reserva indígena dos ianomâmis, com 94 mil quilômetros quadrados. Chegou até a tirar uma foto com a nova composição do ministério — notada, porém, a ausência do vice-presidente. Itamar alegou estar com um problema dentário e permaneceu afastado de Brasília durante duas semanas, parte em Juiz de Fora, parte no Rio de Janeiro.

Fracassaram os esforços do presidente e de alguns governadores e parlamentares para formar uma comissão no Congresso a fim de acompanhar os inquéritos da Polícia Federal sobre as denúncias

---

[17]A conferência foi realizada entre os dias 3 e 14 junho. Compareceram delegações de 175 países.

de Pedro Collor. A 26 de maio foi criada a CPI — era a 440ª da história do Parlamento brasileiro — "destinada a, no prazo de 45 dias, apurar fatos contidos nas denúncias do Sr. Pedro Collor de Mello, referentes às atividades do senhor Paulo César Cavalcante Farias capazes de configurar ilicitude penal". O Palácio do Planalto, contudo, mantinha a confiança. Para Jorge Bornhausen, "as CPIs nunca deram em nada".

O 26 de maio reservaria mais notícias ruins para o governo, agora no campo econômico, com a divulgação do índice de inflação de maio: 23,4%, contra 19,8% de abril. O dólar disparara e a bolsa caíra. O presidente respondeu com um pronunciamento à nação — de quatro minutos — reproduzido duas vezes ao longo do dia. Buscou um estilo mais informal: não usou paletó, sugestão de seu aliado, o governador Brizola. Collor pediu desculpas pelas declarações "insensatas e falsas que meu irmão Pedro tem feito à imprensa". Repetiu as providências que teria tomado para apurar as acusações contra PC Farias. Nada acrescentou. Causou estupor a declaração de Brizola de que recriaria a Cadeia da Legalidade — utilizada em 1961 para garantir a posse de João Goulart — para defender o presidente.

Com a divulgação do exame de sanidade mental de Pedro — que não tinha problemas psiquiátricos[18] —, a tensão política aumentaria.

---

[18]Pedro foi considerado, segundo o laudo, "lúcido, sem evidenciar distúrbios de atenção e memória. As funções intelectuais mostraram-se preservadas. Não se evidenciaram alterações quanto ao curso e aspectos formais do pensamento, assim como ideias delirantes". Em um dos exames foi "encontrado no lado direito externo do meu cérebro um angioma decorrente de uma malformação venosa. Esse angioma, disseram os médicos, poderia sofrer uma hemorragia caso me submetesse a situações extremamente estressantes". Pedro viajou em julho para os Estados Unidos. Lá, se submeteu a novos exames: "Há algum tempo vinha sentindo dores de cabeça e comecei a temer algo pior, um tumor maligno, por exemplo. O diagnóstico dos americanos foi o mesmo: sugeriram descanso, mas me orientaram para que operasse o angioma o quanto antes, providência que, aliás, ainda não tomei" (Mello, Pedro Collor de, op. cit., p. 246, 262).

Em segunda votação, a Câmara dos Deputados aprovou, por 334 votos favoráveis — acima do quórum constitucional exigido: 302 — e apenas 63 contrários, a antecipação do plebiscito sobre a forma e o sistema de governo para 21 de abril de 1993 (a data original era 7 de setembro). Ainda faltava a chancela do Senado.

O parlamentarismo passara a ser uma possibilidade para salvar o mandato de Collor, garantindo a governabilidade até as eleições de outubro de 1994. A emenda, entretanto, não estipulava a adoção imediata do novo sistema de governo, preservando o mandato presidencial e permitindo um grande acordo nacional entre governo e oposição.

O que atrapalhava a possibilidade de uma saída política para a crise eram as denúncias de Pedro Collor. No dia 27, após divulgar o resultado do exame psiquiátrico, o irmão do presidente concedeu uma entrevista no auditório do hotel Maksoud Plaza, acompanhado da esposa. Dezenas de jornalistas estavam presentes. Pedro exibiu orgulhosamente o parecer médico para os fotógrafos.[19] Quando perguntado sobre as acusações que fizera, respondeu: "Não reafirmo porque não posso provar. Se eu tivesse um documento... Mas não tenho como provar." Continuaria se justificando: "Tentei ser útil ao país e ao meu irmão. Tenho orgulho de ser irmão do presidente." E concluiu: "Meu objetivo não é processar Fernando, meu irmão. O alvo não é o Fernando, o alvo é defender as instituições, é defender o Brasil. Sou eu que peço desculpas à nação por ter, no passado, sido a pessoa que apresentou

---

[19]"Para evitar qualquer tipo de exploração, optei por convidar dois colegas. Foram cinco dias de muito trabalho. Li o laudo em um auditório do Maksoud Plaza, mas não respondi a nenhuma pergunta. Me retirei após a leitura. As respostas foram dadas por Pedro Collor" (entrevista com Miguel Roberto Jorge, 21 de janeiro de 2015).

o Paulo César a ele." Naquele instante, suas palavras ficaram em segundo plano. No hotel só se falava da beleza de Thereza Collor e de sua minissaia xadrez.

Em Brasília, o grande assunto era a direção da CPI. Quem seria o presidente? O PFL pretendia designar um deputado de confiança da liderança partidária. Falou-se em Eraldo Tinoco (BA), Ney Lopes (RN) e Roberto Magalhães (PE). Para surpresa geral, porém, foi indicado o deputado Benito Gama (BA), ex-secretário da Fazenda de ACM. A relatoria fora reservada a um senador do PMDB. O nome mais forte era o de Pedro Simon (RS), que desistiu ao saber que o PFL escolheria o presidente da comissão. Restou ao PMDB indicar o senador Amir Lando (RO), de pouca expressão parlamentar e desconhecido nacionalmente.[20] Foi composta, além do presidente e do relator, por mais vinte membros, onze senadores e onze deputados: quatro do PMDB, três do PFL, dois do PDT, dois do PT, dois do PRN, dois do PTB, dois do PSDB, um do PDC, um do PDS[21] e um do PSB.

O recuo de Pedro Collor desanimou os parlamentares mais entusiasmados em apurar as denúncias contra PC Farias e o presidente. Falou-se que a CPI teria vida curta, e até Itamar Franco compareceu a uma cerimônia pública junto com Collor, a quem prestou solidariedade. Líderes empresariais saíram em sua defesa. Émerson Kapaz, candidato a presidente da Fiesp, disse que as denúncias eram "uma grande irresponsabilidade. As pessoas precisam medir seus atos para não causar mais turbulência no

---

[20]Amir Lando era suplente do senador Olavo Pires. Assumiu a cadeira após o assassinato do titular, em 16 de outubro de 1990.

[21]Devido a uma disputa em Santa Catarina, Jorge Bornhausen fez com que Esperidião Amin, presidente do PDS, designasse como representante do partido o senador José Paulo Bisol, do PSB, e candidato a vice-presidente na chapa de Lula, em 1989, para a CPI.

Brasil, já tão afetado pela crise econômica". E até juristas criticaram Pedro. Um deles, Celso Bastos, declarou que o irmão do presidente era de "um egoísmo elevado à última potência" e que "nunca pensou nos interesses da nação".

Mas, ao depor na Polícia Federal, em São Paulo, durante cinco horas, Pedro mudou novamente de ideia: "Continuarei na busca de mais indícios, evidências e provas de que, a partir de informações privilegiadas, o senhor PC Farias trafica influências, extorque e chantageia em nome do poder público." Seu advogado, Luiz Roberto de Arruda Sampaio, deixou claro que no depoimento estavam excluídas denúncias contra o presidente da República: "Todas as provas são contra o empresário PC Farias. Apresentamos um dossiê com documentos, alguns deles novos."

Ao fechar o mês de maio, o cenário político estava indefinido. Analistas acreditavam que a crise estava sob o controle do governo. Collor resistiria, mas como um presidente fraco, dependente do apoio parlamentar, especialmente do PFL. A abertura de um inquérito pela Procuradoria da República em Alagoas, para apurar o súbito enriquecimento de PC Farias, reforçava essa leitura. O ex-tesoureiro, por sua vez, ameaçava processar Pedro Collor por injúria e calúnia.

O reflexo mais evidente das denúncias foi a desistência do governo de enviar ao Congresso uma proposta complementar de emenda constitucional tratando do ajuste fiscal, considerado essencial pelo ministro Marcílio Marques Moreira. Faltara a concordância das principais lideranças parlamentares e de governadores dos estados mais importantes. Estes se manifestaram contrários ao que consideravam uma redução do poder de tributar por parte dos estados.

Junho começou com a instalação formal da CPI. Benito Gama, visando dar agilidade aos trabalhos, criou subcomissões com a participação de outros parlamentares, além daqueles que já compunham a CPI. Esses voluntários foram quase todos da oposição, pois a bancada governista não sugeriu qualquer outro nome. Algumas comissões, como a de bancos — que teria papel fundamental nas investigações —, eram controladas pela oposição.

Um dos integrantes da CPI, o deputado José Dirceu, aproveitou o momento para exigir uma reforma ampla do modo de fazer política no Brasil:

> [...] seria simples ingênuo ou aventureiro imaginar que nossos males e mazelas podem se resumir na pessoa de Fernando Collor de Mello. Essa crise tem de servir para que a nação desperte também para a necessidade de uma ampla reforma na legislação eleitoral — no financiamento das campanhas e de partidos, no controle e fiscalização dos gastos eleitorais, com punição de teto e punição exemplar ao crime eleitoral. É preciso enfrentar a questão do monopólio dos meios de comunicação, sem o que a democracia será sempre a democracia das elites e dos governos dos poderosos de plantão.

As acusações de Pedro Collor agravaram a paralisia governamental. Os presidentes de PMDB, PSDB e PT — Orestes Quércia, Tasso Jereissati e Luiz Inácio Lula da Silva, respectivamente — anunciaram, a 3 de junho, que atuariam conjuntamente para combatê-la. O primeiro considerava que "o governo está perplexo. Há um claro esforço para esvaziar a CPI". Para o presidente do PSDB, "não podemos deixar que ocorra vazio de poder". Já para Lula, "o país é hoje um barco à deriva e o Congresso pode dar o rumo". A preocupação se estendia aos caminhos da economia. O deputado Delfim Netto julgava que era "lamentável essa política água morna do Marcílio, que é incapaz de produzir uma queda significativa da inflação e acarreta custos sociais gigantescos."

Fernando Collor abriu, na quarta-feira, 3 de junho, a Eco-92. Desde a semana anterior estava no Rio de Janeiro. Fora montada uma estrutura na antiga capital federal para que o presidente pudesse despachar normalmente enquanto se desenrolava a conferência internacional. Collor foi eleito para presidir a reunião. Recebeu os primeiros chefes de Estado como se nada estivesse acontecendo. Fez de tudo para aparentar normalidade.[22]

A 4 de junho, quinta-feira, a CPMI colheu o depoimento de Pedro Collor. Uma decepção. Não apresentou documentos. Voltou a dizer que recebia denúncias, mas frisou que os empresários tinham medo de depor. Sobre o presidente, declarou: "Agi, porém, sob emoção quando envolvi meu irmão." Falou-se que Pedro era página virada na CPI. O senador Mario Covas resumiria o sentimento dos parlamentares numa pergunta: "Estou tratando esse assunto com a dimensão de seriedade que o senhor quis imprimir. Mas, até agora, vi mais discordâncias do que concordâncias do seu depoimento de hoje com o que a imprensa publicou como declarações suas. Posso saber onde estão as concordâncias?" Pedro sofria pressões de todos os lados. Seu advogado, Paulo José da Costa Júnior, declarou para os jornalistas presentes à sessão que "ele tem de fugir do processo. Numa análise fria, acho que 70% do que ele falou é calúnia. O resto é injúria e difamação".

Paulo César Farias reagiu atacando Pedro Collor com um dossiê de supostas irregularidades cometidas pelo irmão do

---

[22]"Collor conduziu admiravelmente bem as reuniões com os chefes de Estado e governo presentes. Não parecia um homem acuado. Era afirmativo. Tinha competência" (entrevista com Celso Lafer, 16 de junho de 2014).

presidente. Acusou-o de tentar intermediar a venda do remédio AZT para o governo, uma operação de US$ 200 milhões, de colaborar com a venda de um prédio para o fundo de pensão dos funcionários do Banco do Brasil, de tentar vender petróleo para a Petrobras favorecendo um empresário equatoriano e de buscar facilitar a uma empresa o acesso às verbas de propaganda do governo federal.

Pedro terminaria a semana contra a parede. O recuo nas declarações à CPI permitiu a PC, na sexta-feira, desafiá-lo a uma acareação pública na mesma comissão. Após prestar depoimento na Polícia Federal, em Maceió, Farias disse: "Neguei todas as acusações de Pedro contra mim. Passo agora à situação de acusador. É o Pedro que pode ser acusado de calúnia."

Outra boa notícia para o Palácio do Planalto foi a decisão do PDS de revogar a designação do senador José Paulo Bisol para a CPI, indicando um senador pedessista para seu lugar, o que permitiria um empate entre governistas e oposicionistas na comissão.

Proliferavam denúncias envolvendo outras áreas do governo. Empresários teriam procurado Aristides Junqueira, procurador-geral da República, com a proposta de entregar documentos que comprovariam depósitos efetuados no exterior em contas de PC, o que configuraria o pagamento de propinas para a obtenção de favores governamentais. Junqueira rejeitou: deveriam ser formalizadas por escrito e devidamente identificadas.

A "turma do deixa disso" aproveitou a ocasião para tentar diminuir a tensão política. Desde o final de maio já pipocavam opiniões favoráveis ao impeachment de Collor. Ainda eram vozes isoladas. Mas encontraram forte oposição no próprio Congresso Nacional. O senador Fernando Henrique Cardoso fez questão de declarar que "impeachment é como bomba atômica, existe para não ser usado". O deputado peemedebista Nelson Jobim foi enfático: "O Congresso não pode fazer uma CPI para investigar o presidente. Se vocês insistirem nisso, eu vou ao Supremo." Mais cordato, porém não menos conciliador, o senador Marco Maciel (PFL-PE) declarou que a "CPI não vai produzir sequelas, pois as acusações foram feitas sem provas."

Tentando retomar a iniciativa política, Collor convocou uma entrevista coletiva no Rio de Janeiro. Defendeu enfaticamente a política econômica e insistiu que o Congresso tinha de aprovar a reforma fiscal: "É fundamental para o nosso programa de estabilização e para o futuro da economia. Redundará em um aumento de arrecadação. Essa arrecadação possibilitará investimentos em setores que hoje estão precisando desses recursos, como na área social." A reforma "contribui para o equilíbrio das contas públicas, para uma maior competitividade da nossa indústria, para a diminuição dos preços e, portanto, dos índices de inflação. Ela é tudo." O presidente ignorou solenemente a crise e não respondeu quando perguntado sobre o escândalo PC Farias.

Na terça-feira, 9 de junho, PC foi depor na CPI. Foram seis horas entre perguntas e respostas. Disse que os gastos da campanha eleitoral de 1989 foram muito superiores aos declarados à Justiça Eleitoral: houve gastos "imensuráveis e impossíveis de serem contabilizados, com camisetas, caminhões e aviões". E ainda criticou: "A legislação brasileira é hipócrita." Falou que estava processando Pedro Collor e que não via o presidente havia vinte meses. Confessou ter feito tráfico de influência. Explicou no seu linguajar: nada mais que um favor, ajuda a um amigo necessitado. E reconheceu que tinha problemas fiscais para resolver.

Não bastasse a CPI, o governo teve de enfrentar uma greve geral dos portuários contrários ao projeto de desregulamentação dos portos. Eles iniciaram a greve, a 10 de junho, com a promessa de paralisar os portos do país com prejuízos ao comércio de exportação e importação. No mesmo dia, à tarde, na CPI, Cláudio Vieira, ex-secretário particular do presidente Collor, daria um depoimento desastroso. Relatou que negociara com três empresas de táxi aéreo durante a campanha eleitoral. Um empresário, que queria vender pulverizadores ao Ministério da Saúde, declarou à imprensa ter sido achacado por três pessoas ligadas a PC. E a Polícia Federal, em São Paulo, fez uma devassa no escritório de Farias, apreendendo documentos e equipamentos. Para piorar, o PDS voltou atrás e decidiu manter o senador Bisol na CPI, apesar das pressões do Palácio do Planalto. PC, no sábado, resumiu o que fora para ele a semana: "Não vão me pegar."

Boatos tomaram conta do meio político. Paulo César estaria ameaçando fugir do Brasil; o presidente decidira sacrificar seu tesoureiro de campanha; a família Farias revelaria tudo o que sabia; PC seria punido por crime fiscal, livrando o governo de um desgaste maior. Contudo, Collor mantinha silêncio, considerando que, desta forma, permaneceria distante da crise. Continuava no Rio de Janeiro, em função da Eco-92, e com agenda repleta de compromissos diplomáticos. Mas as dificuldades econômicas permaneciam. O diretor-gerente do Fundo Monetário Internacional, Michel Camdessus, mostrou preocupação com a dificuldade do governo em atingir as metas previstas no último acordo e insistiu em que seria indispensável aprovar a reforma fiscal.

O término da Eco-92, a 14 de junho, obrigou Collor a regressar a Brasília. E em situação muito desconfortável. As manobras de seus apoiadores na CPI não haviam surtido o efeito esperado. E PC continuava a plantar ameaças pela imprensa: "Não aceito a deslealdade ou o abandono daqueles que sempre foram por mim ajudados." E disse não temer os resultados da comissão: "Vou desmascarar meu detrator, que já está sendo processado por ter praticado dezoito crimes de calúnia, quinze crimes de difamação e três crimes de injúrias. Assim, serei inocentado e ele [Pedro Collor] acabará na cadeia."[23]

As notícias econômicas eram péssimas: na região metropolitana de São Paulo, a taxa de desemprego saltara, em maio, para 16,1% — eram 1,2 milhão de trabalhadores à procura de emprego. A bolsa caíra, e subiram o ouro e o dólar. Corria o boato da adoção de um programa de dolarização tal qual implantado, com relativo sucesso, na Argentina pelo presidente Carlos Menem, sob a coordenação de Domingo Cavallo.

Na CPI, o depoimento do empresário Takeshi Imai, fornecedor do Ministério da Saúde, jogaria mais lenha na fogueira. Ele apresentou um dossiê que demonstrava como funcionavam as compras da pasta quando o irmão de PC — Luís Romero de Farias — era o secretário-geral, detalhando nomes, empresas, as mercadorias adquiridas, os valores e o superfaturamento. Para o senador Amir Lando, as provas já eram suficientes para incriminar PC Farias. A única boa notícia para o governo fora o término da greve dos portuários, que afetou 35 portos e trouxe grandes prejuízos à economia.

No dia seguinte, a 17 de junho, o irmão de PC foi depor. Negaria tudo. Tentou desqualificar as denúncias de Imai. A manobra aparentemente obteve êxito. O jogo era para o governo articular uma ampla gama de apoios que desse sustentação ao presidente e o ajudasse a superar a crise. Ia do governador da Bahia Antonio Carlos Magalhães ao deputado Ulysses Guimarães, este último seduzido pela possibilidade de presidir a revisão constitucional de 1993, contando com o apoio de Collor.

---

[23]Uma síntese da defesa de Pedro Collor pode ser encontrada em Costa Júnior, Paulo José da, op. cit., p. 47-61.

No acordo, teria sido estipulado que o Congresso seria convocado durante o recesso de julho, aprovaria as medidas econômicas emergenciais — principalmente o ajuste fiscal — e a CPI encerraria seus trabalhos antes de agosto sem atingir o presidente. Era o desejo do ministro Bornhausen: "Essa CPI precisa acabar logo." E caberia à Receita Federal penalizar os ilícitos cometidos por PC Farias. Parecia um plano perfeito. Tudo em nome da governabilidade e da estabilidade econômica.

O governo conseguiu encerrar a semana sem mais um fato negativo. A CPI pouco avançara. As promessas de novos depoimentos insistiam em atingir Collor, mas sem apresentar provas materiais. O presidente resolveu requisitar, no domingo, 21 de junho, em horário nobre, rede nacional de rádio e televisão. Preparou com cuidado o pronunciamento. Desta vez manteve a solenidade. Apresentou-se de terno e gravata, ar determinado e firme. Foram seis minutos e meio de um discurso agressivo, mas defensivo. Disse que "jamais autorizei qualquer pessoa, ninguém, que não integrasse o primeiro escalão do governo, a falar em meu nome sobre decisões da administração". Continuou protestando contra as denúncias de corrupção: "Chegou a hora de dar um basta!" Atacou indiretamente a imprensa ("aventureiros da calúnia"). Prometeu que continuaria combatendo os desvios de recursos públicos: "Vou levar até o fim, custe o que custar, doa a quem doer, a bandeira da luta contra a corrupção." E encerrou com o tradicional "Não me deixem só! Eu preciso de vocês!".[24]

Preparando o terreno contra o depoimento de Renan Calheiros na CPI, anunciado para o dia 24 de junho, Collor buscou costurar

---

[24]No dia seguinte foi recriado o Ministério da Criança, sem caráter oficial, indicado para o seu comando o diplomata Carlos Garcia. O titular anterior fora Alceni Guerra, que acumulara com a pasta da Saúde.

um acordo com as principais lideranças do PMDB, aquelas que estavam no campo antiquercista. Ulysses Guimarães declarou que não acreditava nas denúncias de Renan, imputando-as a "um homem emocionado" e dizendo que "seriam superadas todas as tentativas contra a legitimidade do governo". Já Ibsen Pinheiro, presidente da Câmara, insistiu que a "CPI foi constituída para investigar as denúncias que envolvem o sr. PC Farias e não pode exceder sua função". E ACM, numa tortuosa argumentação, aproveitou para jogar mais lenha na fogueira. Declarou que Itamar Franco não tomaria posse em um eventual impeachment de Collor, pois, apesar de fazer parte da chapa, não teria sido votado. Destacou que "não vejo nenhuma razão para o impeachment. Se a Constituição for rasgada para afastar o presidente, evidentemente ela vai ser rasgada também para afastar o vice".

O presidente continuaria na ofensiva. Convocou uma "conversa coletiva", com jornalistas, em Brasília. Falou durante setenta minutos. Só respondeu a três perguntas dos jornalistas. Um monólogo. Afastou qualquer possibilidade de renúncia e mostrou-se indignado com as denúncias que o vinculavam a PC Farias. Teve tempo inclusive para receber a dupla sertaneja Leandro e Leonardo em pleno Palácio do Planalto. E os acompanhou em três músicas. Tudo para mostrar normalidade e despreocupação com a CPI. Mas os efeitos da crise política já tinham atingido a economia. A Bolsa de Valores continuava em queda, o dólar subia, e as negociações com os credores privados do país estavam dificultadas, apesar dos esforços do ministro Marcílio Marques Moreira, que fora a Nova York em busca de um acordo.

Em Brasília, os presidentes de PMDB, PSDB e PT iniciaram articulação para estabelecer uma ação comum na CPI. Para Quércia, o clima de incerteza era pior do que o impeachment, e Lula estava irritado com a aproximação de Ulysses e Collor. A CPI continuava seus trabalhos. A 23 de junho, ouviu o piloto Jorge Bandeira de Melo, sócio de PC Farias na empresa aérea Brasil Jet. Um depoimento cheio de contradições. O piloto foi considerado testa de ferro do ex-tesoureiro de Collor e também teria coagido fornecedores do governo, a mando de PC, em troca do pagamento de propina.[25]

Começou um cerco fiscal contra a EPC — Empresa de Participação e Construção[26] — de PC Farias. Foram levantadas seiscentas empresas que, durante a campanha eleitoral, receberam notas frias da EPC. Em 1990, de acordo com a Polícia Federal, esta teria faturado US$ 6 milhões com supostas consultorias para grandes empresas (Votorantim) e empreiteiras (Odebrecht, Andrade Gutierrez e Tratex, controlada pelo Banco Rural).[27]

A divulgação de uma pesquisa Datafolha, a 25 de junho, aumentou ainda mais a temperatura política. O quadro, no entanto, ainda não era dramático para Collor: 47% defendiam o afastamento do presidente (32% desejavam a renúncia, e 15%, a

---

[25]Francisco Rezek, ainda quando era o ministro das Relações Exteriores, recebeu uma denúncia do embaixador da Grã-Bretanha, William Hardwick, de que empresários daquele país estavam sendo achados por Paulo César Farias. Solicitou ao embaixador, que teria uma audiência com Collor, que relatasse o fato — o que não foi feito (entrevista com Francisco Rezek, 8 de maio de 2014).

[26]A empresa foi criada em junho de 1987, em Alagoas, três meses após a posse de Fernando Collor no governo do estado.

[27]No depoimento ao STF, em 1993, PC tentou justificar o trabalho da empresa: "O depoente notava sempre certa facilidade de negócios entre a EPC e as empresas; que não necessitou utilizar o argumento de ser amigo do presidente da República e de ter prestígio junto a este para a realização dos negócios da EPC, pois quem tem prestígio não precisa dizer que tem; que o fato de ter-se tesoureiro de uma campanha gera a presunção de que tem prestígio junto ao eleito; que essa circunstância concorreu para que muitos dos negócios da EPC fossem aceitos pelas empresas; que empresa de consultoria nem precisa formalizar contratos de prestação de serviços, bastando um simples 'paper', para a avaliação dos objetivos colimados pelas duas partes" (p. 7-8). E seguiu: "O Grupo Votorantim contratou os serviços da EPC objetivando uma maior aproximação com o depoente, em face de sua condição de ter o depoente servido como tesoureiro da campanha" (p. 9).

licença temporária), 65% acreditavam que ele estava envolvido em esquemas de corrupção com PC Farias, e os mesmos 65% consideravam o governo ruim ou péssimo.

Renan Calheiros depôs na CPI. Falou durante nove horas. Fez severas críticas a Collor, disse que o alertou das denúncias de corrupção — mas não apresentou provas —, sugeriu que se submetesse a um aparelho detector de mentiras e propôs a sua renúncia. Acusou três assessores do presidente de fazerem parte do esquema PC (o general Agenor Homem de Carvalho, chefe do Gabinete Militar, Pedro Paulo Leoni Ramos, ex-secretário de Assuntos Estratégicos, e Cláudio Vieira, secretário particular de Collor). Também a 25 de junho, Borja, ministro da Justiça, deu uma entrevista à *Folha de S.Paulo* dizendo-se "louco para voltar para a minha atividade privada, para a minha família, para os meus netos".[28]

A 28 de junho, um domingo, chegou às bancas a revista *IstoÉ* em cuja capa destacava-se uma entrevista exclusiva com o presidente.[29] Ironicamente, a chamada "Collor exclusivo" vinha acompanhada

---

[28]Segundo Saulo Ramos, advogado e ex-ministro da Justiça do governo Sarney, um emissário de Fernando Collor o procurou para convidá-lo a assumir o Ministério da Justiça. Queria, pelo que entendeu Ramos, não um ministro, mas um advogado de defesa. E mais: receberia US$ 5 milhões pela aceitação do convite. Não aceitou e seguiu viagem a Paris, que já estava planejada. Na capital francesa recebeu telefonema do emissário do presidente. Desta vez ofereceu o dobro, US$ 10 milhões. Novamente recusou (Ramos, Saulo. *Código da vida*. São Paulo: Planeta, 2007, p. 381-86). Quem fez o convite para que aceitasse o Ministério da Justiça foi o presidente do Banco do Brasil, Lafaiete Coutinho, mas não houve, segundo ele, nenhum oferecimento de qualquer quantia: "Isto é fantasia do Saulo Ramos" (entrevista com Lafaiete Coutinho, 26 de agosto de 2015).

[29]Em março também tinha dado uma entrevista exclusiva à *Veja*. Só tratou de veleidades. Disse que na televisão gostava de assistir a *TV Animal* e *Sabadão sertanejo*. Comprometeu-se até a escrever para a revista uma resenha de livro: *Felicidade*, de Katherine Mansfield.

de três linhas finas, submanchetes. Uma delas dizia: "Um presidente tem que se distanciar dos amigos. Foi isso que aconteceu em relação a Paulo César." No alto, à esquerda, uma faixa identificava a reportagem: "CPI: aparece uma testemunha-chave". Era uma reportagem bombástica. Francisco Eriberto Freire França, motorista, trabalhava vinculado diretamente a Ana Acioli, secretária particular de Collor.[30] Era encarregado de fazer os pagamentos de serviços, mercadorias e funcionários da Casa da Dinda e dos gastos pessoais do casal presidencial. Utilizava-se de um automóvel Santana que teria sido locado por uma das empresas de PC, a Brasil Jet. A secretária usava uma conta do Banco Bancesa exclusivamente para este fim. Em vez do nome completo (Ana Maria Acioli Gomes de Melo), escolheu somente Maria Gomes para ser identificada — ou não identificada. A conta era sistematicamente abastecida por depósitos efetuados por empresas de PC em São Paulo.

A reportagem desmontava a tese de que o presidente não tinha qualquer vinculação com PC. Eriberto entregou à *IstoÉ* quatro documentos reproduzidos na reportagem: uma cópia da licença de porte de arma de Ana Acioli, registrada em Alagoas quando secretária do então governador Collor; um cheque do Bancesa nominal a Rosane Collor, depositado na conta da primeira-dama na Caixa na mesma data em que assinado, 21 de fevereiro de 1992; um depósito, no Banco Itaú, em nome de Dona Leda Collor, datado de 2 de julho de 1991; e outro depósito, no Bradesco, em nome da primeira esposa de Collor, Lilibeth Monteiro de Carvalho, com data de difícil identificação.

---

[30]Para detalhes de como os jornalistas chegaram até Eriberto, ver Conti, Mario Sergio, op. cit., p. 419-27.

A reportagem informava que a conta de luz, de dezembro de 1991, da Casa da Dinda teria sido paga com um cheque do Bancesa, mas não reproduzia o documento. Chama a atenção que Eriberto tenha ficado de posse desses documentos, uns eventualmente por esquecimento; mas haver guardado as cópias do cheque do Bancesa e da licença de porte de arma de Ana Acioli — que permitiu à revista apresentar o CPF da secretária e a conta do Bancesa em que ela assinava como "Maria Gomes" com o mesmo número do documento — causa estranheza.[31]

No domingo, informado da reportagem, Collor antecipou o regresso da Argentina. Durante o voo de três horas não conversou com ninguém.[32] Ainda sob o impacto do que a revista trouxera, criou uma comissão especial para enfrentar a crise formada pelos ministros Borja, Marques Moreira, Fiúza e Bornhausen — "a comissão nunca se instalou".[33] E prometeu que falaria ao país na terça-feira à noite. Na base aérea de Brasília, declarou desconhecer como seus gastos eram pagos pela secretária. Segundo Pedro Luiz Rodrigues, secretário de Imprensa da Presidência, Collor "ficou atônito com a afirmação de que as contas da Casa da Dinda

---

[31]No número seguinte, a *IstoÉ* deu capa ao motorista com a seguinte legenda: "Eriberto, um brasileiro." Apresentou mais quatro documentos, provavelmente entregues por Eriberto — a reportagem não informava como os havia obtido. Dois depósitos, um para a irmã de Collor, Ana Luísa, com data de difícil identificação, e outro para uma secretária de Marcos Coimbra, de 1º de abril de 1992; a conta de luz citada na reportagem do número anterior e um recibo de um posto de gasolina de 16 de abril de 1992 em nome de Eriberto e com um visto que a revista atribuiu à secretária Ana Acioli. Também foram apresentadas duas fichas cadastrais de Ana Acioli no Bancesa relativas a duas contas-correntes distintas, mas com o mesmo CPF. Uma conta com seu nome completo e outra como Maria Gomes; na primeira se identificava como professora, e na segunda, como secretária. A revista informou que a cópia do depósito apresentado no número anterior teria sido recebida pelo correio de uma fonte anônima.
[32]Entrevista com José Gregori, 9 de janeiro de 2015.
[33]Moreira, Marcílio Marques, op. cit., p. 329.

não são pagas pela família". Itamar Franco não compareceu ao desembarque presidencial, assim como os ministros Adib Jatene e José Goldemberg.

A repercussão na economia foi imediata. Na segunda-feira, o índice Bovespa caiu 14,7%. Credores estrangeiros da dívida externa queriam interromper as negociações. Boatos de dolarização se espalharam e o pessimismo tomou conta da economia. A *Folha de S.Paulo*, em editorial de primeira página, pediu a renúncia do presidente. A entrevista de Eriberto alterara profundamente a conjuntura política.[34] Intensificou-se a polêmica jurídica acerca da possibilidade de Collor ser processado no exercício do mandato. Em depoimento à CPI, Luís Octávio da Motta Veiga, ex-presidente da Petrobras, voltou à carga e repisou as denúncias feitas em outubro de 1990. E Itamar continuava se reunindo discretamente com políticos e militares.

O tão esperado discurso do presidente foi realizado à noite, em rede nacional de rádio e televisão. Falou durante vinte minutos. Era a terceira vez que tinha de esclarecer suas relações com PC Farias. Partiu para o ataque: "Não podemos tolerar o abuso, o furor denunciatório que atende somente a objetivos políticos subalternos, mesquinhos e impatrióticos." Em meio ao discurso, um locutor leu uma longa correspondência de Ana Acioli explicando

---

[34]Na mesma semana da publicação da entrevista na *IstoÉ*, a *Veja* apresentou uma capa com uma foto de Collor com Itamar na base aérea de Brasília. O destaque era a posição dos pés do presidente, lembrando uma conhecida foto de Jânio Quadros, quando do exercício da Presidência da República, em 1961. A chamada de capa era "No que vai dar a crise?". Foram apresentadas, como no vestibular, cinco alternativas: impeachment; renúncia; parlamentarismo já; Collor continua, forte; e Collor continua, fraco, esta última considerada a resposta correta. Ou seja, Collor permaneceria na Presidência, mas sem força política (*Veja*, nº 1241, 1º de julho de 1992).

como pagava as contas da família de Collor.[35] Posteriormente, o mesmo locutor leu dois ofícios esclarecendo detalhes da conta da secretária e a origem dos depósitos. Por fim, o presidente retomou a palavra. Disse que não tinha mais qualquer tipo de vinculação com PC desde o término da campanha eleitoral ("Há cerca de dois anos não encontro o senhor Paulo César, nem falo com ele. Mente quem afirma o contrário").[36]

Para Collor, as denúncias não passavam de "escândalo de laboratório". Ressaltou que "nunca antes — nunca antes — nenhum governo colocou-se como este, como o meu governo, à disposição para ser investigado, esmiuçado". Dissertou sobre modernização, justiça social, elogiou o ministério. De leve, tocou no esquema PC: "Que se investigue e puna, se for culpado, todo aquele que abusou de meu nome, de minha confiança." Concluiu afirmando: "Permanecerei até o final do mandato que recebi do povo. Enganam-se os que pensam me intimidar com falsas denúncias."

ACM achou o discurso "convincente". Para Brizola, o presidente disse "o que a nação esperava ouvir diante dessa onda de histeria". Segundo Fleury, a fala tinha "conteúdo". Ulysses Guimarães continuava apoiando Collor: "Foi positivo, pois foi

---

[35]Foi levantada a suspeita, pela análise de peritos, de que a secretária teria assinado um papel em branco que foi, posteriormente, preenchido, segundo as necessidades, para a defesa de Collor.

[36]"Eu achei suspeito ele [Collor] dizer que não via mais PC, quando a verdade é que ele se encontrava regularmente com o ex-tesoureiro na Casa da Dinda, muitas vezes na minha presença" (Collor, Rosane, op. cit., p. 201). Na CPI, Paulo César Farias, quando perguntado sobre o tipo de relacionamento que tinha com Collor após a posse na Presidência, respondeu: "Depois da eleição, nos primeiros meses, tive relação com o presidente. Visitei-o, não posso negar. Hoje faz um ano e oito meses, dois anos, que não o vejo." Quando perguntado sobre o que conversavam, respondeu: "Discutia a minha vida como homem de negócios; Sua Excelência falava da sua vida como presidente, dos problemas do Brasil e assim por diante. Uma visita de cortesia" (depoimento dado à CPI em 9 de junho de 1992).

um convite à reflexão." O jurista Ives Gandra Martins também avaliou com otimismo: "O discurso foi muito hábil. O que se tem que provar agora é se realmente houve depósito de PC na conta da secretária. Só a prova testemunhal do motorista não vale nada. A possibilidade de renúncia desapareceu por enquanto."

O sentimento popular era distinto, porém. De acordo com pesquisa Datafolha, a desaprovação ampliara-se: 68% consideravam o governo ruim ou péssimo, e 53% queriam o afastamento de Collor.

8. A decadência

As LUZES DA política nacional se voltaram para o motorista Francisco Eriberto Freire de França. Ele denunciou que sofria pressões de assessores de Collor para desmentir a entrevista à *IstoÉ*. Tinha saído de casa e se mantivera incógnito, temendo represálias. Nas primeiras investigações sobre a conta bancária da secretária Ana Acioli encontraram-se transações cem vezes superiores a seu salário.

O presidente ficara politicamente emparedado, e não seria através de simples discursos ou entrevistas que poderia alterar a gravidade do quadro. Seus partidários começaram a debandar. Restaram figuras de pouca expressão política, como o deputado Paulo Octávio, amigo do presidente, que demonstravam seu apoio de forma caricata: "Collor só sai do Planalto a bala. Vão ter de fazer uma revolução para tirar ele de lá."

Eriberto compareceu à CPI, a 1º de julho. A sala estava superlotada. Durante quatro horas respondeu a todas as perguntas. A Rede Bandeirantes de Televisão transmitiu o depoimento ao vivo. O motorista reafirmou os termos da entrevista à *IstoÉ*. Detalhou como fazia os pagamentos: "O depoimento foi o que se chama de smoking gun, a arma fumegante, o que seria a prova do crime."[1]

---

[1]Moreira, Marcílio Marques, op. cit., p. 332.

Perguntado, respondeu ter visto PC entrar no Palácio do Planalto no dia do aniversário de Collor carregando um presente. Ficaria célebre o diálogo travado entre Eriberto e o deputado Roberto Jefferson. Quando inquirido sobre a razão de ter feito a denúncia, o motorista respondeu de pronto: "Porque sou patriota." O deputado insistiu: "Só por isso?" E a resposta de Eriberto, desconcertante: "E o senhor acha pouco, deputado?"

Dias depois, a CPI confirmaria, através de dados bancários, que os depósitos na conta de Ana Acioli eram provenientes de empresas de Paulo César Farias em três bancos: BMC, Bancesa e Banco Rural.[2] No BMC os depósitos foram efetuados em dinheiro (US$ 197.263,08), cheques (US$ 256.035,85) e ordens de pagamento (US$ 143.687,81). No total, depositados US$ 596.986,74. No Banco Rural, os depósitos em cheque foram de US$ 7.894,74, em dinheiro, de US$ 857.941,17, e em ordens de pagamento, de US$ 383.290,02. O total era de US$ 1.249.125,93. No Bancesa foram de US$ 509.787,32, em cheques, e US$ 142.218,31, em dinheiro. Na soma dos três bancos, os depósitos alcançavam US$ 2.498.117,42.

No BMC o primeiro depósito datava de 6 de junho de 1989 — portanto, ainda durante a campanha eleitoral presidencial —, e o último, de 1º de abril de 1991. Já o Banco Rural foi usado de 22 de agosto de 1990 a 19 de dezembro de 1991. As operações no Bancesa começaram mais tarde, em 1º de julho de 1991, e foram até 10 de junho de 1992 — quando já estava em funcionamento a CPI.

---

[2] O Banco Rural tinha se envolvido no escândalo do projeto SOS Rodovias, sob responsabilidade de Marcelo Ribeiro, secretário dos Transportes, através da Tratex, controlada pelo banco. Anos depois, o banco esteve implicado no escândalo do mensalão.

A situação de Collor era desconfortável, mas ainda não desesperadora. Aristides Junqueira[3], procurador-geral da República, declarou que "são denúncias sérias e gravíssimas que envolvem a administração pública federal. Eu não posso, entretanto, afirmar que elas cheguem à figura do presidente da República como autor de irregularidades administrativas ou algum delito". E concluiu: "A apresentação de um pedido de impeachment não depende da tipificação de crime previsto no Código Penal, já que o crime de responsabilidade pode ter conotação política, mas não criminal."

O presidente tentava dar aparência de normalidade ao governo. Participou de reuniões com ministros e governadores como se tudo estivesse tranquilo. Fez questão de mandar um bilhete ao porta-voz do Palácio do Planalto, Pedro Luiz Rodrigues, com o intuito de ganhar espaço na imprensa, criar um factoide, e aproveitou para citar uma pesquisa Ibope segundo a qual a maioria da população estaria contra o impeachment: "As pesquisas transformaram os membros do sindicato do golpe na ilha do choro inútil. Se continuarem a conspirar contra a vontade do povo, acabarão excomungados pela multidão fiel e silenciosa." E recebeu apoio entusiástico do governador Brizola, com quem esteve em um longo almoço no Palácio do Planalto: "Se desenvolve, sem nenhuma

---

[3]Aristides Junqueira chegou à Procuradoria-Geral da República em 1989 e foi reconduzido ao cargo em 1991 por indicação de Collor e com a aprovação do Senado, como dispõe a Constituição. Passou pela Justiça Militar. Foi procurador no Superior Tribunal Militar, onde teve participação controversa, como no processo envolvendo João Henrique Ferreira de Carvalho. Condenado, em 1974, a um ano de prisão, acusado de participar de organização clandestina, Carvalho recorreu ao STM, argumentando inexistência de prova judicial. No período, como é sabido, as "provas policiais" eram obtidas por meio de tortura. Para Junqueira, "de fato, só no inquérito policial há provas contra o recorrente, mas consoante reiteradas decisões do Tribunal, merecem valia" (ver Arquidiocese de São Paulo. *Brasil: nunca mais*. Petrópolis: Vozes, 1985, p. 192-93).

dúvida, um movimento golpista. Já vi algumas vezes esse monstro, que agora começa a mostrar seu lombo."[4]

A realidade, entretanto, teimava em se impor. Investigações da CPI não constataram, na conta de Ana Acioli, depósitos efetuados por Cláudio Vieira, ex-secretário particular do presidente, como tinha sido justificado no último pronunciamento televisivo de Collor. Foram encontradas três contas em bancos (Bancesa, Banco Rural e BMG) e com nomes distintos. A resposta do Planalto foi transferir a responsabilidade para a secretária. A ligação seria entre Ana e PC e não entre Collor e PC. E o presidente continuou produzindo bilhetes e cunhando frases de efeito, como se pudessem ter algum tipo de influência na conjuntura política.

Ele jogava com a confiança — que ainda tinha — de parte do eleitorado. Segundo pesquisa Datafolha divulgada a 5 de julho, 53% dos entrevistados eram favoráveis a que o Collor deixasse a Presidência, dos quais 36% defendiam a renúncia, e 17%, um afastamento temporário; 43% queriam sua permanência. Não era um mau resultado. Entusiasmado, o presidente voltou ao *cooper* matinal. No domingo, 5 de julho, correu acompanhado de atletas olímpicos. Na camiseta, mais um recado: "Não fale em crise. Trabalhe!"

Empenhou-se também junto à equipe econômica para criar fatos positivos. Divulgou que haveria um crescimento significativo do PIB — mesmo que não houvesse motivos para tanto otimismo —, que a inflação cairia e que o ajuste fiscal seria aprovado pelo Congresso. A estratégia era dissociar a crise política da

---

[4]"Brizola, com lágrimas nos olhos, me disse que já tinha visto isso acontecer: 'Não faça como o doutor Getúlio. Resista.'" (entrevista com Fernando Collor, 21 de maio de 2015).

gestão econômica, no que era referendado pelo ministro Marcílio Marques Moreira em sucessivas entrevistas.

A *Folha de S.Paulo*, em ampla reportagem, denunciou uma operação triangular envolvendo o deputado Paulo Octávio, PC Farias e Collor. O presidente teria comprado um terreno de uma procuradora de PC, que era sua secretária. A transação — realizada em fevereiro de 1991 — aparentava ser um despiste. O terreno era vizinho à Casa da Dinda.

A Polícia Federal continuava ouvindo empresários, em busca de algum tipo de ligação com o esquema PC. Antônio Ermírio de Moraes declarou ter feito uma doação à campanha de Collor — na verdade, de acordo com o relatório final da CPI, "estava convicto que ele [Paulo César Farias] tinha influência junto ao senhor presidente da República, razão por que contratou serviços da EPC por US$ 240.000,00, serviços esses que não vieram a ser prestados, sendo certo que não se animou a pedir a devolução do dinheiro".[5] A construtora Norberto Odebrecht argumentou ter contratado a empresa EPC, em 1990, para uma consultoria sobre a compra de uma mina de diamantes na África.

A CPI ouviu a ex-ministra Zélia Cardoso de Mello, que estava grávida, em sua casa, em São Paulo. O depoimento nada acrescentou às investigações. Parte dos parlamentares continuava analisando a documentação recolhida pela comissão.

Na capital paulista, a 8 de julho, o ministro Marcílio Marques Moreira foi homenageado em um jantar com a presença de 1.300 empresários, representando 43 entidades. Mas o apoio empresarial era para o ministro, não para o presidente. Tanto que pesquisa

---

[5]"O próprio PC Farias diz que o total [das notas frias] ficou perto de 3 milhões de dólares" (*Veja*, nº 1.268, 30 de dezembro de 1992).

realizada no jantar constatou que 62% não apoiavam Collor, enquanto 94% estavam com o ministro da Economia.

O presidente resistia e buscava atrair os governadores com a liberação de verbas federais, por meio principalmente da Secretaria de Desenvolvimento Regional, do Ministério da Agricultura, do Banco do Brasil, do Banco Nacional de Desenvolvimento Econômico e Social e da Caixa Econômica Federal. A equipe econômica tentava "compatibilizar interesses", como afirmou o secretário de Política Econômica, Roberto Macedo, mas deixava clara a preocupação com a queda de arrecadação, o que levaria ao corte de gastos e à redefinição das prioridades orçamentárias. Foi secundada pelo presidente do Banco Central, Francisco Gros: "O aumento da arrecadação ainda não veio, além disso, não é segredo que a situação orçamentária é de escassez." Ele ameaçava deixar o cargo se a política de estabilização fosse comprometida pelo "é dando que se recebe". Estava em rota de colisão com os presidentes do Banco do Brasil e da Caixa Econômica Federal.

Parlamentares oposicionistas denunciaram que a Receita Federal estaria checando suas declarações de renda e as de suas empresas. O secretário nacional da Fazenda, Luiz Fernando Wellisch, negou qualquer forma de retaliação. Disse que a "Operação Omissos" flagrara 5 mil contribuintes, entre os quais vinte deputados. O próprio Itamar Franco protestou junto ao Palácio do Planalto, incomodado com a revelação de que teria entregado com atraso sua declaração de renda.[6]

---

[6]Conta José de Castro: "Disse-me [Itamar] que durante muitos anos suas declarações de renda eram preparadas por um contador da empresa de seu ex-sogro, o que acontecia rotineira e automaticamente. Depois de sua separação, o tal contador não fez mais o serviço, e, com o descuido do próprio Itamar, acumularam-se dois exercícios sem declaração" (Ferreira, José de Castro. *Itamar: o homem que redescobriu o Brasil*. Rio de Janeiro: Record, 1995, p. 80).

A 9 de julho uma boa notícia para o presidente: fechou-se em Nova York o acordo referente a US$ 44 bilhões da dívida externa brasileira com os credores privados. Representava cerca de um terço do total devido. A taxa de juros obtida era inferior às dos bônus do Tesouro americano e à média cobrada pelos bancos europeus. Era uma vitória do governo — especialmente do ministro Marcílio Marques Moreira —, pois, na Presidência de Sarney, o país havia decretado duas moratórias, criando sérios problemas econômicos. O acordo ainda dependia da aprovação do Senado, o que, apesar da tensão política, se dava como certo. Collor comemorou com um pronunciamento em rede nacional.

O presidente voltava à ofensiva, bem a seu estilo. Em encontro com empresários, no Rio de Janeiro, comparou seus adversários aos porcos: "Isso aí é uma pocilga, não nos aproximemos dessa pocilga. Deixem que os porcos façam isso e chafurdem nessa lama." Carlos Castello Branco foi o que melhor interpretou o momento:

> [...] ficou a impressão de que o presidente, que encantava sua pequena plateia, terminou por encantar-se com o próprio êxito. Os sorrisos de aplausos o estimularam a tirar uma palavra de outra palavra, uma frase de outra frase. Até que lhe saiu pela boca o "pocilga" e, como foi bem recebida, a palavra transformou-se num tropo, numa imagem em função da qual Collor foi levado a ir aos próprios porcos. Palavra, como se sabe, puxa palavra, pelo som, pela aproximação, pelas conotações implícitas. Porcos chafurdam na lama. Os aplausos vieram em cima e o presidente ria ele próprio, feliz pelo que dissera, feliz pela expressão que completara com certa audácia, feliz pelos aplausos. Essa felicidade foi a sua infelicidade.

Continuou Castelinho:

> Tudo isso não foi bom para ele. A CPI reduzira seu ritmo e os espaços foram ocupados, talvez até excessivamente, pelos êxitos do ministro Marcílio Marques Moreira, pelo banquete de São Paulo, pela conclusão do acordo da dívida externa, pelas visitas de solidariedade de políticos e empresários ao Palácio do Planalto.

E concluiu: "o próprio Collor se incumbia de soprar as brasas para que o fogo não venha a morrer. E a soprar ventos que irão reativar a tormenta".[7]

Segundo a imprensa, o presidente teria organizado um "esquadrão da morte", grupo de políticos e dirigentes de bancos e empresas estatais que usariam recursos oficiais para defender o governo. Na Câmara, o líder do "esquadrão" era o deputado petebista Roberto Jefferson. De acordo com a denúncia, a verba publicitária do Banco do Brasil, de US$ 40 milhões, seria utilizada principalmente para esse fim. Discursos estariam sendo produzidos pela assessoria de imprensa e enviados para parlamentares amigos do governo. O Banco do Brasil também tentava aproximar-se mais de artistas, como no financiamento de US$ 900 mil para que a atriz Lucélia Santos montasse a peça "Floresta amazônica em sonhos de uma noite de verão" e no patrocínio à comédia musical *A prima dona*, com Marília Pera. Divulgou-se que o governo estaria passando um pente-fino nas empresas dos parlamentares oposicionistas e nas empresas jornalísticas que publicavam reportagens que denunciassem as mazelas governamentais.[8]

---

[7] *Jornal do Brasil*, 12 de julho de 1992.

[8] A revista *Veja* acusou: "Oriundas do governo, as tentativas de intimidação têm como objeto parlamentares, empresários e também a *Veja* e a Editora Abril. O orquestrador desse movimento é o presidente do Banco do Brasil, Lafaiete Coutinho Torres" (*Veja*, nº 1.243, 15 de julho de 1992).

Tal agressividade permitiu estancar o avanço oposicionista. Parlamentares acusaram o Palácio do Planalto de boicotar as solicitações de informações da CPI e afirmaram que Benito Gama estaria sob o controle de seu padrinho político, o governador Antonio Carlos Magalhães. Já o senador Amir Lando teria manifestado preocupação com as investigações que o governo realizava sobre o período em que dirigira o Incra em Rondônia. Marcílio Marques Moreira, considerado um dos mais ponderados entre os ministros, fez coro com o "esquadrão da morte": "A imprensa constrói cenários e determinadas sentenças. A imprensa tem de se reportar a fatos. Não pode prejulgar. A imprensa brasileira tem que amadurecer muito."

A reação governamental não pouparia nem mesmo a Sociedade Brasileira para o Progresso da Ciência (SBPC). A 44ª reunião anual da entidade aprovara um documento pedindo a renúncia de Collor. O governo respondeu através do secretário de Ciência e Tecnologia, o sociólogo Hélio Jaguaribe, com a ameaça de não transferir mais verbas à SBPC. Declarou Jaguaribe que a entidade se transformara "em sucursal do PT e da CUT" e que deveria se chamar "Sociedade Brasileira para a Politização da Ciência".

Algumas manifestações de rua não mobilizavam mais de algumas centenas de pessoas. Se jornais e revistas davam amplo destaque aos trabalhos da CPI e às denúncias de corrupção envolvendo PC e Collor, as televisões noticiavam com muita parcimônia a crise governamental. O PFL permanecia dando sustentação ao governo e Brizola era um constante defensor do presidente, fazendo questão de dar declarações bombásticas de apoio a Collor e criticando duramente a oposição.

A CPI se deslocou para São Paulo, ao Instituto do Coração, onde ouviu a secretária Ana Acioli. Eram oito parlamentares. Ela estava internada, pois acabara de dar à luz e era portadora de uma doença rara, a púrpura trombocitopênica imunológica. O parto fora de alto risco. Respondeu as perguntas numa cadeira hospitalar, com acompanhamento médico. Informou que os depósitos na sua conta eram efetuados por Cláudio Vieira.

Collor aproveitaria a ocasião para divulgar mais um dos seus bilhetinhos: "Foi uma desumanidade para com a mãe e a mulher." Considerava uma violência "forçarem seu depoimento no instante em que convalesce de um parto delicado." Os médicos também soltaram uma nota:

> A senhora Ana Maria Acioli Gomes de Melo apresentou-se à CPI sob rígido controle clínico, especialmente cardiovascular. Estava muito tensa e emotiva quando foi apresentada aos integrantes da CPI. Chorou convulsivamente quando o senador Mario Covas indagou sobre o seu filho. Acalmou-se depois com o apoio psicodinâmico dos médicos presentes, e a própria paciente sentiu-se em condições emocionais para prestar depoimento, quando a CPI em reunião secreta decidiu propor que apenas o deputado Benito Gama e o senador Amir Lando ouviriam suas declarações. A paciente foi monitorada continuamente por aparelhos de pressão arterial e de frequência cardíaca durante todo o processo. [...] A paciente sentiu-se aliviada pelo fato de ter prestado depoimento, já que não aguentando mais a situação de pressão psicológica, não queria postergá-lo.

As escaramuças políticas ainda estavam na praça dos Três Poderes, basicamente restritas ao Palácio do Planalto e ao Congresso Nacional. As mobilizações de rua reuniam pequeno número de manifestantes. A 15 de julho, entidades sindicais organizaram atos públicos em Belo Horizonte e Belém com baixa adesão. Em

Minas Gerais, os manifestantes não passaram de 2 mil; no Pará, foram apenas mil.[9]

No mesmo dia, em café da manhã com lideranças empresariais, Collor receberia apoio entusiástico. Mário Amato, presidente da Fiesp, estava entre os mais animados: "Chegou a hora do Brasil ser solidário com suas instituições e com seu presidente, pois só assim vai para a frente." O presidente da Rhodia, Edson Vaz Musa, foi ainda mais enfático: "O presidente Collor deve ir até o fim do seu mandato, independentemente dos casos de escândalo."

A crise política contaminara a economia. Os indicadores a cada semana eram piores. Em junho a taxa de desempregados na região metropolitana de São Paulo era de 16,2%, fábricas fechavam, caía a produção industrial, subia a cotação do dólar, despencava a entrada de investimentos estrangeiros e estimava-se que a taxa de juros real poderia alcançar 60% ao ano. No campo, a situação era preocupante. De acordo com o Banco do Brasil, a dívida do setor alcançara US$ 4 bilhões, o correspondente a 1% do PIB brasileiro.

O governo tentava aprovar a reforma fiscal, prejudicada pela grave situação política e pela proximidade das eleições municipais. O secretário de Política Econômica, Roberto Macedo, mantinha certo otimismo: "Vai ser uma batalha fazer passar a reforma a tempo."

Seguindo a mesma avaliação dos empresários, o deputado Nelson Jobim deu longa entrevista à revista *Exame*. Quando perguntado sobre se o governo era corrupto, respondeu: "Não

---

[9]Só a radicalização do momento é que permite entender o anúncio pago pela Confederação Nacional dos Bancários, filiada à CUT, publicado em vários jornais, com o título: "Os pistoleiros do Planalto e o patrimônio público." No final do documento, os bancários concluem afirmando que "estão acolhendo denúncias sobre a utilização dos bancos públicos pelo esquema PC e pelo 'esquadrão da morte'. Se você tem informações e/ou documentos, procure o sindicato de bancários de sua cidade. Garantimos o sigilo. Não podemos nos omitir."

posso afirmar isso." Atacou os defensores do impeachment: "Os udenistas estão sempre aí." Elogiou o governador fluminense: "A manifestação incisiva, corajosa, inclusive, de Brizola está embasada muito na sua lembrança da crise de 1954." Ele, um peemedebista, elogiou os pefelistas e atacou o PSDB: "O PFL, por sua vez, está lúcido e tranquilo. Quem me parece que está mais inquieto são os tucanos, que falam em renúncia e em ações mais incisivas. Mas não acredito nisso." E não perdeu a oportunidade de elogiar Collor: "Parece-me que o presidente está conduzindo bem a situação. Ele trouxe elementos que, digamos, serviram de válvula para a crise. A panela estava sob pressão, abriu-se a válvula e houve um esvaziamento." Criticou os que acusavam PC de tráfico de influência: "Tudo isso é presunção, mera especulação." Para o deputado, "não é crime pagar a conta dos outros". Jobim disse que a CPI sequer poderia investigar Collor e muito menos apresentar uma denúncia contra ele. Concluiu que um processo de impeachment seria longo. Se fosse aprovada uma acusação contra o presidente, ele teria vinte dias para contestar. Só a partir daí começaria o trâmite. As provas da CPI "não valem nada para o processo de impeachment". E foi taxativo: "Trata-se de um processo extremamente complexo. Normalmente ele não chega ao fim."[10] O ministro Paulo Brossard, do Supremo Tribunal Federal, naquele momento partilhava da mesma ideia: "Nero não seria afastado através deste instrumento [o impeachment]."

As dúvidas sobre o processo de impeachment eram plenamente justificáveis. A primeira lei na República que tratou da questão foi a de número 30, de 8 de janeiro de 1892. E não foi utilizada para acionar nenhum presidente. A Lei nº 1.079, de 10 de abril de 1950, segundo a interpretação mais recente, teria sido recebida pela Constituição de 1988. E não havia em qualquer país presidencialista, até

---

[10]*Exame*, 22 de julho, p. 24-26.

aquele momento, um mandatário que tivesse sido atingido pelo impeachment. Carlos Castello Branco resumiu bem a conjuntura:

> Deputados e senadores tomam crescente consciência de que não induzirão o presidente à renúncia e de que o processo de impeachment somente poderia ter êxito caso se armasse uma larga frente político-partidária para transpor os obstáculos legais ao seu curso.[11]

A 21 de julho chegou a se especular que Amir Lando faria dois relatórios, um sobre o fato determinante da criação da CPI — as acusações de Pedro Collor contra Paulo César Farias — e outro exclusivamente sobre as relações entre PC e o presidente. Havia a preocupação de evitar algum problema jurídico que levasse à impugnação dos trabalhos, especialmente no que se referia às acusações que poderiam pesar contra Collor. Na mesma linha seguia o ex-ministro Rafael Mayer, que presidira o STF. Para ele, a CPI fora criada para um fim e não poderia investigar Collor. Para isso, segundo Mayer, seria necessária uma comissão específica.

A CPI avançava. Foi descoberto um cheque emitido por um fantasma, José Carlos Bonfim,[12] para a compra de uma perua Fiat

---

[11]"Na CPI Collor teria dominado o episódio." *Jornal do Brasil*. 15 de julho de 1992.
[12]As "contas fantasmas" tinham CPFs e correntistas falsos. José Carlos Bonfim era o mais antigo "fantasma" — descoberto pela CPI — operado por PC Farias. A conta-corrente tinha sido aberta em julho de 1990 no Banco Rural, agência de Brasília. Segundo apurado pela CPI, o mesmo "fantasma" operava outra conta no mesmo banco, mas em São Paulo, onde movimentara, em sete meses, entre 1990 e 1991, US$ 34 milhões. Soube-se *a posteriori* que PC tinha criado fantasmas desde a campanha eleitoral de 1989, sendo o maior deles Alberto Alves Miranda. No depoimento ao STF, o tesoureiro fez uma crítica "ética" do sistema financeiro: "São exatamente a cumplicidade e a ganância do setor financeiro deste país os grandes responsáveis por esta proliferação de contas, com raríssimas exceções, todos os bancos deste país trabalham com contas fictícias" (p. 2).

Elba, no valor de US$ 10.880, registrada em nome de Fernando Collor.[13] Bonfim seria um dos três fantasmas sob "responsabilidade" de Jorge Bandeira de Mello, piloto do célebre jato de PC Farias, o Morcego Negro.[14] Um ano depois, Collor daria a sua versão:

> [...] possuía um carro utilitário grande, o qual foi abalroado num domingo em que o depoente saíra para a prática de *cooper*; que efetuados os reparos, verificou-se que não fora recuperado por inteiro, havendo sido, então, determinada a venda do veículo e sua substituição por um outro menor e mais econômico; que o Dr. Cláudio Vieira foi quem ficou encarregado de efetuar as duas operações; que o veículo usado foi vendido, porque o depoente se recorda de haver assinado o ato de transferência e o novo foi adquirido; que o pagamento do novo carro era para ser feito sob a mesma sistemática; que só soube que o veículo foi pago com cheque subscrito por pessoa fictícia através do noticiário da imprensa.[15]

Em depoimento à CPI, Rosinete Silva de Melanias Carvalho, uma das secretárias de PC Farias, disse ter feito somente um depósito em nome da EPC na conta de Ana Acioli. Parlamentares acreditavam que a secretária teria assinado os cheques de cinco

---

[13]O veículo recebeu a placa FA 1208. FA era de Fernando Affonso, e o número 1208 fazia referência a sua data de nascimento: 12 de agosto de 1949.

[14]Lucas Figueiredo fez um levantamento minucioso das relações entre Paulo César Farias e a máfia. Também analisou indícios de uma possível ligação deste esquema criminoso com Fernando Collor. Segundo um dos seus informantes, "até onde eu sei, Collor não está no esquema. Muito tempo atrás, presenciei uma ligação que foi feita para ele propondo-lhe a participação numa jogada, mas ele recusou. Depois disso, nunca mais ouvi falar no nome de Collor. Para mim, ele está fora" (Figueiredo, Lucas. *Morcegos negros*. Rio de Janeiro: Record, 2013, p. 307).

[15]Depoimento prestado ao Supremo Tribunal Federal, 15 de junho de 1993, p. 5.

dos seis fantasmas que abasteceram as contas. Os "coll017dos" da CPI, como o senador Ney Maranhão, insistiam em atribuir toda a culpa do esquema de corrupção ao ex-tesoureiro da campanha presidencial, o que não era tarefa fácil, pois foram descobertos cheques da EPC em favor da empresa Brasil's Garden, que construíra o heliporto, o ancoradouro, a piscina, um chafariz e os jardins da Casa da Dinda, e reformara a parte interna da propriedade, tudo por US$ 2,5 milhões.[16]

Os parlamentares começaram a apurar a origem de 40 mil cheques.[17] Ana Acioli teria recebido depósitos de correntistas fantasmas no valor mensal de US$ 50 mil. Rosane Collor recebia do esquema US$ 30 mil dólares por mês para seus gastos pessoais. Assessores de Collor foram pagos da mesma forma, assim como foram encontrados depósitos na conta bancária de sua ex-esposa, Lilibeth Monteiro de Carvalho. Tampouco ficaram de fora a Vasp e seu novo controlador, Wagner Canhedo, que teria pago a primeira prestação da compra da empresa com recursos de PC Farias no valor de US$ 3,5 milhões.

Cresciam os boatos de que Amir Lando estaria sendo pressionado pelo governo a não pedir o indiciamento de Fernando Collor no relatório final da CPI, e de que os dois representantes do PDT seguiriam as recomendações de Brizola e votariam em defesa do presidente. Por outro lado, o PFL ameaçava debandar. Antonio Carlos Magalhães declarou que "o objetivo da CPI é PC, mas isso não impede que respingue em quem quer que seja". Hugo

---

[16]Esta reforma ocupou amplo espaço na imprensa. As fotos — especialmente as publicadas na revista *Veja* — causaram revolta pela magnitude da obra. Teriam sido plantadas 240 árvores, além de construído um lago artificial onde foram postas uma centena de carpas japonesas. Tudo iluminado por cinquenta holofotes.
[17]A apuração dos cheques, por conveniência política dos parlamentares, acabou ficando restrita à relação com PC Farias.

Napoleão, presidente do PFL, ficou de marcar uma reunião para discutir se o partido manteria apoio ao governo.

Com a crise se aproximando do gabinete presidencial, foi elaborada nova justificativa para os pagamentos dos gastos pessoais do presidente e da família. Em reunião na casa de Marcos Coimbra, segundo uma versão, teria surgido a ideia de simular a realização de um empréstimo no Uruguai. Cláudio Vieira teria contraído um empréstimo de US$ 5 milhões naquele país com a Alfa Trading, comprado o mesmo valor em ouro e vendido o metal gradualmente para pagar as despesas da campanha eleitoral de 1989 e, posteriormente, da Casa da Dinda. Tinha três avalistas: o próprio Collor, o deputado Paulo Octávio e Luiz Estevão, amigo do presidente.

Collor estava em visita oficial à Espanha, mas a crise política não saía da agenda. Itamar aproveitou a interinidade para fortalecer os contatos na área militar. Participou de cerimônias com os ministros da Marinha, do Exército e da Aeronáutica. Evitou declarações polêmicas. Teve encontros discretos com lideranças políticas. Já o presidente continuava tentando construir um mundo paralelo. Na Espanha, declarou: "Não há nenhuma crise que nos preocupe, no momento, no Brasil."

Com o agravamento do quadro político, era esperado com grande interesse o depoimento de Cláudio Vieira à CPI, no dia 27 de julho. Teria de justificar a origem dos depósitos nas contas de Ana Acioli — e comparecia à comissão pela segunda vez. No mesmo dia, o Datafolha divulgou pesquisa segundo a qual 54% dos entrevistados eram favoráveis ao afastamento do presidente, dos quais 38% defendiam a renúncia, e apenas 16%, o impeachment. A situação era difícil para Collor, mas a bandeira do impedimento ainda não ganhara as ruas.

Transmitido ao vivo pela televisão, o depoimento seria um fiasco. O secretário até cortou o cabelo, a pedido de Collor, e passou, na noite anterior, por uma bateria de perguntas e respostas organizada por Lafaiete Coutinho, pelo deputado Luís Eduardo Magalhães e pelo senador Odacir Soares.[18] De nada adiantou. As explicações de Vieira não convenceram os parlamentares. Ele insistiu na tese de que sacara somente US$ 3,75 milhões, mas não os usara na campanha, pois a arrecadação tinha excedido a previsão. Assim, optara por comprar trezentos quilos de ouro através do doleiro Najun Turner, que ficou encarregado de convertê-los em cruzeiros e depois efetuar os depósitos na conta de Ana Acioli.

As justificativas de Vieira foram recebidas com descrença e risos. A CPI determinou que ele apresentasse, em 72 horas, as provas documentais que sustentassem seu depoimento — Turner foi convocado a depor, mas não estava no Brasil.

O empréstimo não violava a legislação, pois teria sido efetuado em moeda nacional e não precisaria ser comunicado ao Banco Central. Porém não foi apresentada pelo doleiro nenhuma prova de venda de ouro feita legalmente. A Alfa Trading possuía capital de apenas US$ 50 mil e não tinha autorização do governo uruguaio para fazer empréstimos ou captar dinheiro no Uruguai. Cláudio Vieira não declarara a operação à Receita Federal e soava estranha a escolha de Maceió como foro para resolver eventuais pendências jurídicas.

A versão apresentada por Vieira seria avalizada, três dias depois, por duas testemunhas, e com visões distintas. Uma delas, o advogado Valdo Sarkis Hallack, afirmou ter sido chamado pelo empresário Alcides dos Santos Diniz para analisar a parte jurídica:

---

[18]Entrevista com Lafaiete Coutinho, 29 de setembro de 2015.

se o contrato assinado em 1989 ainda era válido. Apontou que não havia o selo do consulado brasileiro no Uruguai, considerado indispensável para legalizar o documento. Sugeriu que o contrato deveria obter o selo ou confirmar ter sido de fato assinado em 1989. Escolheram a segunda alternativa. Foram ao Uruguai e falaram como presidente da Alfa Trading, que confirmou o contrato. Na CPI, o advogado avalizou esta versão. E, por correspondência a Cláudio Vieira, Hallack reafirmou que

> Face à nossa opinião no sentido de ser necessário, para valida-
> ção do "Credit Agreement", a legalização consular, obtivemos,
> conforme solicitação de V.Sa., documentos comprobatórios da
> realização do referido negócio, todos devidamente legalizados
> [...], evidenciando a operação de câmbio no Uruguai.[19]

Na contramão desta versão, Sandra Fernandes de Oliveira, secre-
tária de um dos advogados da empresa de Diniz, foi a Brasília e deu um depoimento informal a dois procuradores da República — e, a 31 de julho, depôs durante sete horas à CPI. Trabalhava no escritório de Diniz e disse ter assistido a reuniões em que estavam presentes, além de seu patrão, Marcos Coimbra, Lafaiete Coutinho e Cláudio Vieira, e que lá teria sido montado o que ficou conhecido

---

[19]A correspondência é datada de 24 de julho de 1992 e traz anexo um memorando com cinco páginas tratando da legalidade do negócio. Também foi obtido um pa-
recer do advogado Alberto Xavier, que concluiu: "a) é válida operação de abertura de crédito concedida por pessoa jurídica domiciliada no exterior a pessoa física domiciliada no Brasil, em que os valores são entregues e reembolsados em moeda brasileira; b) a referida operação independe de autorização do Banco Central do Brasil; c) referida operação não configura operação de câmbio ilegítima; d) referida operação não configura crime entre o sistema financeiro nacional" (documentos em poder do autor).

como "Operação Uruguai".[20] De acordo com Sandra, o empréstimo começou a ser forjado logo após o depoimento do motorista Eriberto. O reflexo no índice Bovespa foi imediato: queda de 9,2%.

Vieira, pela terceira vez, voltou à CPI, a 30 de julho. Não trouxe as provas prometidas. Acabou ridicularizado pelos parlamentares pelas respostas evasivas aos questionamentos da Operação Uruguai. O isolamento político de Collor aumentara, pois não conseguia justificar o pagamento de suas despesas, nem com a Operação Uruguai[21] nem com os pagamentos efetuados por Ana Acioli.

---

[20]Segundo ela, o "objetivo deles era obter, em reciprocidade a esse 'trabalho', autorização do governo, via Collor e Lafaiete Coutinho, então presidente do Banco do Brasil, para a liberação do financiamento de US$ 231 milhões pela Previ — caixa de previdência dos funcionários do Banco do Brasil, um órgão de previdência privada — para a construção de duas torres de escritórios, que faziam parte do empreendimento 'ASD Trade Center', antigo projeto do Dr. Alcides" (Oliveira, Sandra Fernandes de. *Operação Uruguai: o flagrante da farsa*. São Paulo: Olho d'Água, 1993, p. 13). Há outra versão do mesmo fato: segundo Hallack, a secretária "deve ter ouvido uma coisa e entendido outra. Ele disse ter sido procurado por Arsênio para informar ao ex-secretário particular do presidente da República se o contrato feito em 1989 com a Alfa Trading teria validade. Ele analisou o contrato e chegou à conclusão que era legal. Assim como Sandra Fernandes de Oliveira e o próprio Cláudio Vieira, o advogado levou apenas a sua própria palavra como evidência aos parlamentares responsáveis pela investigação. Somente saliva! Nada de papel!" (Nêumanne, José. *A República na lama: uma tragédia brasileira*. São Paulo: Geração Editorial, 1992, p. 198).

[21]Cláudio Vieira acabou absolvido por unanimidade, anos depois, pelo STF. Segundo um dos seus advogados, Roberto Delmanto Júnior, a versão original do contrato só foi entregue, "espontaneamente, quando concluída uma perícia que fizemos na França com o maior perito da época, afirmando que não havia incompatibilidade entre a impressora que havia imprimido o documento com a data da sua elaboração. Provamos que já existia a impressora à época. Levamos o documento para a França a fim de ser periciado. Ficamos alguns dias lá aguardando o perito analisá-lo. Logo depois voltamos com ele devidamente periciado. Ato contínuo, convocamos uma coletiva de imprensa e o entregamos oficialmente com o parecer do perito francês Alain Bouquet. Queríamos entregar o documento, sim, mas já com parecer do maior perito do mundo. Assim fizemos porque já havia peritos consultados pelo Senado afirmando, pela cópia, que o documento seria falso, que a impressora seria incompatível com a época". E concluiu: "o Brasil inteiro atrás do documento, e ele, por cautela, no sótão da casa da minha avó materna, pois tínhamos receio de uma busca e apreensão no escritório" (entrevista com Roberto Delmanto Júnior, 15 de julho de 2015).

O impeachment do presidente entrava na ordem do dia. Já se discutia como seria o andamento do processo na Câmara. A divergência entre os juristas (se Collor poderia ser investigado e julgado) tornava-se algo do passado. A estratégia oposicionista estava traçada: evitar inconstitucionalidades no relatório da CPI, apontar para o impeachment e indicar duas entidades apartidárias, dando cobertura da sociedade civil: a Ordem dos Advogados do Brasil e a Associação Brasileira de Imprensa.

Todas as articulações governamentais haviam fracassado. O "esquadrão da morte" reduzira-se a meia dúzia de parlamentares. Jorge Bornhausen ainda blefava: "O impeachment não passa, como não passaram as Diretas Já." Ibsen Pinheiro desenhava um cenário sombrio: "Se nada acontecer, Collor vai governar dois anos e meio como zumbi." Só o presidente da República aparentava tranquilidade. Imputava a seus adversários o desejo de chegar ao governo promovendo "o terceiro turno".

A CPI examinou documentos de PC Farias e de suas empresas. No caso da Brasil Jet, das 140 notas fiscais, 133 foram consideradas "frias". A cada dia, a situação do governo ficava mais difícil.

A área econômica insistia em manter as chaves do cofre. Já Bornhausen queria a todo custo intensificar a distribuição das verbas para garantir apoio no Congresso, pois, pelas contas oficiais, ainda era possível barrar um possível pedido de abertura de um processo de impeachment, que necessitaria de dois terços dos votos dos deputados, conforme dispunha a Constituição. E as verbas oficiais publicitárias deveriam ser usadas para esse objetivo. Isto acabaria levando Pedro Luiz Rodrigues, porta-voz presidencial, a pedir demissão, por discordar do processo.

O diplomata foi substituído pelo jornalista Etevaldo Dias, chefe da sucursal do *Jornal do Brasil* em Brasília:

Tive uma longa conversa com Collor antes de aceitar o convite para assumir. Só nós dois, no gabinete presidencial. Ele assegurou que não temia a CPI, nem as investigações e que não tinha nada a esconder. Emocionado, disse-me que tinha grande dificuldade de se defender das denúncias do irmão, Pedro, porque envolvia questão familiar: "Pedro é uma pessoa doente", confessou. Combinamos que não haveria nenhum tipo de restrição às informações sobre seu governo.[22]

Mas a crise acercava-se mesmo do coração do governo. A 3 de agosto, José Goldemberg, ministro da Educação, pediu demissão. Saiu distribuindo severas críticas:

> [...] entrei em atrito com setores fisiológicos do Congresso, principalmente o PFL. Líderes importantes do bloco do governo no Congresso me alertaram que a tramitação de projetos do interesse do Ministério da Educação se tornaria cada vez mais difícil se eu não agilizasse certos pedidos de distribuição de verba. O que ocorreu é que a partir da criação da secretaria de governo, com o ministro Bornhausen, surgiram influências novas na maneira pela qual os ministérios estavam sendo conduzidos.

Atacou a liberação de verbas para aliados: "Mudar prioridades para atender interesses de políticos é desconfortável." E mirou no ministério: "Muitos dos auxiliares do governo perderam a ética e já deveriam ter sido afastados." Sobrou até para Brizola: "Confun-

---

[22]Entrevista com Etevaldo Dias, 23 de agosto de 2015. Em 1994, numa conversa com o deputado Cleto Falcão, em Palmeira dos Índios, Alagoas, de madrugada, Pedro Collor teria dito quando perguntado sobre a razão de ter feito as denúncias contra o irmão: "Eu não tenho a menor ideia de por que fiz aquela merda. Eu sei é que fiz muito filho da puta gozar com meu pau" (Falcão, Cleto, op. cit., p. 280). Pedro Collor morreu em 18 de dezembro de 1994, um mês após ser diagnosticado com câncer no cérebro.

de educação com construção de escolas." Disse que "a operação Uruguai deixou muitas dúvidas e foi mesmo a gota d'água para a minha tomada de decisão".

Concluiu:

> O presidente Collor fez um grande esforço para modernizar o país. No início todo o esforço era efetivamente altruísta, para os outros. Agora é todo para a preservação do sistema de apoio no Congresso. Ou seja, se resume numa expressão que acho detestável: a utilização de fontes públicas para garantir a maioria e evitar o impeachment.[23]

A saída de Goldemberg desencadeou a reforma ministerial. O PFL, especialmente a seção baiana do partido, pretendia aproveitar a oportunidade e ocupar ministérios que tivessem verbas generosas e capilaridade nacional. Tanto que foi nomeado para dirigir o MEC o deputado pefelista baiano Eraldo Tinoco, homem de confiança de ACM. O próximo passo do partido seria a derrubada da equipe econômica, a começar pelo ministro Marcílio Marques Moreira.

As tentativas de mobilização popular não conseguiam a adesão esperada. Para o senador Mario Covas, era fundamental "criar uma indignação popular para que os governistas votem pelo impeachment". Em três atos públicos realizados a 7 de agosto,

---

[23]Na entrevista exclusiva ao *O Estado de S. Paulo* (5 de agosto de 1992), Goldemberg se mostrou otimista sobre o futuro: "Acho o efeito da CPI extraordinariamente positivo porque vai forçar uma transparência maior no uso dos fundos para eleições no Brasil. Esse tipo de coisas que estamos presenciando agora, será difícil acontecer, ouvi isso de vários governadores, de lideranças". O ex-ministro incluiu nos motivos da sua demissão um telefonema de Rosane Collor exigindo a liberação de verbas do MEC para Canapi.

em Curitiba, Recife e Porto Alegre, a participação, somada, não ultrapassara 10 mil pessoas. No dia seguinte, na praça da Sé, em São Paulo, um ato pluripartidário reuniu 10 mil pessoas, mesmo número de participantes numa passeata estudantil três dias depois, também em São Paulo.

Passaram a chegar à Câmara diversos pedidos de impeachment. Encaminhados à mesa diretora, foram imediatamente rejeitados pelo presidente Ibsen Pinheiro. Aguardava-se o relatório final da CPI. Vivia-se em compasso de espera.

Mantendo a estratégia de demonstrar tranquilidade, a 9 de agosto, na Casa da Dinda, Collor comemorou seu aniversário de 43 anos numa festa para noventa convidados, que teve show musical de Fábio Júnior.

Na CPI, a situação do presidente se complicou ainda mais quando comprovado que, nas contas da secretária Ana Acioli, todos os depósitos tinham sido efetuados por "fantasmas" do esquema PC, o que desmentia as afirmações do presidente de que Cláudio Vieira era quem efetuava os créditos. Mesmo assim, Collor ainda contava com o apoio dissimulado de importantes lideranças oposicionistas, como Ulysses Guimarães. Em São Paulo, o deputado declarou que o "governo tem os votos necessários e é difícil reverter isso". E mais, justificou: "Os erros do presidente aconteceram, em boa parte, por inexperiência."

Tentando estabelecer uma garantia jurídica contra um possível indiciamento no relatório final da CPI, Ulysses fez com que o governo procurasse juristas para obter pareceres que sustentassem a tese de que Collor não poderia ser processado. Celso Bastos concluiu que a CPI não poderia investigar o presidente, pois não fora criada para essa finalidade, e, mais importante, havia prerrogativa do cargo de "só ser investigado, processado e julgado na forma do artigo 85 e seguintes da Constituição". Segundo Bastos,

[...] a Lei 1.079 prevê, com detalhe, a forma como se dá a investigação dos atos daqueles investigados, para fim de crimes de responsabilidade. Admitir-se o contrário equivaleria a permitir ao Congresso Nacional manter o presidente da República sob constantes comissões parlamentares de inquérito, trazendo um fator de degradação à dignidade da mais alta magistratura do país, assim como turbando o exercício normal das funções do cargo.

Para ele, a "votação há de ser tomada por voto nominal, mas aberto, dos deputados", pois a Lei nº 1.079 prevalece sobre o Regimento Interno da Câmara.[24]

Ives Gandra Martins entendia que

[...] a instauração de qualquer processo por crime de responsabilidade ou comum contra o presidente terá que seguir as indicações constitucionais dos artigos 51 inc. I, 58 § 1º e 3º e 86 "caput" da Constituição Federal, sendo necessários dois terços dos parlamentares por voto nominal aberto para a instauração de CPI específica que se encarregará de apurar eventuais delitos.[25]

Para Manoel Gonçalves Ferreira Filho foi feita somente uma pergunta: se a CPI, instalada para apurar irregularidades atribuídas a PC Farias, poderia envolver o presidente da República: "A resposta, peremptória, é não."[26] José Cretella Júnior, no mais

---

[24]O parecer foi solicitado pelo PRN, tem 33 páginas e é datado de 11 de agosto de 1992.

[25]O parecer foi solicitado por Gilmar Ferreira Mendes, tem 35 páginas e é datado de 6 de agosto de 1992. O autor fez questão de registrar que "não ofertarei um parecer, mas simples opinião legal, em face da urgência requerida". Registrou também que "não receberei honorários para redigi-la". A ele não foi perguntado se a CPI poderia envolver Collor nas investigações.

[26]O parecer tem 31 páginas e não está datado. Não é identificado o solicitante.

longo parecer, também discordou da inclusão de Collor nas investigações da CPI:

> Não pode. A CPI, criada especialmente para investigar e apurar *fato determinado*, atribuído a pessoa certa, qual seja, o empresário Paulo César Cavalcante de Farias, muito embora possa mencionar nomes de várias pessoas, não pode distorcer a meta ou finalidade inicial, causa eficiente de sua criação, envolvendo em suas conclusões, mediante via reflexa, fatos e pessoas diferentes, como o presidente da República, a quem não se atribuiu, no momento inicial da criação, nenhum *fato determinado*, para ser apurado. Para tanto, seria necessária a criação de uma CPI cujo objetivo seria a investigação de outro *fato determinado*, imputado ao presidente.

Sobre o voto, Cretella Júnior considerou que poderia ser aberto ou secreto.[27]

Saulo Ramos chegou às mesmas conclusões.[28] Concordou que a CPI não poderia envolver Collor:

> [...] poderá, é claro, mencionar atos de pessoas, desde que conexos com as atividades do cidadão investigado, mencionando a circunstância de serem elas funcionárias da Presidência ou ligadas ao presidente. Não pode servir-se disto para instaurar, por via oblíqua, um processo investigatório contra o presidente, porque estaria cometendo dúplice inconstitucionalidade: inves-

---

[27]O parecer tem 51 páginas e é datado de 19 de agosto de 1992. Não é identificado o solicitante. Os grifos são de Cretella Júnior.

[28]"Fui a São Paulo. Procurei Saulo Ramos. Ele me atendeu com fidalguia. Disse que era absurdo o que estavam fazendo com o presidente, que ia cobrar mais caro seus honorários e que estava disposto a nos auxiliar" (entrevista com Lafaiete Coutinho, 25 de julho de 2015).

tigando outros fatos, além do limite do fato determinado pelo Congresso, e fraudando o disposto no art. 51, I, da Constituição, que proíbe a instauração de processo, qualquer processo, contra o presidente da República, sem a prévia autorização da Câmara dos Deputados.[29]

A 12 de agosto, o Senado aprovou por 51 votos, em segundo turno, a emenda do senador José Richa que antecipava o plebiscito sobre o sistema e a forma de governo. Mas com a ressalva de que, caso aprovado, o parlamentarismo seria adotado somente em janeiro de 1995, ou seja, após o término do mandato de Collor. O quadro político estava indefinido. Se a cada dia a CPI revelava mais uma mazela, ainda não havia fato definidor que conduzisse ao impeachment.

A guerra ideológica para a conquista dos corações e mentes, porém, já estava ganha. Em João Pessoa (PB), um professor do ensino médio pediu aos alunos que redigissem uma redação em forma de carta dirigida ao presidente da República. Numa delas, um aluno escreveu: "O Brasil está uma palhaçada e sua casa (a Casa da Dinda) tem nome de bordel." Outro: "Senhor porco presidente, desculpe, mas não podemos chamá-lo de humano, dê lembranças ao nosso querido PC Farias, que financiou sua gloriosa campanha de corrupção e golpes milionários, que ajudaram a empobrecer nosso país."

Em 13 de agosto, no Palácio do Planalto, uma cerimônia pública da Caixa Econômica Federal, que concedia incentivos a motoristas

---

[29]O parecer tem cinquenta páginas e é datado de agosto de 1992. A consulta foi solicitada pelo "ilustre Chefe da Assessoria Jurídica, professor Gilmar Ferreira Mendes".

de táxi para a renovação da frota, contou com a presença de Collor. Surpreendentemente, o presidente fez um discurso exaltado contra seus adversários. Chegou a esmurrar várias vezes o púlpito. Estava em clima de campanha eleitoral. Os pouco mais de mil taxistas presentes apoiaram com entusiásticos aplausos e gritos o discurso presidencial. Collor atacou diretamente a oposição:

> Nós somos a maioria. A maioria silenciosa, é verdade. [...] Nós temos, minha gente, de dar um sinal a este país que nós somos a maioria. Nós temos de dar um sinal ao país que nossas cores são as cores da nossa bandeira: verde, amarelo, azul e branco. Essas são as nossas cores. Vamos mostrar a essa minoria que intranquiliza diariamente o país que já é hora de dar um basta a tudo isto. [...] Temos de dar um chega e um basta a tudo isto. Estas manobras que só interessam àqueles cujos recalques, complexos, frustrações, ódios, inveja, tudo isso articulado naquilo que chamei de "sindicato do golpe" filiado à Central Única dos Conspiradores.

O presidente continuou. Resolvera convocar seus simpatizantes a enfrentar os apoiadores do impeachment:

> Por isso quero pedir aqui a todos vocês que, voltando a seus estados, às suas comunidades, nos seus carros, nos seus táxis, afixem nas suas antenas ou em qualquer outra parte a foto verde e amarela. Peçam às suas famílias para que no próximo domingo — e esta é uma mensagem que dirijo agora a todo o Brasil, a todos aqueles que têm esta mesma profissão de fé —, que saiam no próximo domingo de casa com alguma peça de roupa numa das cores da nossa bandeira, exponham nas suas janelas toalhas, panos, o que tiver nas cores da nossa bandeira. Quero pedir isso a vocês e irei cobrar de vocês este pedido que lhes faço, porque

assim, no próximo domingo, nós estaremos mostrando onde está a verdadeira maioria — na minha gente, no meu povo, nos pés descalços, nos descamisados, naquele por quem fui eleito e para quem estarei governando até o último dia do meu mandato.

Foi uma declaração de guerra à oposição — e difícil de ser explicada.

Até então, o presidente tentara obter apoio congressual usando dos velhos mecanismos de cooptação. Não tinha obtido pleno êxito, mas tampouco estava derrotado. Seus apoiadores, como o governador ACM, dirigiam suas baterias contra PC Farias, dissociando-o de Collor ("Quem disser que o impeachment é possível está mentindo para o povo; ele tem 103 anos e nunca foi feito"). Boa parte da oposição sonhava com a aprovação do parlamentarismo, no plebiscito de abril de 1993, contando, inclusive, com o apoio do presidente. E ele assim terminaria seu mandato sob o controle das principais lideranças políticas. Seria, como se dizia à época, uma espécie de rainha da Inglaterra. Mas poderia se recuperar caso obtivesse algum resultado positivo na economia. Contudo, o descontrole emocional e o destempero verbal de Collor acabaram precipitando os acontecimentos.[30]

No dia seguinte, as reações negativas ao discurso do presidente tomariam conta da cena política. Em Recife, o governador

---

[30]"Collor tinha na cabeça um discurso de conciliação nacional para o dia da vitória [quando derrotasse a denúncia ainda na Câmara dos Deputados]. Formaria um novo ministério, produto de um grande acordo político, anunciaria a antecipação do plebiscito para o parlamentarismo. E pediria que todos saíssem às ruas de verde e amarelo comemorando uma nova etapa pelo Brasil. O problema foi que em um momento de entusiasmo ele antecipou, em plena crise, inoportunamente, apenas a parte ufanista do discurso em manifestação aos motoristas de táxi no Palácio do Planalto. Deu tudo errado: o povo saiu às ruas de preto" (entrevista com Etevaldo Dias, 9 de julho de 2015).

pernambucano Joaquim Francisco (PFL) rompeu com Collor e passou a apoiar o impeachment. Era o primeiro governador a tomar essa atitude. E mais, pertencia ao PFL, principal base de sustentação política do governo. No Rio de Janeiro, uma passeata com 25 mil pessoas sinalizou que as ruas começavam a responder aos apelos de mobilização. Era a maior manifestação até aquele momento. E uma clara resposta ao pronunciamento presidencial do dia anterior.

No domingo, 16 de agosto, pesquisa Datafolha apontou que 70% dos entrevistados eram favoráveis ao impeachment. Também foi o resultado mais expressivo de apoio popular ao afastamento do presidente. No mesmo dia — e convocadas pela oposição —, manifestações ocorreram por todo o Brasil. Em vez do verde e amarelo pedido por Collor, foi a cor preta que tomou as ruas. Em frente à Casa da Dinda, trezentas pessoas se reuniram a favor do presidente. Chegaram das cidades-satélites em ônibus alugados por partidários de Collor. O presidente fez o *cooper* dominical acompanhado de dois judocas, medalhistas olímpicos: Aurélio Miguel e Rogério Sampaio. Os opositores organizaram uma carreata de quinze quilômetros pelas principais ruas e avenidas de Brasília. No Rio, na orla da Zona Sul, 20 mil protestaram contra o governo. Em Belo Horizonte, 15 mil. Em São Paulo ocorreram carreatas, mas as manifestações reuniram pequeno público, não passando de 5 mil pessoas.

A Ordem dos Advogados do Brasil, com o apoio unânime de todos os presidentes das seções estaduais, decidiu, após a divulgação do relatório final da CPI, entrar com um pedido de impeachment imputando a Collor cinco crimes: corrupção passiva, prevaricação, advocacia administrativa, formação de quadrilha e estelionato.

Aumentava o isolamento do presidente. Com o início da campanha eleitoral municipal, os candidatos tentavam se manter afastados de Collor. Em São Paulo, por exemplo, Paulo Maluf fez questão de se declarar oposicionista e dizer que não tolerava corrupção. Governadores do PFL — excetuando ACM — liberaram suas bancadas para a votação do impeachment.

Da parte do governo federal, houve ainda uma tentativa de buscar um acordo com Orestes Quércia. O instrumento seria o atendimento de demandas do governo paulista envolvendo a rolagem da dívida mobiliária, os bancos estaduais Banespa e Nossa Caixa, que viviam uma situação extremamente difícil, e as concessionárias de energia elétrica (Cesp, Eletropaulo e CPFL). Os encontros entre Lafaiete Coutinho e Quércia — realizados na casa de um alto funcionário da Andrade Gutierrez, em São Paulo — seriam em vão, entretanto. Elaborou-se até um documento, Plano Alfa, que poderia servir de guia para o governo enfrentar os pedidos do presidente nacional do PMDB, mas que não chegou a ser utilizado: "Na área econômica tínhamos uns três ou quatro que eram da nossa confiança. O resto estava no governo mas agia contra o governo, como o Marcílio, Gros e outros."[31]

O governo estava paralisado. O debate sobre a votação e os procedimentos do processo de impeachment dava claro sinal de que o tema já adquirira vida própria. Os principais órgãos de

---

[31]Entrevista com Lafaiete Coutinho, 2 de janeiro de 2016. O Plano Alfa — documento de quatro páginas — era dividido em três partes. Na primeira, tratava do Banespa, dos problemas da carteira de títulos e das — segundo o documento — operações irregulares de empréstimos ao governo estadual; na segunda, das dívidas das empresas concessionárias de energia elétrica (Cesp, CPFL e Eletropaulo); e na terceira, da rolagem da dívida com base na Lei nº 8.338/91. Fazia um resumo do problema e apresentava uma alternativa política, sempre de denúncia do governo paulista. Acabou sendo abandonado. A secretária da Fazenda de São Paulo chegou a enviar um fax no dia 18 de agosto de 1992 apresentando os assuntos pendentes junto aos órgãos federais (documentos em poder do autor).

imprensa tinham se posicionado enfaticamente contra Collor.[32] Só se falava em compra de deputados via liberação de verbas, em quem apoiava ou era contrário ao afastamento do presidente, nos ministros considerados "éticos" (Marcílio, Lafer, Borja, Jaguaribe, Rouanet e Jatene) em contraposição ao "esquadrão da morte". Qualquer ato administrativo estava mediado pela crise política.[33] E os efeitos na economia eram diretos, principalmente com os boatos de demissão do titular do Ministério da Economia.

O *New York Times*, em editorial a 21 de agosto, com o título — em estilo portenho — "Chore pelo Brasil", fez violento ataque a Collor:

> Acredita-se que as conclusões da comissão do Congresso conterão críticas extremamente severas a Collor. São necessários dois terços dos votos dos parlamentares para a aprovação do impeachment. Como não foi eleito por partido grande,

---

[32]"A CPI foi pautada pela imprensa. A brutal redução nas despesas de publicidade oficial, aliada à recessão, estava combalindo as receitas das principais empresas jornalísticas" (entrevista com Lafaiete Coutinho, 25 de julho de 2014). Neste mesmo momento, a Rede Manchete de Televisão, controlada por Adolpho Bloch, estava sendo vendida para o grupo IBF (Indústria Brasileira de Formulários), contando com sinal verde do Palácio do Planalto. Lafaiete Coutinho, que presidia o Banco do Brasil, autorizou o banco a cobrar 28 mil cheques sem fundos descontados entre 1988 e 1989, pela Manchete, em um total de US$ 50 milhões.

[33]Segundo a oposição, o Banco do Brasil teria concedido diversos empréstimos a clientes com fichas duvidosas — mas apoiadores do governo — mesmo contra o parecer do corpo técnico do BB. A rede de agências do banco passou por um processo de enxugamento. Em 1991, foram fechadas 1.596 agências e postos de atendimento. Mas, em 1992, o processo se inverteu: até o final do ano deveriam ser reabertas 114 agências. O documento de 23 de setembro de 1992, assinado pelo contador geral do banco, aponta que a evolução das despesas de pessoal em relação às despesas administrativas, que era de 90,2% no primeiro semestre de 1990, um ano depois tinha caído para 86,1% e, no primeiro semestre de 1992, alcançara 79,1%. Portanto, tinha havido uma sensível melhora na administração do banco, diversamente do que estava sendo propagado (o documento é assinado por Gil Aurélio Garcia e está em poder do autor).

ele está comprando apoio. Seus ministros até já começaram a solicitar novos gastos. Essa farra com o dinheiro público ocorre no momento em que o Brasil começa a reconquistar a credibilidade financeira internacional, apesar de uma dívida externa de US$ 123 bilhões, a maior do mundo em desenvolvimento, e de uma taxa de inflação perto de 250%, a mais alta da América Latina. Marcílio Marques Moreira, o ministro da Economia, recentemente negociou acordos com o Fundo Monetário Internacional e com os bancos estrangeiros que dependem de permanente austeridade fiscal e monetária. O aumento do déficit orçamentário pode obrigá-lo a se demitir. Os brasileiros poderão ser forçados a escolher entre manter um presidente eleito, que colocou o próprio futuro à frente dos interesses do país, ou substituí-lo por um companheiro de chapa descuidadamente escolhido. De qualquer forma, Collor envergonhou o Brasil.

No dia seguinte, o governo respondeu ao jornal:

Não é verdade que o governo do presidente Collor esteja "comprando apoio" ou "distribuindo patrocínio", como foi afirmado. De nenhuma maneira a recuperação econômica está ameaçada. Segundo as claras instruções do presidente, o ministro da Economia, Marcílio Marques Moreira, está indo avante com o programa de modernização do governo, que envolve não somente austeridade fiscal, como também alta prioridade aos investimentos direcionados para questões sociais. Não há evidência alguma de que os gastos do governo estejam sendo usados em qualquer ilegítima tentativa de obter apoio político.

Com a aproximação do prazo para o encerramento da CPI — 26 de agosto —, a polêmica se transferia para as provas apresentadas no relatório.[34] Os cálculos sobre a movimentação nas contas bancárias de Ana Acioli estavam errados. Dos US$ 9,1 milhões, o valor caíra para US$ 2,5 milhões. A falta de precisão dos dados da CPI era evidente. O senador Bisol declarou que a reforma e o ajardinamento da Casa da Dinda teriam custado US$ 10 milhões, valor muito superior ao que fora divulgado semanas antes. Contudo, o relator estava preocupado com questão mais comezinha: a clareza e a gramática do relatório. Resolveu convocar o filólogo Antonio Houaiss para fazer a revisão formal do texto.

A oposição planejou encaminhar o pedido de abertura do processo de impeachment tendo como primeira assinatura a de Barbosa Lima Sobrinho, presidente da Associação Brasileira de Imprensa, seguindo a do presidente nacional da OAB, Marcelo Lavenère. E as ruas começaram a responder: a 21 de agosto, uma passeata com mais de 50 mil pessoas, lideradas pela União Nacional dos Estudantes, ocupou o Centro do Rio de Janeiro. Em Porto Alegre e Campo Grande foram 10 mil; em Belo Horizonte, 20 mil.[35]

Na segunda-feira, 24 de agosto — exatos 38 anos após o suicídio de Getúlio Vargas —, foi apresentado o tão esperado relatório da CPI, produto de 84 dias de trabalho, 23 depoimentos e 35 reuniões. O documento — de 371 páginas — foi lido pelo senador Amir Lando. O relator estava emocionado. Iniciou com uma epígrafe de

---

[34]"O Banco Central, presidido pelo tucano Francisco Gros, passava todas as informações solicitadas pela CPI, sem a mínima intervenção do governo. Eu só ficava sabendo das informações do BC por vazamentos da imprensa" (entrevista com Etevaldo Dias, 23 de agosto de 2015).

[35]"Os meios de comunicação de massa praticamente cerraram fileiras contra Collor já na semana anterior à leitura do relatório. Parte da imprensa já trabalhava praticamente articulada com a oposição na CPMI desde o início do funcionamento da comissão. As informações contrárias a Collor que a Comissão Parlamentar encontrava transformaram-se logo em petardos contra o presidente lançados no 'espaço público'" (Sallum Jr., Brasílio, op. cit., p. 313-14).

Jó: "Conhecereis a verdade e a verdade vos libertará."[36] Dedicou cinco páginas para "formular algumas observações relativas ao ambiente social e político do Brasil nos últimos três anos". Teceu diversas críticas ao governo e a sua ação administrativa. Lando desaprovou até a empolgação gerada pela eleição de Collor: "A expectativa de um vento renovador foi largamente comprometida pelos fatos. Esperava-se que, do caos político, econômico e social, o Brasil retomasse, enfim, o caminho de um desenvolvimento ordenado." Empolgado, o representante de Rondônia abusou da linguagem gongórica:

> Pressinto um novo arrebol de decência no destino da pátria, onde a lei talhe condutas pela obediência e sagrado respeito a si mesma. É preciso sonhar com as mudanças, que se movimentam em busca do progresso e da ordem, ostentados no lábaro que os nossos corações embalam.

Foram reservadas 56 páginas à descrição dos depoimentos. À Ceme dedicou-se um capítulo: "Um estudo de caso do 'esquema PC'." Posteriormente, o relator analisou a EPC e apresentou uma lista de notas fiscais de "clientes" da empresa no total de US$ 7.813.599,00, com as empreiteiras (Norberto Odebrecht, Cetenco e Andrade Gutierrez) representando 65% do total. Considerou que os empresários haviam sido "vítimas de extorsão" e não corruptores ativos. Passou pelos negócios da Brasil Jet, "pelos aspectos tributários do 'esquema PC'" e fez um perfil de Paulo César Farias (com base, fundamentalmente, em notícias publicadas pela imprensa, sobretudo entre 1990 e 1992). Em seguida,

---

[36]Nas últimas linhas do relatório, Lando citou Getúlio Vargas: "Quase sempre é fácil encontrar a verdade; difícil é, uma vez encontrada, não fugir dela."

dissertou sobre as operações externas efetuadas por PC, as movimentações financeiras, a Operação Uruguai, o financiamento das campanhas eleitorais e a confecção do orçamento. Apresentou, então, uma sugestão de legislação para enfrentar a corrupção e os crimes financeiros.

Segundo o relatório, o esquema PC teria movimentado US$ 32,34 milhões. Os maiores recebedores foram Wagner Canhedo (US$ 10,9 milhões, que teriam sido utilizados para pagar parte da compra da Vasp), José Carlos Martinez (US$ 8,15 milhões, para pagamento e expansão da rede de televisão OM), a Brasil's Garden (US$ 2,95 milhões, para a reforma da Casa da Dinda e a jardinagem) e Ana Acioli (US$ 2,37 milhões).

Nas páginas finais do relatório, Lando abriu caminho para incriminar Fernando Collor e apontar para o impeachment, mesmo que o fator determinante da criação da CPI tivesse sido outro. Disse:

> A rigor, não existe uma só alternativa de compreensão de certos fatos que envolvem o senhor Paulo César Cavalcante Farias que não inclua o senhor presidente, de tal sorte que exigir a abstração da parte a ele relativa importa em exigir abstração da racionalidade dos fatos investigados.

E continuou:

> [...] não se pode ocultar à nação que, no curso dos trabalhos, ficou evidente que o senhor presidente da República, de forma permanente e ao longo de mais de dois anos de mandato, recebeu vantagens econômicas indevidas, quer sob a forma de depósitos bancários [...], quer sob a forma de recursos financeiros para aquisição de bens, tais como o veículo Fiat Elba, ou, finalmente, sob a

modalidade de benfeitorias[37] [...]. Omitiu-se, em consequência, o chefe de Estado do seu dever funcional de zelar pela moralidade pública e de impedir a utilização do seu nome por terceiros para lograrem enriquecimento sem causa, ensejando que práticas à margem da moral e dos bons costumes pudessem ser perpetradas. Tais fatos podem confirmar ilícitos penais comuns em relação aos quais a iniciativa processual é prerrogativa intransferível do Ministério Público. Por outro lado, podem configurar crime de responsabilidade, em relação aos quais a iniciativa processual é prerrogativa da cidadania perante a Câmara dos Deputados, já que as omissões do dever presidencial de zelar pela moralidade pública e os bons costumes são especialmente tratadas pela Constituição Federal.

Foram cinco horas de leitura, que só terminaria às 15h. Em certo momento, cansado, Lando transferiu a tarefa ao vice-presidente da CPI, senador Maurício Corrêa, pois passava por um sério problema intestinal. Retomaria a leitura já no final. Ao concluí-la, chorou. Durante a última sessão da CPI, Collor participava de uma cerimônia no Palácio do Planalto. Não deu entrevista. Segundo o porta-voz, o presidente estaria tranquilo e não teria acompanhado nem mesmo a parte da leitura do relatório final da CPI. O governo fazia o possível para aparentar calma e manter a rotina. E confiava em ter os votos necessários para impedir, na Câmara, que o pedido de impeachment obtivesse o quórum constitucional.

---

[37] O esquema PC teria pago despesas pessoais e familiares de Fernando Collor no valor de US$ 6,5 milhões entre 1º de novembro de 1989 e 30 de junho de 1992. Recorde-se que a posse na Presidência da República ocorreu em 15 de março de 1990.

9. A queda

O ADVOGADO SAULO Ramos recebeu o relatório da CPI provavelmente na quinta-feira, dia 20 de agosto. Isto porque enviou a
Lafaiete Coutinho dois faxes: um às 2h33 e outro às 4h31 do dia
21. Pelo horário é possível observar que o advogado escreveu suas
observações de madrugada, dada a urgência do momento. No
primeiro fax — com três páginas — dá como certo o voto secreto
dos deputados, interpretando decisão do STF, tal qual dispunha
o regimento da Câmara no artigo 188. No segundo — de oito
páginas, tendo no alto da primeira uma observação manuscrita:
"Dr. Lafaiete Coutinho, urgente!" —, Ramos sugere vários enca-
minhamentos "que poderão servir tanto para a negociação, como
para o voto dissidente". Segundo ele,

> [...] se o próprio preâmbulo do relatório observa que o fato apu-
> rado pela CPI consistiu nas atividades particulares do cidadão
> Paulo César Cavalcanti Farias e que alguns dos fatos investigados
> teriam envolvido, naquelas atividades, pessoas ligadas ao presi-
> dente da República, motivo pelo qual o nome de S. Excia. surge
> nas investigações, em nenhum momento ficou caracterizado ato
> administrativo — e nenhum foi apurado, ainda que presumido
> pela imaginação dos mais extremados acusadores — que justifi-
> casse a invocação de desobediência aos princípios constitucionais

do art. 37 da Carta Magna. Inserir, pois, no relatório da CPI, documento público da mais alta relevância, a declaração falsa de que o chefe de Estado teria contrariado tais princípios, incondizentemente com a dignidade, a honra e o decoro do seu alto cargo, além da adjetivação atípica e apenas injuriosa, a inserção configura às claras a falsidade ideológica capitulada no artigo 299 do Estatuto Penal Brasileiro.

Continua:

> [...] dos fatos apurados, que consistiram numa espantosa movimentação bancária de dinheiro, não aponta o relatório um único que tenha interferência direta na administração ou que de ato administrativo tenha resultado vantagem ao investigado.[1]

Curiosamente, um ano depois, e como advogado do Senado Federal, numa sessão do STF que tratou de analisar um mandado de segurança impetrado por Fernando Collor, Saulo Ramos mudaria radicalmente de opinião. Da tribuna, disse: "Não estamos julgando o governo Collor, pois, se o estivéssemos, nosso debate não se limitaria a uma pena de interdição de direitos por oito anos; estaríamos aqui discutindo a possibilidade de aplicar pena perpétua ao impetrante, tantos foram os males que causou ao nosso país."[2]

No dia seguinte à aprovação do relatório da CPI, ocorreram manifestações por todo o país. Em São Paulo, tendo a avenida Paulista como palco, 200 mil pessoas participaram da passeata. Em

---

[1] Documentos em poder do autor.
[2] Ramos, Saulo. *Código da vida*. São Paulo: Planeta, 2007, p. 75.

Recife foram 100 mil, 30 mil em Curitiba e no Rio de Janeiro. Foi o momento em que as ruas responderam efetivamente ao chamado das lideranças oposicionistas. Mas ainda longe do entusiasmo das diretas, em 1984.

Numa operação coordenada por Marcílio Marques Moreira, Bornhausen e Borja, divulgou-se uma nota de 25 linhas, redigida pelo titular da Justiça, assinada por todos os ministros. Era uma clara manifestação de independência em relação ao presidente. Concluíam o documento dizendo que

> [...] consideram seu dever prosseguir trabalhando, com serenidade, para assegurar a indispensável continuidade da administração pública, da atividade privada e da tranquilidade dos cidadãos. Nesse sentido apelam a todos os brasileiros de boa vontade e a todos os setores da sociedade, sem exclusão, para que, acima da crise política que encontrará seu desfecho natural na órbita da Constituição e das instituições democráticas, colaborem para a indispensável governabilidade do país.[3]

---

[3]Conta o ministro da Economia: "A redação da carta à nação foi um trabalho de um dia inteiro, feito na minha sala no Planalto. Lá, Célio Borja, Jorge Bornhausen e eu redigimos o documento, que foi datilografado pela minha secretária, e depois de algumas modificações, sugeridas por uns ou por outros, todos assinaram: todos os ministros civis, todos os ministros militares, o secretário-geral da Presidência, Marcos Coimbra, que era o próprio cunhado do presidente, todos os secretários de Estado. Não foi fácil reunir as assinaturas. Eu ia telefonando e dizendo para as pessoas virem, pessoalmente. Todos estarem naquele dia em Brasília foi quase um milagre. Todos assinaram, ninguém se recusou" (Moreira, Marcílio Marques, op. cit., p. 336). Recorda José Gregori, chefe de gabinete do ministro da Economia: "sem o pacto de governabilidade a crise não teria o final que teve" (entrevista com José Gregori, 9 de janeiro de 2015).

Fernando Collor manifestou contrariedade com a divulgação do documento:

> O presidente ficou meio magoado, me chamou, e tivemos uma longa conversa, de mais de uma hora. [...] Quando ele se queixou, eu disse: "Presidente, o que o senhor preferiria? Que o ministério todo saísse?" Ele respondeu: Não, o senhor tem razão. [...] E acrescentou: "Essa coisa de impeachment, a mim, não preocupa muito. Estou preocupado é com a reforma tributária, com o emendão, porque, na pior das hipóteses, se eu for impeachment, isso vai me tornar o maior mártir do Brasil, e depois eu volto." Contou casos de governadores de Alagoas que foram impeachment e depois voltaram.[4]

Temendo perder o apoio parlamentar necessário para impedir a abertura do processo de impeachment, o Palácio do Planalto mirou suas baterias para o campo jurídico. Segundo Gilmar Mendes, assessor jurídico da Presidência, não estaria mais em vigor a Lei 1.079/50 que regulamentava o processo, especialmente os artigos 14 a 23: "Se acolhida esta tese, não tem mais como instaurar o processo de impeachment e estamos dando bom dia a cavalo."

Miguel Reale Júnior discordou desta interpretação:

> A emenda constitucional afirma que são crimes funcionais os atos do presidente que atentarem contra a Constituição Federal e, especialmente, contra a existência da União; o livre exercício de qualquer dos poderes constituídos da União e dos estados; os exercícios dos poderes políticos individuais e sociais; e a segurança interna do país. A palavra "especialmente", que está expressa na lei, deixa claro que os pontos são exemplos e não ta-

---

[4]Moreira, Marcílio Marques, op. cit., p. 337-38.

xativos. Por isso, não excluem, de forma alguma, outros atos que atentem contra a Constituição. Isto significa que a improbidade administrativa, que estava expressa na Constituição de 46 e que está expressa na Constituição atual, não foi revogada.

A 26 de agosto o relatório da CPI foi aprovado por larga margem. Recebeu dezesseis votos favoráveis e apenas cinco contrários. Houve debate e o resultado foi proclamado após cinco horas e meia de reunião. A votação foi no auditório Petrônio Portela do Senado, com capacidade para setecentas pessoas. Estava lotado. A aprovação foi saudada com uma intensa salva de palmas. Lando ergueu o relatório como se fosse um troféu de final de Copa do Mundo e em seguida os presentes cantaram o Hino Nacional.

Nos gramados, em frente ao prédio do Congresso, 50 mil manifestantes acompanharam a votação. Neste mesmo dia, à noite, o presidente deu uma entrevista de 27 minutos à principal emissora de televisão da Argentina, a Telefe. Não teve bom desempenho. Muito nervoso, mal conseguiu responder as perguntas. E pior: falou um portunhol de difícil compreensão. Ao dizer que puniria os corruptos, ficou célebre a afirmação complementar: "duela a quien duela".[5]

A todo momento circulavam novos boatos. Um deles imputava a Ana Acioli um saque milionário às vésperas do Plano Collor,

---

[5]"A entrevista foi transmitida em canal aberto e toda a conversa de bastidores, as reclamações de Collor, foram transmitidas a milhões de pessoas pelas antenas parabólicas. A transmissão aberta permitiu fotos horríveis de Collor fazendo exercícios faciais, arregalando os olhos, abrindo a boca, como se estivesse doido. Para culminar a série de erros, a droga da emissora tinha um péssimo equipamento, não conseguiu transmitir o áudio pelo canal da televisão. O remendo foi colocar um celular por onde Collor ouvia e respondia perguntas. Ah, até hoje considero aquela a minha noite de terror" (entrevista com Etevaldo Dias, 23 de agosto de 2015).

como se tivesse conhecimento do bloqueio dos cruzados. A secretária teria elaborado duas cartas — datadas de 25 de agosto — em que pedia esclarecimentos ao Banco Central. Tudo indica que não escreveu nenhuma delas, pois estava enferma. Três dias depois, Francisco Gros respondeu que "não foi confirmada, no entanto, a retirada em dinheiro naquela data [13 de março de 1990], no valor de NCz$ 2.428.000,00". Ou seja, a informação da CPI, fornecida pelo deputado Aloizio Mercadante, estava errada. Não houve saque. Pior: segundo dados do Banco Central, ocorrera uma reaplicação de NCz$ 94.211,70, que acabaram bloqueados segundo as normas estabelecidas. A carta de Gros — uma documentação privada — foi publicada em forma de matéria paga nos principais jornais do país no domingo, 30 de agosto, com o título: "CPI errou."[6]

A polêmica agora era relativa a como seria o voto sobre o impeachment no plenário da Câmara: aberto ou fechado? Ao governo interessava que fosse secreto. Desta forma acreditava que teria condições de influenciar deputados suscetíveis aos favores oficiais, além de evitar a exposição pública do parlamentar em um momento em que o impeachment tinha o apoio da ampla maioria dos brasileiros.

A 30 de agosto o Datafolha divulgou nova pesquisa: 76% dos entrevistados consideravam o governo péssimo, 8% achavam que era ruim, 9%, regular, 4%, bom, e apenas 3% o julgavam ótimo. Era o pior resultado desde março de 1990.

O grupo mais próximo de Collor tentaria uma última cartada: a prisão de PC Farias. Segundo Cláudio Humberto, a ideia fora do

---

[6]A carta de Francisco Gros tem três páginas e é datada de 28 de agosto. Ana Acioli registrou o recebimento da correspondência no mesmo dia, às 19h (cópia em poder do autor). O cruzado novo vigorou entre 16 de janeiro de 1989 e 15 de março de 1990.

assessor jurídico Gilmar Mendes. Foi produzido um documento que justificaria o ato. Deveria ser assinado pelo presidente da República e dirigido ao ministro da Justiça. Tinha cinco parágrafos. No primeiro, apontava as atividades de PC Farias e pessoas do governo "com indícios de, no mínimo, ampla sonegação fiscal por parte de todos, além de outros que poderão ser penalmente tipificáveis". No segundo, prometia tomar imediatas providências "para impedir que os acusados esvaziem suas contas bancárias, ou o que resta delas, ou transfiram seus patrimônios mobiliários para o exterior". No terceiro, afirmava que Collor não conhecia essas "lamentáveis ocorrências". No quarto, incluiu-se até um elogio ao regime militar:

> Cumpre-nos, portanto, diante do noticiário sobre os fatos, a obrigação de providenciar, através dos instrumentos disponíveis à Administração, mas utilizando do regular poder de polícia, o bloqueio imediato e completo das contas bancárias dos acusados, valores mobiliários, títulos, créditos e investimentos, sem distinção de ninguém, lembrando a V. Excia. que o saudoso Marechal Castelo Branco nos legou a lição de que presidente da República não tem parentes, nem amigos.

O documento, por fim, determinava aos ministros da Justiça e da Economia que acionassem a "Procuradoria-Geral da Fazenda Nacional, a Receita Federal e o Banco Central para a efetivação desta providência e, em seguida, de tudo informe a Procuradoria-Geral da República para as devidas comunicações ao Poder Judiciário".[7]

Mas a reação dos Farias impediu a conclusão da manobra. PC teria escrito um fax a Collor em que dizia não "admitir a solução

---

[7] O documento — em poder do autor — não está datado.

de tudo isso com o holocausto da minha liberdade", segundo uma versão. Outra foi apresentada pelo ex-porta-voz da Presidência. O presidente teria se posicionado contra: "Não faço isso. Seria pura demagogia. Todos sabem que o governo não tem poderes para isso. Quem ordena a prisão é a Justiça. Se eu fizer, esse senhor continuará solto e o governo desmoralizado."[8]

É improvável, porém, que Collor tenha se oposto. O mais exequível é que a recusa da família Farias em aceitar aquele arranjo tenha fulminado o plano — mesmo que contasse com o apoio de PC, que teria concordado com uma eventual prisão.

Os ministros Jorge Bornhausen e Ricardo Fiúza tentaram, a 28 de agosto, uma articulação que levasse Collor a aceitar a renúncia — havia um paralelo histórico: o processo contra o presidente americano Richard Nixon acabaria interrompido após sua renúncia, em agosto de 1974. Eles avaliavam que o governo não tinha um terço de votos na Câmara para impedir o impeachment. Temerosos de conversar com o presidente, resolveram solicitar que o general Agenor Homem de Carvalho fosse o intermediário. Não deu certo. O general tomou uma carraspana: "Estranho que um militar correto, de postura exemplar, proponha a um presidente da República um gesto covarde. Não se pode abandonar a luta no meio da batalha."

A 30 de agosto, à noite, Collor convocou novamente rede nacional de rádio e televisão. Falou por dezoito minutos. Deixou de lado o "minha gente", substituído pelo protocolar "meus senhores, minhas senhoras". Fez de tudo para contradizer as acusações da CPI. Insistiu em velhos chavões. Disse ter optado por morar na Casa da Dinda em nome da "austeridade". Argumentou que o trabalho de presidente o impedira de "tratar das questões do seu

---

[8]Rosa e Silva, Cláudio Humberto, op. cit., p. 364.

cotidiano familiar". Confiava que não teria o mandato cassado e afirmou que não renunciaria.

A contraofensiva incluiu uma entrevista exclusiva ao *Jornal Nacional* da Rede Globo, a 31 de agosto. O figurino agressivo fora deixado de lado. O presidente reconheceu o erro de ter confiado em PC, apoiou as manifestações de rua ("estão absolutamente corretas") e declarou que a bandeira de luta contra a corrupção era dele. Tanto o discurso do dia anterior quanto a entrevista não obtiveram a repercussão esperada. O índice Bovespa, só em um dia, caiu 6,6%.

O PFL estava desembarcando do governo. Marco Maciel abandonou a liderança no Senado. Bornhausen só não se demitiu da coordenação política devido aos apelos do ministro da Economia. Na prática, a ligação entre Planalto e Congresso era mantida pelo ministro Ricardo Fiúza, que seguia fiel a Collor.

A 1º de setembro, Barbosa Lima Sobrinho e Marcelo Lavenère entregaram a petição do impeachment. Caminharam da sede da OAB até o Congresso Nacional. Percorreram dois quilômetros acompanhados por quinhentas pessoas.[9] Durante o trajeto cantaram o Hino Nacional. À frente, os manifestantes portavam uma bandeira do Brasil. A denúncia — por crime de responsabilidade — tinha como base o artigo 85, IV e V da Constituição e a Lei 1.079/50. Foram listadas as vantagens indevidas, o tráfico de influência, a falta de decoro e dignidade para o exercício do cargo, as omissões do presidente e o que os proponentes chamaram de "mentiras presidenciais".

Ibsen Pinheiro — que já arquivara 28 pedidos de impeachment — daquela vez recebeu a petição em clima de comício, no Salão

---

[9]Barbosa Lima Sobrinho, 95 anos, devido à dificuldade de locomoção, acabou indo de carro.

Verde da Câmara, que estava lotado. Fez um eloquente discurso respondendo as críticas de Collor. Disse que os parlamentares eram vulneráveis somente à pressão popular: "Esta Casa não pode aceitar imprecações que possam questionar os seus motivos na condução do processo legislativo. Esta Casa não se assustará, não se intimidará e votará de acordo com a consciência de seus integrantes." Lembrou que o "que o povo quer, esta Casa acaba querendo". E concluiu: "Serei isento na condução do processo, mas não neutro na defesa das instituições." No mesmo dia, Benito Gama e Amir Lando entregaram o relatório da CPI a Aristides Junqueira, procurador-geral da República.

Com o agravamento da crise, Leonel Brizola por fim resolveu se afastar definitivamente do Planalto. Propôs a renúncia do presidente. A maioria dos parlamentares do PFL também rompeu com Collor. ACM resolveu lavar as mãos e liberou sua bancada. Na prática, o governo deixara de existir. As especulações passaram a se concentrar no que poderia ser a Presidência de Itamar.

A Polícia Federal pediu à Justiça a prisão preventiva de PC Farias e Cláudio Vieira. O governo ainda tentou uma nova reforma ministerial. A principal substituição ocorreria no Ministério da Economia. Sairia Marcílio Marques Moreira e entraria Roberto Campos. Era uma manobra ousada. Campos era um economista de reputação internacional e poderia representar uma chance para que o presidente retomasse as rédeas e tentasse reorganizar a base política no Congresso — dias depois, porém, a articulação fracassou.

Do outro lado da praça dos Três Poderes, Ibsen Pinheiro iniciou, a 2 de setembro, o encaminhamento legal para a apreciação do pedido de impeachment. Criou-se uma comissão composta por 49 deputados, com a participação de representantes de todos os partidos. Estimou-se que a comissão estava dividida ao meio entre governistas e oposicionistas. Em 36 minutos, numa rápida sessão, foi lido o despacho de Ibsen e o pedido de afastamento. Mas o rito do processo ainda não fora definido pelo presidente da Câmara.

Collor iniciara, paralelamente, o último movimento para garantir seu mandato. Havia intensificado os contatos com os deputados. Revelou a seu ministro da Economia: "O processo de impeachment, para mim, não é uma coisa desagradável. Desagradável é conversar com esses deputados e senadores que só vêm aqui pedir verbas e nomeações. É extremamente repugnante."[10] Cargos e verbas entraram na negociação. E, para o lugar de Marco Maciel, líder do governo no Senado, foi designado Odacir Soares (PFL-RO), muito integrado com o "esquadrão da morte" e que fez questão de defender uma imediata reforma ministerial: "No governo não existe ministro ético, aético ou aidético."

A 3 de setembro o presidente participou de um jantar com cem parlamentares. Era uma demonstração de que ainda estava no jogo, de que não era carta fora do baralho. Discursou e atacou os que abandonaram o governo: "A história não tem espaço para covardes, tíbios e claudicantes." E prometeu: "Vou prestigiar os deputados que estão comigo." A liderança governista aparentava otimismo e acreditava poder, através de manobras regimentais, adiar a votação da admissibilidade do processo de impeachment para depois das eleições municipais, e, desta forma, segundo supunham, ampliar o apoio parlamentar. Mas a presença de apenas três ministros no jantar — Ricardo Fiúza, Ângelo Calmon de Sá e Eraldo Tinoco — demonstrava claramente que o otimismo da liderança governista era exagerado.

A polêmica sobre a votação do impeachment se intensifica-

---

[10]Moreira, Marcílio Marques, op. cit., p. 351.

ra. Coube a Ibsen Pinheiro garantir, a 4 de setembro, que tudo estaria resolvido naquele mês e que combinaria, no andamento do processo, a Lei 1.079/50 com o regimento interno da Câmara. Era uma interpretação questionável, pois a lei tem precedência sobre o regimento. A leitura política, contudo, era de que as normas processuais previstas estenderiam o processo por mais de um semestre, o que impediria uma rápida solução para a crise. Pinheiro, portanto, optaria por deixar de lado a rígida aplicação da Lei 1.079/50 para sintonizar-se com o sentimento popular.

Na pesquisa Datafolha divulgada a 6 de setembro, 75% dos entrevistados eram favoráveis ao impeachment e 68% consideravam ruim ou péssima a gestão Collor;[11] 54% preferiam o parlamentarismo, e apenas 28%, o presidencialismo, sinal evidente do desgaste do sistema então vigente.

No desfile de 7 de setembro, em Brasília, Collor foi vaiado.[12] Não compareceram Itamar Franco e os presidentes da Câmara, do Senado e do STF. Em São Paulo, o arcebispo Dom Paulo Evaristo Arns o criticou duramente: "Ser roubado machuca. Mas ser roubado por quem prometeu acabar com o roubo e com os marajás pode levar ao desespero."

---

[11]Em dezembro de 1991, pesquisa realizada somente com os eleitores das capitais identificou que 62% consideravam o governo ruim ou péssimo e apenas 9% achavam que era bom ou ótimo: "assim, o desgaste de Collor já era muito grande antes do escândalo político e era devido ao desempenho da sua política econômica" (Carreirão, Yan de Souza. *A decisão do voto nas eleições presidenciais brasileiras.* Rio de Janeiro/Florianópolis: FGV/UFSC, 2002, p. 188).

[12]"Depois do desfile foi oferecida uma recepção no Itamaraty para os diplomatas estrangeiros. Porém era possível ouvir gritos dos manifestantes: 'Dona Rosane, sua galinha, como é que o PC paga as suas calcinhas.' Foi uma situação constrangedora. Pedi então à banda que tocasse bem alto as marchas da Cavalaria" (entrevista com Celso Lafer, 16 de junho de 2014).

No dia seguinte, Ibsen Pinheiro deu uma semana de prazo para Collor apresentar sua defesa. Definiu que haveria somente uma votação para apreciar o pedido de abertura do processo de impeachment, que seria necessária maioria de dois terços para aprová-lo e que os parlamentares deveriam manifestar seus votos abertamente.

Foi instalada a comissão que daria o parecer do processo, tendo Gastone Righi[13] (PTB-SP) na presidência e Nelson Jobim (PMDB-RS) como relator. O dia da votação ainda estava indefinido; uns acreditavam que fosse 25, e outros, 29. Collor acusou Ibsen de golpista e recorreu ao STF. O deputado respondeu: "estou preocupado com a governabilidade do país". A queda do ouro e o aumento de 7,5% no índice Bovespa eram claros sinais de que o mercado apostava na queda do presidente.

Collor cancelou a viagem que faria aos Estados Unidos para a abertura da Assembleia Geral da ONU. A 10 de setembro, o plenário do STF decidiu por sete a um — não votaram dois ministros, Francisco Rezek e Marco Aurélio Mello, e outro, Celso de Mello, esteve ausente — que o prazo de defesa do presidente seria dobrado: em vez de cinco sessões, seriam dez, seguindo o disposto no artigo 217 do Regimento da Câmara.[14] Portanto, Collor teria até o dia 22 para se defender. Não houve, porém, nenhuma interrupção do processo. O governo considerou uma vitória. Ibsen Pinheiro, por sua vez, declarou que a resolução não alterava a essência do calendário. A dúvida que persistia era sobre o voto dos deputados: aberto ou fechado? A batalha estava mais no campo jurídico que político.

No mesmo dia da decisão do STF, Jorge Bornhausen pediu demissão da Secretaria de Governo. Sua saída não produziu

---

[13]"Eu pedi quatro vezes ao Ibsen a representação. Ele não respondeu. Obtive o documento através da imprensa" (entrevista com Gastone Righi, 4 de dezembro de 2015).
[14]O voto contrário foi do ministro Paulo Brossard.

impacto. Ele estava desgastado, sem interlocução no governo e com o Parlamento. Dias antes, apresentara a Collor uma curiosa proposta: o presidente, em troca da aprovação de um pacote de medidas modernizadoras que tramitava havia meses no Congresso, renunciaria. Considerava que seria uma vitória a ser utilizada por Collor no futuro. O presidente estranhou a sugestão e perguntou quem era o autor e se era produto de alguma articulação. Recebeu uma resposta inusitada: "A ideia foi da Dulcinha, minha mulher, após ter conversado pelo telefone com uma amiga."

Nas últimas semanas, a coordenação política do governo já estava mesmo nas mãos de Ricardo Fiúza, titular do Ministério da Ação Social. Tanto que Collor não designaria substituto para o ministro demissionário. Era o momento de usar a estrutura de Estado para angariar apoio político visando impedir o quórum constitucional de dois terços para o impeachment. Segundo a oposição, o Banco do Brasil estaria concedendo recursos, a fundo perdido, para prefeituras e entidades assistenciais vinculadas a deputados simpáticos ao presidente. Itamar também ocuparia espaço na imprensa, denunciando que seus telefonemas teriam sido grampeados quando esteve hospedado no hotel Glória, no Rio de Janeiro.

Boatos e versões fantasiosas tomavam conta do cenário político. O panorama estava confuso. Só no Congresso Nacional funcionavam então três CPIs, que punham ainda mais combustível na crise. Uma tratava da privatização da Vasp e envolvia PC Farias, Wagner Canhedo e o ex-governador de São Paulo Orestes Quércia.[15] Outra,

---

[15]Pairavam dúvidas sobre a fiança dada pelo governo paulista para uma dívida de US$ 267 milhões da Vasp com o Banco do Brasil. Wagner Canhedo ofereceu como garantia propriedades rurais no valor de US$ 267 milhões. Porém avaliadores independentes julgaram que as propriedades estavam superestimadas: não valiam mais que US$ 91 milhões. À época, Quércia tinha o controle do PMDB nacional e obteve apoio da maioria da CPI da Vasp e um relatório favorável por parte dos deputados.

da NEC e dos interesses da Rede Globo, do empresário Mário Garnero e da participação de Antonio Carlos Magalhães nos negócios da empresa. E havia também a CPI dedicada ao esquema PP (de Pedro Paulo Leoni Ramos, que fora secretário de Assuntos Estratégicos) e a supostos atos de corrupção na Petrobras, tráfico de influência, venda irregular de combustível e favorecimento a diversas empresas.

Uma hipótese avaliada pela oposição era a de que o país poderia entrar numa grave crise se não fosse aprovado o impeachment. Segundo o almirante Mário César Flores, Ulysses Guimarães o procurou para conversar e sondar o espírito dos militares:

> [...] falou muito sobre a situação desagradável que estava acontecendo e me disse que não tinha certeza de que seria aprovada a autorização para processar o presidente Collor. Se não fosse dada a autorização, como ficaria a situação? Eu respondi que, no meu entendimento, o presidente continuaria presidente. Aí ele perguntou: "E o povo, como fica?" Eu respondi que quem representava o povo eram os deputados, e que se os deputados achassem que não deviam conceder a licença, não me cabia nada a respeito. Ele foi muito cordial, disse-me que eu tinha toda a razão, despediu-se e foi embora.[16]

Ainda no campo da defesa da ordem constitucional, deve ser destacado que as

> Forças Armadas resistiram às sugestões de aplicar um golpe, ainda que brando e dissimulado, contra o presidente agonizante. Há evidências de que não faltaram sugestões aos ministros militares para que apressassem o fim da crise política, apelos cujos autores

---

[16]Castro, Celso e Maria Celina D'Araújo, op. cit., p. 107.

pertenciam aos mais variados espectros da política nacional. A posição dos militares foi decisiva para que a instabilidade de uma crise de tal profundidade acabasse por circunscrever-se aos mecanismos constitucionais.[17]

O Palácio do Planalto continuava travando batalhas nas frentes política e jurídica. A oposição temia que o avanço governamental impedisse a obtenção dos votos mínimos necessários para o impeachment. Divergências entre juristas sobre como se daria a votação do pedido tomaram conta da imprensa. O presidente do STF, ministro Sydney Sanches, procurou Ibsen Pinheiro para estabelecer o *modus vivendi* entre os dois poderes ao tratar do andamento do processo. Já Itamar Franco mantinha conversações com políticos de diversos partidos e com os ministros militares à espera de tomar posse na Presidência. A tensão estava no ar, pois não se sabia como seria resolvida a crise no Congresso e se teria consequências no Supremo.

A 15 de setembro, Aristides Junqueira encaminhou parecer solicitado pelo STF, que analisava o inquérito sobre as denúncias do esquema PC Farias e se o desdobraria em outro exclusivamente dedicado ao presidente. De acordo com o procurador-geral da República, os "depoimentos e declarações colhidos neste inquérito [da Polícia Federal], bem como os elementos probatórios enviados pela CPI, revelam a ocorrência de fatos delituosos, cujos indícios veementes de autoria recaem sobre o presidente da República". Segundo ele, os indícios, "em tese, tipificam crimes contra a administração pública, além de outros

---

[17]Oliveira, Eliezer Rizzo de. *De Geisel a Collor: forças armadas, transição e democracia.* Campinas: Papirus, 1994, p. 217.

fatos passíveis, também em tese, de enquadramento no Código Penal, como crimes contra a fé pública".

As ruas voltaram a dar sinal de vida. Em Curitiba, a 15 de setembro, 50 mil pessoas saíram às ruas pedindo a saída de Collor. No Rio de Janeiro foram 30 mil.

Pressionado por todos os lados, Collor abandonaria o que restava da fleuma presidencial. A 17 de setembro, em jantar na casa do deputado Onaireves Moura (PTB-PR), o presidente, totalmente descontrolado, discursou: "Esta imprensa de merda, esses cagalhões vão engolir pela boca e pelo outro buraco o que estão falando contra mim." À família Sarney reservou também ataques: "São canalhas, moleques." Ibsen Pinheiro era "canalha, escroque, golpista imoral". O deputado Ulysses Guimarães seria "senil, esclerosado e bonifrate dos cartórios econômicos paulistas", e "suas sandices eu as credito aos muitos remédios que ele toma".

Ao porta-voz da Presidência coube a justificativa de que tudo aquilo "foi um desabafo".

A única obra do governo no setor hidroelétrico — a usina de Xingó, entre os estados de Alagoas e Sergipe — também era alvo de investigação. Segundo as primeiras informações, o orçamento original, de 1986, teria saltado de US$ 1,8 bilhão para US$ 3,3 bilhões, em 1991. O consórcio construtor — formado pelas empreiteiras Constran, Norberto Odebrecht e Mendes Júnior — não teria sido atingido pelo congelamento dos preços e serviços dos Planos Collor I e II.

Em meio à crise política, Dona Leda Collor, mãe do presidente, foi internada na clínica Pró-Cardíaco, no bairro de Botafogo, no

Rio de Janeiro. Teve três paradas cardíacas.[18] Pedro Collor, que acabara de regressar dos Estados Unidos, havia dado uma violenta entrevista ao *Jornal do Brasil*. O presidente foi ao Rio de Janeiro visitar a mãe. Manifestantes o vaiaram e xingaram quando entrou no hospital. Ao se dirigir para o Palácio das Laranjeiras, foi recepcionado pelos moradores da região com um panelaço e panos pretos pendurados nas janelas dos prédios.

A 18 de setembro, em São Paulo, dois grandes atos foram realizados pelo impeachment: uma passeata pela avenida Paulista, com 50 mil participantes, e um ato público no Vale do Anhangabaú, com 60 mil presentes, segundo a Polícia Militar — número sensivelmente inferior ao da passeata de 25 de agosto. Também ocorreram manifestações em João Pessoa, Natal e Rio Branco.

No mesmo dia, o chamado "esquadrão da morte" de Collor teve uma baixa: por ordem judicial, Lafaiete Coutinho deixou de ser presidente da Fundação Banco do Brasil (FBB) — mas permaneceu à frente do banco. De acordo com a liminar, Coutinho estaria usando a FBB para fins políticos.[19] Entre junho e setembro, teria atendido pleitos de 248 parlamentares. Esses pedidos não eram novidade. Quase todos os parlamentares faziam solicitações ao presidente do BB. Somente no período de 16 de maio de 1991 a 30

---

[18]"Segundo minha cunhada, Ana Luísa, dona Leda leu a notícia e sentiu-se mal. Ela estava perplexa com a briga dos filhos e não sabia mais o que fazer para que o caçula parasse de atacar o mais velho. Ficou tão nervosa com o que lera que, em vez de tomar um remédio, tomou outro e acabou tendo paradas cardíacas" (Collor, Rosane, op. cit., p. 108). De acordo com Conti, "o coração de Leda fraquejou por um motivo orgânico, que bloqueou o impulso elétrico responsável pelos batimentos cardíacos" (Conti, Mario Sergio, op. cit., p. 472). Depois de permanecer 29 meses internada, veio a falecer em 25 de fevereiro de 1995.

[19]Quarenta e oito horas depois, Coutinho voltaria a presidir a FBB.

de julho de 1992 o presidente da Câmara, Ibsen Pinheiro, fizera 25. Mas o recordista, entre todos os parlamentares, era Mauro Benevides, presidente do Senado: 194 solicitações.[20]

Na esfera do julgamento da Câmara, o assessor jurídico da Presidência, Gilmar Mendes, declarou que Amir Lando seria arrolado como testemunha de defesa do presidente, pois teria dito que, devido à pressa para encerrar o relatório, cometera vários erros. Segundo Mendes, "o relatório não tem provas, não sabemos se elas existem e não conhecemos as perícias das provas. Não se pode condenar ninguém em abstrato. Se estivéssemos numa situação política normal, essa denúncia não poderia ter trânsito, iria para o lixo do Congresso".

A metralhadora giratória de Mendes também foi apontada para o jurista Miguel Reale Júnior: "O Miguelzinho foi convidado para ser advogado do presidente e aceitou. Não foi contratado porque o Planalto descobriu que ele é apenas homônimo de advogado. Onde está o patriotismo?" Receberia resposta no mesmo tom: "Estava na Europa quando o Planalto divulgou que eu seria o advogado de Collor. Desmenti a notícia da imprensa. O Gilmar é um Cláudio Humberto de beca."

A economia permanecia estagnada. A inflação mensal estava sempre acima de dois dígitos, mas relativamente controlada, variando, desde o início da crise, em maio, entre 22% e 25%. Mesmo assim, as taxas eram muito superiores às acordadas com o FMI. A de maio, segundo as promessas feitas, deveria ser de 14%, e a de agosto, 8%. Mesmo assim, o ministro da Economia anunciou, a 21 de setembro, um acordo preliminar

---

[20]*Estatística parlamentar — Relatório Analítico — Banco do Brasil.* 1991-1992, p. 160-61, 274-83.

com os credores privados sobre a dívida de médio e longo prazos.[21] Destaca Cruz que

> [...] a economia seguia funcionando normalmente, ausentes oscilações maiores no comportamento dos preços e no ritmo das atividades. Razões para que tenha sido assim não faltam, e os analistas, de maneira geral, coincidem em apontá-las: 1. o controle exercido sobre a emissão de moeda; 2. a contenção do déficit fiscal; 3. a disponibilidade de reservas cambiais confortáveis; 4. a simples realidade da recessão, cujo efeito sobre o emprego sufoca as demandas salariais e deprime o consumo, inibindo a alta descontrolada de preços; enfim, 5. a confiança transmitida pelos condutores da política econômica de que as regras do jogo não seriam mais quebradas por medidas intempestivas que pegassem os agentes despreparados.[22]

No campo da política externa, o chanceler Celso Lafer discursou na abertura da Assembleia Geral da ONU defendendo a posição de que o Conselho de Segurança deveria ser reformado, reivindicação que ficava prejudicada pela grave crise de governabilidade brasileira:

> O Conselho de Segurança, a quem compete primariamente tal missão, age ao desempenhá-la em nome de todos os Estados--membros das Nações Unidas. Hoje, quando é chamado a exercer papel cada vez mais decisivo, coloca-se com toda nitidez a necessidade de aprofundar a discussão sobre o escopo de seus poderes, as faculdades de seus membros e sua representatividade.

---

[21]A 19 de setembro, Rudiger Dornbusch, o conhecido economista do MIT, disse: "O Brasil vai se transformar num Haiti. Mas não acredito que seu governo sobreviva muito tempo porque ninguém vai querer fazer negócios com um gângster."
[22]Cruz, Sebastião Velasco. *O presente como história: economia e política no Brasil pós-64.*Campinas: Unicamp, 1997, p. 413.

Devemos considerar, com prudência, mas também com a necessária perspectiva do futuro, os reajustes que permitam ao Conselho o desempenho mais representativo de suas funções. O Brasil, como no passado, dispõe-se a contribuir de maneira ativa e construtiva para esse exercício, levando em plena conta o equilíbrio institucional entre os órgãos das Nações Unidas previsto na Carta de São Francisco.[23]

A 22 de setembro, Collor ainda tentaria transferir a votação para depois das eleições municipais de 3 de outubro. O argumento utilizado por Gilmar Mendes era de que "não conhecemos as provas e não sabemos se não foram falsificadas. Eles [OAB e ABI] inverteram o ônus da prova. No capítulo de recebimento de vantagens, não apresenta provas". E solicitava novas investigações e novos depoimentos. Sabendo que a Mesa Diretora da Câmara rejeitaria o recurso, Mendes pretendia enviá-lo ao STF.[24]

No final do dia, foi encaminhada a defesa do presidente à Comissão Especial da Câmara, aos cuidados do deputado Gastone Righi, que recebeu o documento às 18h30 e desapareceu. Teria ido ao dentista tratar de um abscesso.[25] A apreciação da defesa ficara prejudicada e foi transferida para o dia seguinte. No entanto, uma cópia acabou divulgada. Tinha sessenta páginas. Insistia em

---

[23]Ministério das Relações Exteriores. *A inserção internacional do Brasil: a gestão do ministro Celso Lafer no Itamaraty*. Brasília: MRE, 1993, p. 224.

[24]A 22 de setembro, Gastone Righi, presidente da Comissão, respondeu da seguinte forma a José Guilherme Vilela, defensor de Collor: "[estou] impossibilitado de atender à solicitação de vista feita duas vezes oralmente e, na terceira, por escrito, eis que não foram remetidos até a presente data pela Egrégia Presidência da Câmara os originais da petição inaugural, os autos da CPMI e os documentos ali coligidos que embasam a inicial, apesar dos requerimentos encaminhados em 9/9/92 e reiterados em 21/9/92".

[25]"Não foi uma manobra. A Câmara não tinha um dentista e tive de ir ao Senado. Perdi um molar" (entrevista com Gastone Righi, 4 de dezembro de 2015).

algumas teses já conhecidas. Argumentava que a denúncia era inepta, que não especificava os crimes, que deveria ser apresentada ao Senado e não à Câmara, e que o presidente não poderia ser julgado por crime de responsabilidade, uma vez que inexistia lei regulamentando esse tipo de processo; solicitava a convocação de vinte testemunhas; afirmava que os advogados de defesa não haviam tido acesso aos autos do processo e que a OAB e a ABI não teriam direito de propor o impeachment. Roberto Jefferson, líder do "esquadrão da morte" no Congresso, definiu com precisão o momento: "Se chegar ao Senado, não volta mais. A nossa situação é muito precária no Senado."

Com o objetivo de obter a votação mínima para impedir o impeachment, Ricardo Fiúza foi transferido para a Secretaria de Governo e Ângelo Calmon de Sá acumulou as pastas do Desenvolvimento Regional e da Ação Social. A pressão sobre os parlamentares se intensificara. Calmon de Sá assinou mais de mil convênios com estados e municípios tentando conquistar desesperadamente apoio de governadores, deputados e senadores. Para o governo era essencial ganhar tempo e desta forma transferir a votação para depois das eleições municipais, na esperança de que alguns parlamentares mudassem de opinião após o pleito. Por outro lado, jogava também com o escrutínio secreto, que permitiria aos deputados favoráveis ao governo votar sem a vigilância dos seus eleitores, ou, como preferiam, com a própria consciência e não coagidos pela imprensa.

A 23 de setembro, numa longa sessão do STF — de oito horas — transmitida pela televisão, o governo perdeu feio.[26] Por seis votos a três foram aprovados os trâmites fixados por Ibsen

---

[26]Julgaram-se impedidos de votar os ministros Francisco Rezek e Marco Aurélio Mello.

Pinheiro, que, seguindo a determinação do Supremo, dobrara o tempo da defesa de cinco para dez sessões — os três votos contrários foram de Octávio Galotti, Ilmar Galvão e Moreira Alves. Por oito a um, decidiu-se que o voto dos deputados seria aberto — a posição dissidente foi do ministro Moreira Alves. Para Gilmar Mendes, a Corte "optou por lavar as mãos". A decisão, segundo ele, fora política: "Se a história vai fazer justiça ao STF, é uma pergunta que cabe fazer." A interpretação do Supremo era de que o conhecimento do voto do parlamentar pelo eleitor é a essência do regime representativo.

À noite se reuniu a Comissão Especial. Gastone Righi tentou uma manobra para adiar a reunião, porém sem sucesso.[27] Foi lido o parecer[28] — com 38 páginas — do deputado Nelson Jobim tratando da denúncia contra o presidente da República oferecida por Barbosa Lima Sobrinho e Marcelo Lavenère pela prática de crimes de responsabilidade previstos no artigo 85, IV e V da Constituição Federal, e nos artigos 8º, nº 7, e 9º, nº 7, da Lei 1.079, de 10 de abril de 1950. O relator — que abandonara as restrições ao impeachment manifestadas em julho — elencou os fatos que embasaram a denúncia: as vantagens indevidas, o tráfico de influência, as mentiras, a falta de decoro e de dignidade para o exercício do cargo e a grave omissão. Jobim apresentou o processo de tramitação célere da denúncia na Câmara dos Deputados, explicou as razões da rejeição da petição encaminhada pelo deputado Roberto Jefferson e reservou um item — o mais longo do documento — para expor seu parecer. Afirmou que a Câmara,

---

[27]"Ibsen convocou a reunião sem o meu conhecimento. Foi um atropelamento jurídico" (entrevista com Gastone Righi, 4 de dezembro de 2015).
[28]"Recebi as alegações da defesa às 19h. Era um longo documento. Passei parte da noite lendo. Jobim elaborou seu parecer sem lê-lo. Disse para mim: 'Já tenho ciência da defesa'" (entrevista com Gastone Righi, 4 de dezembro de 2015).

pelo disposto na Constituição, era o órgão autorizativo para o início do processo, tarefa do Senado Federal. Demonstrou que havia todas as condições para o recebimento da denúncia com a exposição do fato criminoso e a devida classificação dos crimes.

Nelson Jobim considerou que o

> [...] chamado processo de impeachment longe está de constituir-se numa ação penal pública, cuja titularidade, à luz do ordenamento constitucional, é, com exclusividade, do Ministério Público. Trata-se, isto sim, de um instituto de natureza constitucional com feições absolutamente distintas da ação penal pública, dedutível esta apenas perante os órgãos do Poder Judiciário. Toda ação penal repousa na pretensão da aplicação de uma sanção criminal. No processo político do impedimento, a pretensão exaure-se na destituição do titular do mandato.

Para o relator, a

> [...] autorização por parte da Câmara dos Deputados para a instauração do processo contra o senhor presidente da República, pela prática de crime de responsabilidade, viabilizará a Sua Excelência o enfrentamento do mérito da acusação que se lhe imputa. Somente com o processo instaurado, com a consequente configuração do contraditório, ver-se-á o senhor presidente da República em condições adequadas e no foro constitucionalmente apropriado — o Senado Federal — para o exercício do direito de defesa.

E concluía

> pela admissibilidade jurídica e política da acusação e pela consequente autorização para a instauração, pelo Senado Federal, do processo por crime de responsabilidade promovido pelos

senhores Barbosa Lima Sobrinho e Marcelo Lavenère contra o senhor presidente da República, Fernando Affonso Collor de Mello.[29]

Na quinta-feira, 24 de setembro, a Comissão Especial da Câmara aprovou o parecer de Jobim por 32 votos a um. O voto contrário foi de Humberto Souto, líder do governo. Muitos deputados governistas se ausentaram. No dia seguinte leu-se o parecer no plenário. Agora, restava ao governo obter apoio dos deputados. E o prazo era curto. Ibsen Pinheiro pretendia manter o ritmo célere para o processo e votar o impeachment a 29 de setembro, uma terça-feira. Portanto, o governo tinha apenas cinco dias para impedir que o quórum constitucional fosse obtido. Não seria tarefa fácil. Tampouco, porém, os oposicionistas tinham absoluta convicção de terem atingido os dois terços de votos necessários.

Na sexta-feira, autorizada pela Justiça, a Receita Federal iniciou uma verdadeira devassa nas declarações de renda de Collor. No mesmo dia, a Polícia Federal indiciou PC Farias em nove crimes. Ao chegar à sede da PF, foi xingado e vaiado por populares. Dentro do prédio, seria novamente vaiado, agora por funcionários da própria PF. No Rio de Janeiro, 50 mil pessoas protestaram contra o governo e em defesa do impeachment.

Os apoiadores de Collor espalharam que Marcílio Marques Moreira estava acordado com o "esquadrão da morte". O ministro da Economia, em entrevista, declarou que o presidente "era vítima de seu próprio êxito". Para ele, o país assistia a uma "onda de acusações levianas e de perseguições políticas". Gilmar Mendes atacou

---

[29]O parecer foi publicado em forma de separata (Jobim, Nelson. *Impeachment.* Brasília: Centro de Documentação e Informação, Câmara dos Deputados, 1993). A publicação tem uma apresentação do jurista Miguel Reale Júnior.

duramente o Supremo, pois considerava que o presidente sofria "um processo de exceção". Para o assessor jurídico do Planalto, "todo este processo canhestro foi legitimado pelo STF. Agora o debate é político e como tal deve ser tratado".

A oposição acreditava ter apenas trezentos votos, o que seria insuficiente.[30] Roseana Sarney, que presidia a Comissão Suprapartidária Pró-Impeachment, exibia um mapa onde anotava a posição de cada parlamentar e garantia que o quórum seria favorável.[31] José Sarney preocupava-se com o rolo compressor oficial: "O governo perdeu as estribeiras e partiu para o vale-tudo." Itamar Franco regressara a Brasília, vindo de Juiz de Fora, onde permanecera por uma semana com a justificativa de que sua mãe estava enferma.

O presidente mantinha a rotina de trabalho como se a crise pudesse ser superada. Chegou a vetar um aumento de salário para os funcionários do Poder Judiciário — que incluía os ministros do STF — com o objetivo de manter o equilíbrio das contas públicas. Dias antes da votação, segundo Marcílio Marques Moreira, ele havia iniciado a tradicional reunião das nove da manhã com uma

---

[30]Parlamentares que possuíam aviões foram instados a colaborar facilitando a chegada de deputados a Brasília, sem ter de depender dos aviões de carreira. Um dos que colaboraram foi o deputado Sérgio Naya (PMDB-MG), que, seis anos depois, estaria envolvido no escândalo do desabamento do prédio Palace II, no Rio de Janeiro.

[31]A filha de José Sarney era incensada pela imprensa. Um exemplo: "De forma suave e convincente, a 'doce generala', como Roseana é chamada por seus assessores, comandou nos últimos dias um verdadeiro batalhão. Todos obedeceram às suas ordens. Na quinta-feira, em sua sala, era possível ver uma fila de políticos esbaforidos. Como o deputado Roberto Magalhães (PFL-PE), por exemplo, que procurou Roseana para dizer que o colega queria embarcar naquele dia para Pernambuco. 'Nada disso, fica', ordenou a generala. E Múcio ficou, como muitos outros que estiveram diante de Roseana, para ouvir e, principalmente, obedecer" (*IstoÉ*, nº 1200, 30 de setembro de 1992).

indagação: "Ministro, eu gostaria de saber a sua opinião sobre o discurso da sra. Bush que ouvi ontem na CNN. Ela tem muito carisma. O senhor não acha que esse discurso pode ter impacto positivo e ainda dar a Bush uma chance de ser eleito?".[32] Em outro encontro, discutiu longamente a assistência médica aos índios ianomâmis e a campanha presidencial americana.[33]

O distanciamento da realidade era tão evidente que o ministro Coimbra, ao final de uma reunião, confidenciou a Etevaldo Dias: "Terminou mais uma reunião do Conselho Federal da Suíça." Segundo o porta-voz, o "presidente se mantinha calado sobre a crise. Não queria falar com ninguém sobre as denúncias. Recolhia-se ao seu gabinete ou à sua casa convivendo com raras pessoas. Deprimido".[34]

O dia 29 de setembro, uma terça-feira, havia chegado. Fernando Collor completara 930 dias de governo. A Câmara, às 17h15, iniciou a votação. A sessão foi transmitida diretamente pela televisão. O clima era de muita tensão. Nem o governo nem a oposição tinham certeza de como votariam os 503 deputados.[35] Ibsen Pinheiro determinou que a votação fosse nominal e por ordem alfabética.

Em Brasília, mais de 100 mil manifestantes cercaram o prédio do Congresso Nacional. Em São Paulo, o mesmo número de manifestantes esteve no Vale do Anhangabaú. Em algumas cidades decretou-se ponto facultativo. Muitas empresas deram folga a seus funcionários.

---

[32] Moreira, Marcílio Marques, op. cit., p. 347.

[33] Ver Rosa e Silva, Cláudio Humberto, op. cit., p. 43.

[34] Entrevista com Etevaldo Dias, 23 de agosto de 2015.

[35] Em um levantamento feito na antevéspera, estado por estado, deputado por deputado, por Luiz Eduardo Magalhães, o governo esperava 194 votos pelo não — e bastavam 168 para impedir a abertura do processo. Havia temor em relação a 42 deputados. Neste levantamento, portanto, o governo partia de 152 votos e esperava chegar aos 194 (documento em poder do autor).

A votação começou após os discursos regimentais a favor e contra a abertura do processo. O clima no plenário era festivo. Uma hora depois já tinha sido alcançado o número mínimo exigido para o impeachment: 336 votos. O resultado final da votação surpreenderia a todos. Compareceram 480 parlamentares; 23 se ausentaram. Um se absteve de votar (Gastone Righi), 38 votaram contra e 441 a favor, número muito superior a qualquer estimativa, mesmo entre os mais otimistas:

> Sarney jogou um papel fundamental em três estados: dois dias antes, ele cooptou os votos de Sergipe através do João Alves e o Albano Franco nos traiu, ficando com ele. O mesmo ocorreu no Piauí. No Acre esperávamos ganhar de oito a zero. Perdemos feio. Tentamos ainda os votos do PDT. Liguei para Brizola. Ele, que me chamava de o Valter Pires do Collor, não me atendeu. À noite Collor conseguiu falar com ele, mas estava tudo perdido.[36]

PMDB, PT e PSDB votaram de forma unânime. No PRN, partido do presidente, dos 28 votos, dezoito foram a favor do impeachment, inclusive o de um antigo aliado de Collor desde os tempos de Alagoas, o deputado Cleto Falcão. Dos 76 parlamentares presentes do PFL, 64 votaram contra o presidente. A articulação de ACM em defesa de Collor fracassara, inclusive entre os pefelistas baianos. Dos dez presentes, seis votaram contra sua orientação. Entre os petebistas a derrota foi acachapante: dos trinta deputados, 24 votaram pelo impeachment, inclusive Onaireves Moura, que,

---

[36]Entrevista com Lafaiete Coutinho, 25 de julho de 2014. Na imprensa foi registrado com loas o esforço de Sarney: "Na quinta-feira, por exemplo, ardendo em febre e com a garganta arranhando, Sarney encontrou forças para conversar com o governador de Sergipe, João Alves, e convencê-lo a cerrar fileiras pelo impeachment" (*Veja*, nº 1.255, 30 de setembro de 1992).

dias antes, organizara um jantar para o presidente em sua própria casa. Das principais lideranças da Casa que o acompanharam durante todo seu governo, apenas Humberto Souto, Luiz Eduardo Magalhães, Ricardo Fiúza e Roberto Jefferson votaram contra o impeachment.

Quando estava claro que a autorização para abertura do processo de impeachment seria concedida,[37] o ministério pediu demissão, assim como auxiliares mais próximos de Collor, como Lafaiete Coutinho, presidente do Banco do Brasil.[38] A carta de demissão coletiva dos ministros tinha apenas dois parágrafos e catorze assinaturas. Sobrou espaço até para elogio ao presidente: "O projeto de modernização conduzido por Vossa Excelência modificou de forma profunda e irreversível a agenda pública brasileira e é a principal característica do seu governo."

Em um claro sinal de que o pior da crise passara, a cotação do dólar caiu e o índice Bovespa subiu. O presidente acompanhou parte da sessão pela televisão. Estava deprimido. Tinha emagrecido quinze quilos. Estava sozinho no gabinete presidencial. Escreveria, anos depois, sobre aquele momento:

> Inerte, à janela, contemplando o nada, tentava ouvir o silêncio. Mas o que ouvi, de repente, foi um ruído surdo, um rumor de multidão, que saía do plenário da Câmara dos Deputados, chega-

---

[37]"Na véspera da decisão da Câmara sobre a abertura do processo do impeachment, no dia 28 de setembro, à noite, nós nos reunimos na casa de Carlos Garcia, comemos um macarrão com molho preparado pelo Pratini, e todos assinamos a carta de demissão padrão" (Moreira, Marcílio Marques, op. cit., p. 339).

[38]Também pediram demissão quatro adidos culturais: a atriz Ruth Escobar, em San Francisco, Estados Unidos; o jornalista Sebastião Nery, em Paris, França; o também jornalista Cláudio Humberto, em Lisboa, Portugal; e o ex-secretário de Cultura, o cineasta Ipojuca Pontes, em Buenos Aires, Argentina. As demissões foram pró-forma, pois o Tribunal de Contas da União tinha extinguido o cargo de adido cultural no exterior.

va aos manifestantes e logo se espalhava, misturando-se a buzinas de automóveis. Percebi naquele momento que o impeachment havia sido aprovado. Continuei em pé, imóvel. Era o fim.[39]

Na antessala do gabinete presidencial, colados à porta, estavam o capitão Dário Cavalcanti e Etevaldo Dias: "Eu pensei que ele ia se suicidar."[40]

Após tomar conhecimento do resultado, o ministro (demissionário) da Justiça, Célio Borja, em coletiva de imprensa, comunicou que o "presidente conclama todos ao desarmamento dos espíritos e para que colaborem com a nova situação que resulta de seu eventual afastamento do poder".[41] Collor deixara claro que não renunciaria; efetuaria a transição do governo para Itamar Franco e faria sua defesa no Senado:

Na minha presença, ele [Collor] chamara o Célio Borja e lhe pediu para presidir uma comissão de transição, para colocar todas as informações à disposição do novo presidente. Colocou-se à

---

[39]Ver Conti, Mario Sergio, op. cit., p. 474-75. "Escrevi um livro. Thales Ramalho leu os originais. E me aconselhou a não publicar" (entrevista com Fernando Collor, 21 de maio de 2015). O primeiro capítulo chegou a ser publicado na revista *Veja* (nº 1.515, 1º de outubro de 1997).

[40]Entrevista com Etevaldo Dias, 16 de junho de 2015.

[41]O ministro da Justiça fez questão de registrar: "Nesse particular, ele foi da mais absoluta correção. Jamais pediu nada que se relacionasse ao inquérito, nem para que se deixasse de ouvir uma testemunha, ou de investigar qualquer aspecto dos fatos da denúncia. Nada, rigorosamente nada" (ver Borja. Célio, op. cit., p. 290). Escreveu José Gregori: "Corriam rumores, em toda Brasília, de que Collor tivera um acesso de fúria e havia arrebentado espelhos, vasos e móveis do Palácio. Nesse clima de tensão máxima, esperávamos aflitos por Célio. Algum tempo depois, ele retornou e, com a fleuma habitual, relatou que o presidente, com gestos comedidos, pediu sua presença no Palácio, novamente, no dia seguinte. Na sequência, solicitou-lhe que fosse testemunha dos telefonemas que fez aos ministros militares, exortando-os a que assegurassem a ordem pública em todo o país. E, com lhaneza, despediu-se de Célio Borja, num palácio silencioso, na mais completa e soturna calma" (Gregori, José. *Os sonhos que alimentam a vida.* São Paulo: Jaboticaba, 2009, p. 351).

disposição, inclusive, para nomear desde logo o presidente do Banco Central ou algum membro do Conselho Monetário que já tivesse sido escolhido, para não haver descontinuidade, o que foi absolutamente ignorado.[42]

Fernando Collor saiu do Palácio do Planalto por volta das 21h30. Rumou para a Casa da Dinda. Etevaldo Dias permaneceu no prédio. Pouco depois subiu ao gabinete presidencial:

> Levei um susto. Abri a porta e tinha umas vinte pessoas da segurança e do administrativo recolhendo tudo dele, as honrarias, os porta-retratos. As coisas pessoais todas saíram. Parecia um formigueiro. Em minutos limpavam aquilo e encaixotavam. Quando eu desci, os caixotes estavam na garagem, já na saída do Planalto. Uma coisa me chamou atenção: uma vitrine com as medalhas, com as honrarias do Collor, estava na chuva porque, naquela correria para tirar as coisas, ficou lá na chuva esperando o caminhão que ia levar para a Casa da Dinda.

Nem bem acabara a votação e os parlamentares já começaram a conjecturar sobre o futuro. A composição do ministério de Itamar Franco era o assunto preferido. Outros especulavam que haveria uma reforma política, com o surgimento de partidos ideológicos, abrindo caminho para o parlamentarismo, que, naquele momento, tinha o apoio da maioria dos congressistas, inclusive do presidente interino.

Mas a crise não ficara resolvida. A comunicação oficial do Senado a Collor, que deveria ser efetuada no dia 30, não ocorreu. Itamar Franco não tinha conseguido organizar o novo minis-

---

[42]Moreira, Marcílio Marques, op. cit., p. 344.

tério. E pediu um prazo para o presidente do Senado, Mauro Benevides, que o concedeu. Ainda pela manhã foi recebida toda a documentação e lida em sessão ordinária. Em seguida elegeu-se a comissão — com 21 integrantes — que encaminharia o processo naquela Casa, presidida por Élcio Álvares (PFL-ES) e tendo como relator Antonio Mariz (PMDB-PB). Contudo, não fora alcançado o número mínimo de assinaturas — 54 — a que a Casa acatasse o parecer da Câmara para processar Collor em regime de urgência urgentíssima. O entendimento do Senado — e por influência da presidência do STF — era de que deveria votar a aceitação da admissibilidade do processo em vez de imediatamente instalá-lo, como determina a Constituição.

Itamar resolveu desmembrar o Ministério da Economia, voltando ao formato adotado até 1990. O impasse tinha uma origem: não conseguiu chegar a um acordo com a nova base política para indicar o ministro da Fazenda. O dilema teria sido criado por Orestes Quércia, presidente do PMDB, que não teria aceitado o nome de José Serra, apoiado não só pelo PSDB como também pelo PT.

Criara-se um vácuo no poder. E um fato *sui generis*: Itamar não assumiu a Presidência e o Senado não comunicou oficialmente a Collor a abertura do processo. Na prática, o Brasil ficou, nos dias 30 de setembro e 1º de outubro, sem presidente e sem ministros: "Houve um momento de transição, de alguns dias, em que nós conduzíamos os assuntos na qualidade de ministros demitidos mas ainda ministros, já que não tínhamos passado as funções."[43]

Pressionado, Itamar Franco decidiu tomar posse a 2 de outubro. Desejava ter mais alguns dias para terminar a organização do

---

[43]Castro, Celso e Maria Celina D'Araújo, op. cit., p. 162. Depoimento do brigadeiro Sócrates Monteiro.

ministério — pedira até para que assumisse somente na segunda-feira, 5 de outubro —, mas a ausência de um governo de fato criou enorme constrangimento político, e com péssimo reflexo na opinião pública.

No Senado deu-se andamento célere, assim como na Câmara, ao rito do processo. Por votação simbólica o parecer da Câmara foi aprovado, e foram concedidos a Collor vinte dias para se defender. Tal qual dispunha a Constituição, Sydney Sanches, presidente do STF, foi encarregado de conduzir o processo.[44] Sanches elaborou o rito procedimental —[45] com a colaboração do ministro Celso de Mello —,[46] aprovado por unanimidade pela Mesa Diretora do Senado.

Em meio à turbulência, Fernando Collor ainda encaminharia um bilhete para Etevaldo Dias:

> Palácio do Planalto, 01/10/90.
> Caro Etevaldo
> Peço-lhe anotar esta estrofe de Sully Prud'homme:
> Soyes comme l'oiseau
> posé pour un instant
> sur le rameou trop frôle
> qui sent la trambler branche
> et qui chante pourtant
> sôrbant qu'il a des ailes!
> Com amizade,
> F. Collor

---

[44]"É um outro mundo, não é um processo judicial" (entrevista com Sydney Sanches, 24 de novembro de 2015).

[45]Ver a íntegra do rito procedimental em Benevides, Mauro. *O impeachment no Senado Federal*. Brasília: 1992, p. 34-38.

[46]Entrevista com Sydney Sanches, 24 de novembro de 2015.

Devem ser creditados à tensão do momento os erros cometidos por Collor. A data do bilhete — fora um ato falho? — é de 1990, quando o correto seria 1992. O autor é Victor Hugo (o poema é intitulado "Dans l'église de ***" e faz parte do livro *Os cantos do crepúsculo* — a transcrição é apenas da estrofe final) e não Prudhomme, e os versos não foram transcritos corretamente, observando-se vários erros de francês, inclusive com palavras inexistentes naquele idioma.[47]

Às 10h18 do dia 2 de outubro o senador Dirceu Carneiro entregou o mandado de citação do processo de impeachment a Collor, que estava acompanhado de dez de seus quinze ministros[48] e de altos assessores, como o presidente do Banco do Brasil. O presidente "estava imperturbável, não perdeu a pose".[49] O senador disse breves palavras: "Eu desejo que este ato seja uma contribuição da nossa geração para o aperfeiçoamento da democracia no Brasil." Recebeu uma seca resposta: "Certamente que sim."[50] Collor assinou a notificação.[51] Nove minutos depois, Carneiro entregou a Itamar Franco, que estava no gabinete da vice-presidência, o ofício do Senado comunicando sua designação à Presidência.

---

[47]A estrofe correta: Soyez comme l'oiseau, posé pour un instant/ Sur des rameaux trop frêles,/ Qui sent ployer la branche et qui chante pourtant,/ Sachant qu'il a des ailes!

[48]Não estiveram presentes: Antonio Cabrera, Adib Jatene, Affonso Camargo, Pratini de Morais e Reinhold Stephanes.

[49]Entrevista com José Gregori, 9 de janeiro de 2015.

[50]No livro que pretendia publicar explicando o impeachment, Collor escreveu: "Os bigodes de sopa do trêmulo senador [Dirceu Carneiro], que lhe cobriam inteiramente a boca, mexeram de forma engraçada, evidenciando que balbuciava. Muito tenso, ele falou baixo, tão baixo que ninguém entendeu nada. A cerca de um metro de distância confesso que me esforcei um pouco, mas só consegui perceber os bigodes movimentados nervosamente. Considerei apropriado, nas circunstâncias, responder qualquer coisa. — Certamente que sim — disse em tom educado."

[51]No início do ano o presidente assinava F. Collor. Meses depois optou por Fernando Collor Mello (sem o "de"), mas na intimação voltou a assinar F. Collor.

Fernando Collor dirigiu-se ao helicóptero oficial por uma porta lateral do Palácio do Planalto. Nas proximidades havia três dúzias de manifestantes. Alguns gritavam: "Revista ele" e "Direto para Bangu".[52] Segundo Etevaldo Dias,

> [...] havia vaias, um pessoal muito próximo que xingava. O pessoal exaltado ali na saída lateral do Palácio. E ele fez questão de sair por lá. Óbvio que ele não saiu pela rampa, mas também não saiu pelos fundos. Saiu por uma porta lateral, em público, foi vaiado, xingado, poucas palmas.

Continua Dias:

> [...] ele entrou no helicóptero e pediu para o piloto dar uma volta no Ciac [Centro Integrado de Assistência à Criança] e o piloto se recusou: "Não tenho combustível para isso." Aí ele viu que não era mais o presidente. Quando o piloto da Aeronáutica diz "não", embora tenha dado uma desculpa, naquele momento o Collor viu que acabou. Foi para casa. Ali tinha terminado tudo.

Segundo noticiado, o Palácio do Jaburu teria sido reservado para os despachos de Fernando Collor durante o período de afastamento. Também teria sido concedida a nomeação de cinco assessores: Etevaldo Dias, Marcos Coimbra, Gilmar Mendes, Luiz Carlos Chaves e Dário Cavalcante. Todas estas medidas, três dias depois, acabariam canceladas pela Justiça.

---

[52]Referência ao presídio carioca de segurança máxima.

10. O fim

DUAS HORAS APÓS TER SAÍDO do Palácio do Planalto, Fernando Collor iniciou as primeiras movimentações para enfrentar no Senado o processo de impeachment. Reuniu na Casa da Dinda seus principais assessores, advogados e apoiadores políticos para um churrasco. Lá estiveram: Marcos Coimbra, Lafaiete Coutinho, Ricardo Fiúza, Álvaro Mendonça, Odacir Soares, Paulo Octávio, Luiz Estevão, Gilmar Mendes, Arthur Castilho e José Guilherme Villela. O Senado, de acordo com a Constituição, teria 180 dias para elaborar o processo e efetuar o julgamento.

O noticiário foi logo desviado para o massacre do Carandiru. No presídio paulistano, após a invasão da Polícia Militar, foram mortos 111 presos. E dois dias depois realizaram-se as eleições municipais. O que mais chamou a atenção foi o primeiro lugar obtido por Paulo Maluf no primeiro turno da eleição paulistana. Afinal, ele sempre fora identificado como um político corrupto. E foi na cidade de São Paulo onde ocorreram as maiores manifestações contra Collor. Mesmo que Maluf tenha passado a defender o impeachment, era associado ao ex-presidente, a quem apoiara no segundo turno da eleição presidencial, em 1989, recebendo, em contrapartida, apoio discreto de Collor na eleição para o Palácio dos Bandeirantes, em 1990.

Itamar Franco tomou posse sem organizar completamente o governo. Acabou recebendo inúmeras críticas; uma delas decorria da ampliação do número de ministérios para dezoito — eram catorze. Para a Fazenda, designou Gustavo Krause, político pernambucano, do PFL, pouco conhecido nacionalmente. E, para a pasta do Planejamento, o mineiro Paulo Haddad. Indicou vários amigos — seis senadores e outros da sua cidade natal, Juiz de Fora — para importantes ministérios, bancos e empresas estatais. Logo a sua equipe receberia o apelido de República do Pão de Queijo.

Collor, paralelamente, tocava a preparação da sua defesa. Descartara a possibilidade de renunciar. Célio Borja havia sugerido esta alternativa poucas horas após a Câmara ter autorizado a abertura do processo. O presidente afastado, ainda que os fatos remassem no sentido contrário, acreditava que poderia reverter a situação e obter apoio da maioria dos senadores.[1] O senador Élcio Álvares, que presidia a comissão do Senado encarregada do processo, declarou que "a posição do presidente é muito delicada. Hoje, no Senado, seria muito difícil encontrar de cinco a dez senadores que pudessem manifestar qualquer simpatia pelo presidente Collor ou pelo governo". Segundo o senador, o julgamento deveria ocorrer apenas no final de fevereiro de 1993.

A possibilidade de utilizar a Granja do Torto como gabinete de trabalho ficaria em suspenso, pois, por decisão da Justiça Federal, através de uma liminar, fora proibida a ocupação da residência. Também o governo manteve em suspenso diversos pedidos solicitados pelo presidente afastado, como dez cargos DAS (Direção e Assessoramento Superior), motos, carros, passagens aéreas

---

[1]Ainda a 2 de outubro, pouco depois de sair do governo, disse a Lafaiete Coutinho: "Preciso que me ajude no Senado." O ex-presidente do Banco do Brasil foi sincero: "Presidente, não há a menor chance" (entrevista com Lafaiete Coutinho, 29 de setembro de 2015).

nacionais e internacionais. Reunida na Casa da Dinda, a equipe de Collor divulgou que exigiria diligências, a apresentação de testemunhas e provas. De acordo com Gilmar Mendes, "é uma denúncia em aberto. Qualquer denúncia tem que descrever os fatos, provar a prática do delito. Nada disso existe neste caso".

Sydney Sanches, presidente do STF e do processo de impeachment, manteve, a 20 de outubro, o calendário proposto para o julgamento. Foi pressionado pelos senadores, temerosos de que o prazo de 180 dias se esgotasse antes da definição da sorte do presidente afastado. Neste caso, Collor retomaria a Presidência e aguardaria, no cargo, a decisão dos senadores. A 22 de outubro, seus advogados encaminharam ao STF a defesa, que seria apreciada pelo procurador-geral da República, Aristides Junqueira. A Corte decidiria se processaria Collor por crime comum.

Em 49 páginas, os advogados inicialmente protestavam contra o que consideravam um cerceamento da defesa. Definiram a admissibilidade do impeachment pela Câmara como um "procedimento inquisitorial". O prazo para defesa, "um simulacro", e "sobreveio a sentença, prolatada sob as luzes ofuscantes, que desceram sobre a ribalta eletrônica, em que foi transformado o respeitável plenário da Câmara dos Deputados". Insistiram na origem legal dos recursos utilizados por Collor: "O defendente não se beneficiou, indevidamente, de um só centil arrancado dos cofres públicos, nem usufruiu, conscientemente, de valores de origem espúria, frutos de corrupção ou do tráfico de influência nos negócios do Estado, praticados por terceiros."

Os advogados reservaram três páginas à "conduta de Paulo César Farias". E não economizaram nos ataques:

> É com decepção e amargura, sem falar da revolta difícil de conter, que o defendente admite que aos meios de comunicação, caso hajam tido acesso aos documentos, sobravam razões para atacar o

sr. Paulo César Cavalcante Farias, e exigir a apuração dos fatos, o que aliás, foi de logo, determinado, por ato pessoal da Presidência da República. Em verdade, torna-se forçoso reconhecer, diante das provas somente agora franqueadas, que a atividade normal das empresas de Paulo César Cavalcante Farias dificilmente lhe propiciaria o manuseio de valores de tamanha significação.

E concluíram: se PC Farias,

> [...] ao cabo do devido processo legal a que responderá, em decorrência, repita-se, de iniciativa do defendente, não conseguir provar a origem lícita dos quantitativos depositados nas contas--correntes bancárias de suas empresas, a decepção e a amargura do defendente cederão lugar ao desprezo e à repugnância, naturais por parte de quem se sentiu atraiçoado por pessoa na qual tanto acreditou.

Três semanas após ter se afastado da Presidência, Collor mantinha a esperança de reassumir o cargo. Conservava uma rotina na Casa da Dinda como se estivesse pronto para despachar novamente no Palácio do Planalto: "O improvisado gabinete era numa garagem, em um terreno anexo. Não tinha ar-condicionado. Ele chegava de carro, sempre em trajes sociais."[2]

Com dificuldade para pagar seus advogados, iniciou, através do PRN, uma campanha para recolher recursos junto aos empresários. Divulgou que poderia sacar US$ 1,25 milhão do que restara do empréstimo conhecido como Operação Uruguai. Seria um meio de demonstrar a legalidade da transação, que fora questionada pela CPI.

*

---

[2]Entrevista com Etevaldo Dias, 6 de junho de 2015.

A 26 de outubro, Evaristo de Moraes Filho e José Guilherme Villela apresentaram longa e detalhada defesa de Collor. Solicitaram o depoimento de onze testemunhas — das quais seis haviam sido seus ministros. Na conclusão afirmaram que

> [...] não é tolerável destituir-se um presidente da República, legitimamente eleito, com base em escândalo, urdido a partir de suposição e conjecturas, que não resistiram ao confronto com a realidade da prova. Depois de um processo kafkiano, em que não se franqueou ao acusado o menor acesso aos autos, constituiria um espetáculo digno de Ionesco, com seu teatro do absurdo, considerar-se o defendente indigno de permanecer na Presidência da República, pelo único fato de ter sido personagem de um escândalo, ao qual foi arrastado por um ato de desatino, com raízes em dolorosos conflitos familiares.[3]

A 27 de outubro, a Comissão Especial do Senado aprovou o parecer número dois do relator, senador Antonio Mariz. Além das informações solicitadas por Mariz, foi também aprovada por unanimidade a requisição das últimas cinco declarações de renda de Fernando Collor e Cláudio Vieira — no caso do presidente afastado, incluindo extratos de contas bancárias e declarações de ativos financeiros.

Na sessão seguinte, os advogados de defesa informaram que Fernando Collor não prestaria depoimento pessoalmente: "Ele vai usar a faculdade legal de não comparecer", informou José Guilherme Villela.

---

[3]A defesa está reproduzida em Álvares, Élcio. *A comissão que processou o impeachment*. Brasília: Senado Federal, 1994, mais especificamente entre as páginas 197 e 243.

A preocupação com o calendário do julgamento fez com que a acusação definisse que usaria apenas dois dos quinze dias previstos no cronograma, e o relator declarou que não utilizaria os dez dias para confeccionar seu relatório. Estimava-se que algumas testemunhas não compareceriam. Tudo isso poderia permitir que o julgamento fosse concluído ainda em dezembro, entre o Natal e o Ano-Novo. Os senadores tinham pressa. Argumentavam que a extensão dos trabalhos poderia prejudicar o governo de Itamar Franco, o presidente em exercício.

A 29 de outubro, Daniel Tourinho, presidente do PRN, desmentiu a informação da defesa de Fernando Collor de que teria sobrado, no caixa do partido, recursos referentes à eleição presidencial. E que o dinheiro teria sido utilizado para saldar gastos pessoais de Collor e família. Segundo Tourinho, não houve sobra na campanha de 1989.

As testemunhas começaram a ser ouvidas a 3 de novembro — foram reservadas quatro sessões para os depoimentos. Neste dia compareceram Cláudio Vieira, Najun Turner e Eriberto França. Os dois primeiros falaram por pouco mais de duas horas. Já o depoimento do motorista Eriberto foi mais conciso: 33 minutos. A 4 de novembro foram ouvidos o ex-presidente da Petrobras, Luís Octávio da Motta Veiga, e a secretária Sandra Oliveira. Não trouxeram nenhuma novidade.

Paulo César Farias teve depoimento cancelado a pedido da acusação — que continuava com pressa. O ex-tesoureiro da campanha presidencial reclamou dizendo que apresentaria "fatos novos" e que "o Brasil perdeu" com seu silêncio. Em entrevista à *Folha de S.Paulo*, afirmou que o doleiro Najun Turner fora o responsável pela criação dos "fantasmas" e que teria contado com a colaboração da secretária Rosinete Melanias. Insistiu na versão de que pagara as contas do presidente com as sobras da campanha,[4] destacando que eram recursos que ele tinha recebido e que não haviam sido contabilizados no registro oficial do PRN. Também lembrou que Collor ignorava os "fantasmas".

Fernando Collor mantinha uma vida reclusa na Casa da Dinda, mas receberia um convidado para almoçar a 5 de novembro: seu ex-ministro da Justiça Jarbas Passarinho, segundo quem conversaram sobre marxismo, dilemas da Amazônia, política nacional e até leninismo. Tudo indicava que o presidente afastado pretendia apresentar um ar de absoluta tranquilidade sobre o julgamento no Senado. Passarinho queria propor a Collor que renunciasse: "Eu estava preparado para opinar se ele me perguntasse, mas ele não me deu chance de sugerir".

No Senado, os depoimentos das testemunhas davam celeridade ao processo. A defesa arrolara onze nomes, porém acabou retirando três — um deles, Jorge Bornhausen, que, em entrevista, disse que seu depoimento não seria favorável a Collor. A defesa insistiu em ouvir o ex-ministro Marcílio Marques Moreira, que estava no exterior. O prazo estipulado terminou no dia 6 de novembro. E a comissão decidiu não estendê-lo, o que provocou

---

[4]No processo do STF, Collor foi absolvido. O ministro relator, Ilmar Galvão, foi um dos que o absolveu: "Por que Collor foi absolvido? Eu deixei isso muito claro, e o Supremo acolheu por maioria, 5 a 3. Porque o crime imputado a ele é um crime que precisava se demonstrar que houve pelo menos uma promessa da prática de um ato para satisfazer as pessoas que contribuíam. Isso não foi apontado nem na denúncia, nem foi apurado na instrução do processo. [...] Não houve testemunha que apontasse que o presidente teria prometido ou efetuado um ato em troca. [...] Eu me convenci de que realmente o Collor usufruiu de uma sobra de campanha. [...] O que eu posso dizer é que não havia prova contra o Collor. Seria um absurdo condenar alguém se não havia prova" (entrevista para o site G1, 28 de setembro de 2012).

protestos dos advogados do presidente afastado. No dia anterior, os depoimentos de Bernardo Cabral e Ozires Silva não haviam ajudado a defesa.[5] O primeiro confirmou que Renan Calheiros alertara Collor, na sua presença, de que PC Farias teria montado um esquema para favorecer Geraldo Bulhões na eleição para o governo do estado de Alagoas. E Ozires Silva elogiou a gestão Motta Veiga na Petrobras e informou que PC teria pressionado a empresa em busca de vantagens.

As alegações finais da acusação, assinada pelos advogados Evandro Lins e Silva e Sérgio Sérvulo da Cunha, foram entregues a 9 de novembro. De forma relativamente sucinta,[6] concluíram que

> [...] no meio deste processo que abalou a nação foi descoberto, no sótão obscuro da vida privada do denunciado, o seu verdadeiro retrato. Era Dorian Gray. A personalidade do jovem esbelto e formoso, de olhar altivo e gestos imponentes, apareceu na tela pintada no seu lado moral, a horrenda figura da corrupção, do vício e da fraude. Todos puderam ver que a personagem pública era uma burla e o retrato escondido, a realidade.

Fernando Collor, além do processo no Senado, enfrentava outro combate. Este no STF. Aristides Junqueira terminara a denúncia. Arrolou diversos crimes comuns: formação de quadrilha, prevaricação e corrupção passiva. Teria constatado que o esquema PC movimentara US$ 55 milhões, sempre recorrendo a correntistas "fantasmas". Um deles, Manoel Dantas de Araújo, fora responsável por US$ 10 milhões. O presidente afastado teria sido favorecido com US$ 7 milhões.

---

[5]Nesse dia também depôs Eduardo Modiano.
[6]Ver Álvares, Élcio, op. cit., p. 245-71.

No mesmo dia, no Senado, foram colhidos mais quatro depoimentos: Paulo Octávio, Luiz Estevão, Reinhold Stephanes (este em apenas nove minutos) e Célio Borja.

Pelos jornais, acusação e defesa trocavam farpas. A acusação insistia que, até no dia do impeachment, Collor teria ligado para PC Farias. A prova eram os extratos de ligações telefônicas entre a Casa da Dinda e a Presidência da República e as empresas de PC (especialmente a EPC e a Tratoral). Teriam ocorrido 479 ligações desde a posse do presidente até o afastamento. Fernando Collor respondeu, em nota, que as linhas de telefone do Palácio do Planalto eram utilizadas por mais de vinte funcionários e a central telefônica da Casa da Dinda tinha acesso a 54 ramais. Assim, nada provava que ele teria se comunicado telefonicamente com PC, tendo em vista o número de pessoas — incluindo visitantes — que tinham acesso aos aparelhos telefônicos.

Em breve entrevista à *Folha de S.Paulo* de 11 de novembro, Collor voltou a negar enfaticamente que renunciaria:

> Estou muito satisfeito com a condução da minha defesa. Toda a minha luta está baseada no dever que tenho, como presidente da República, de oferecer à opinião pública esclarecimentos sobre esses fatos lamentáveis. A volta ao exercício da Presidência é apenas consequência disto.

No dia seguinte, Aristides Junqueira apresentou ao STF denúncia de crime comum (em 43 volumes) contra Collor — no mesmo ato denunciou mais oito participantes que estariam vinculados ao esquema de corrupção. Apontou dois crimes cometidos pelo presidente afastado: corrupção passiva e formação de quadrilha — abandonou a acusação de crime de prevaricação. O procurador-geral da República procurou configurar que teria havido continuidade delitiva e concurso de crimes. Desta forma, de acordo com a legislação da época, Collor poderia ser condenado a uma pena mínima superior a dois anos, perdendo direito a sursis e podendo até ser preso. No mesmo dia, o Senado anunciou a data do julgamento: 22 de dezembro.

O presidente afastado deu uma entrevista ao *Financial Times*. Atacou duramente o governo Itamar Franco. Ele "não tem projeto, nem comando, nem time. Eles estão jogando na lata de lixo dois anos e meio de sacrifício da sociedade brasileira". Mas as notícias para Collor não eram boas. O processo no Senado seguia e a denúncia de Junqueira[7] deveria ser apreciada pela Câmara na segunda semana de dezembro, de acordo com Ibsen Pinheiro. A autorização para que o STF iniciasse o processo deveria ocorrer, segundo o presidente da Câmara, por voto aberto dos deputados.

A 19 de novembro, Collor recusou receber a notificação da Câmara dos Deputados que tratava do pedido de licença referente ao processo movido pela PGR no STF: "Encontra-se já em curso o prazo para a apresentação de minha defesa perante o Senado Federal como órgão Judiciário. A abertura de um novo prazo simultâneo implica manifesto cerceamento de defesa, em face da intolerável superposição de prazos." Para Ibsen, no entanto, a recusa do recebimento configurava o conhecimento da denúncia e dos prazos.

A 25 de novembro, a defesa de Collor apresentou suas alegações finais.[8] Analisou detalhadamente cada acusação: "O que restou

---

[7]Aristides Junqueira denunciou, a 17 de novembro, que teria recebido uma proposta de suborno no valor de US$ 50 milhões para não denunciar Collor ao STF. Junqueira não identificou o suposto corruptor: "Não me lembro. O advogado citou um prenome, mas eu esqueci. Lembro que era um empresário em Brasília." Collor entrou no STF com uma interpelação contra o procurador-geral.

[8]Ver Álvares, Élcio, op. cit., p. 273-339.

provado, acima de qualquer dúvida, é que o presidente Fernando Collor de Mello não causou qualquer lesão ao erário, nem se beneficiou de dinheiros públicos." Atacou a ligeireza do processo: "Como se o seu objeto fosse uma singela contravenção de vias de fato, a ser decidida, por um Juizado de Pequenas Causas, e não a excepcional destituição de um presidente da República, entregue ao veredicto solene do augusto Senado Federal." E mais:

> [...] ao invés de argumentar, insultaram, chegando a comparar o presidente da República, ora a uma concubina, ora ao execrável personagem Dorian Gray, um pervertido sexual, que mantinha relações promíscuas e simultâneas, em orgias com homens e mulheres; e que, ainda, se tornou assassino perverso ao matar traiçoeiramente um dos seus amantes. A única explicação para tamanho agravo ao brocardo *reu sacra est*, é terem feito uma leitura superficial da obra de Oscar Wilde, tão ligeira quanto a que fizeram da prova dos autos, da opinião dos doutos e do próprio texto da lei.

No dia seguinte, Sydney Sanches rejeitou todos os pedidos da defesa, inclusive o da suspeição de 29 senadores. Deixou para analisar com mais cuidado o caso do senador Divaldo Suruagy, notório adversário de Collor na política alagoana.[9] Também a 26 de novembro, o curto depoimento do ex-ministro Marcílio Marques Moreira nada acrescentou ao processo.

O STF acabou rejeitando o mandado de segurança que desejava impedir a participação de diversos senadores na votação. Baseou-se em dois pontos:

---

[9]O presidente do STF mandou ouvi-lo e acabou afastando a arguição de suspeição.

Primeiro, a alegação de que alguns senadores eram supostamente inimigos pessoais seus não se aplicava a um julgamento dessa natureza, pois o Senado não é um tribunal comum, e sim um tribunal político onde a distinção entre adversários e inimigos nem sempre é possível. O Supremo também sentenciou que, sob a Lei nº 1.079, o fato de alguns senadores terem participado da CPI como membros não era argumento para sua desqualificação.[10]

A 27 de novembro, numa sessão tensa, foi apreciado pela Comissão — era a última das 27 reuniões — o relatório do senador Antonio Mariz.[11] No minucioso documento, dividido em dez partes, a última reservava-se às conclusões:

Encontra-se, desse modo, demonstrada a materialidade dos delitos descritos na denúncia. Existem suficientes indícios de autoria, incriminando o presidente da República. Seria esse, portanto, culpado por "permitir de forma expressa ou tácita, a infração de lei federal de ordem pública" (art. 8º, 7, da Lei nº 1.079, de 1950) e por "proceder de modo incompatível com a dignidade, a honra e o decoro do cargo" (art. 9º, 7, Lei nº 1.079, de 1950). A Comissão Especial declara, pois, procedentes as acusações, para que o Senado Federal, se assim entender, pronuncie e julgue o presidente da República, Fernando Affonso Collor de Mello, em obediência à Constituição e às leis.

---

[10]Comparato, Fábio Konder. O processo de impeachment e a importância constitucional do Plano Collor. In: Rosenn, Keith S. e Richard Downes (orgs.). *Corrupção e reforma política no Brasil: o impacto do impeachment de Collor.* Rio de Janeiro: FGV, 2000, p. 119.

[11]Ver Mariz, Antonio. *O impeachment do presidente do Brasil.* Brasília: Senado Federal, 1994. No livro constam pareceres, discursos e o relatório do senador. Este último ocupa as páginas 35-140.

O relatório foi aprovado por dezesseis votos a um.

A 30 de novembro, Fernando Collor impetrou no STF mandado de segurança solicitando mais tempo para sua defesa e também a suspeição de 29 senadores, como seus defensores já tinham adiantado em sessão do julgamento no Senado. Esse movimento adiou a votação do relatório do senador Élcio Álvares, sob o argumento de que o STF teria antes de deliberar sobre o mandado de segurança. No dia seguinte, o ministro Carlos Velloso rejeitou a liminar.

A 2 de dezembro, o plenário do Senado aprovou o relatório do senador Antonio Mariz — 67 votos a favor e apenas três contrários (onze senadores se ausentaram) — pela procedência das acusações. A sessão durara pouco mais de três horas. O presidente afastado ainda telefonou para os três senadores que o apoiaram (Ney Maranhão, Lucídio Portella e Áureo de Mello), agradecendo os votos e se mostrando confiante em relação ao julgamento. Pura representação. Nada havia no horizonte que permitisse tal otimismo.

No dia seguinte, o ministro Ilmar Galvão, do STF, suspendeu a tramitação na Câmara do pedido de autorização para abertura de processo por crime comum. A decisão evitava que o STF tivesse de apreciar a mudança do sistema de votação, que passara a ser aberto. Isto poderia ser considerado uma interferência do Judiciário no Legislativo. E, se o impeachment fosse aprovado, não seria mais necessária qualquer autorização.

A defesa pediu novas perícias, o que poderia levar o julgamento para 1993. Porém Sydney Sanches, a 8 de dezembro, indeferiu as solicitações — argumentando que a fase de instrução do processo estava encerrada — e confirmou o início do julgamento para o próximo dia 22. Os advogados de defesa prometeram recorrer ao STF.

Collor, por sua vez, continuava a conceder entrevistas, sempre insistindo em que não renunciaria ("Em nenhum instante cogitei dessa possibilidade") e criticando Itamar Franco ("Não está colocando em prática o projeto de reconstrução nacional" e "Está havendo uma traição à nação brasileira").

A 15 de dezembro, os advogados de Cláudio Vieira (Roberto Delmanto, Roberto Delmanto Jr. e Fernando Neves da Silva) entregaram ao STF o contrato original da Operação Uruguai, com sete páginas, acompanhado de quatro pareceres sobre a legalidade do empréstimo e de dois laudos periciais comprovando que os documentos haviam sido escritos e assinados em janeiro de 1989. A defesa de Fernando Collor esperava que o STF acolhesse a solicitação de novas perícias e a ampliação do prazo de defesa.

No dia seguinte estourou a primeira crise ministerial do governo de Itamar: Gustavo Krause, ministro da Fazenda, pediu demissão. Ficara apenas 76 dias no cargo. A insatisfação política contra o presidente interino crescia no Congresso, mas não favorecia o processo de Collor no Senado.

No campo jurídico, a 17 de dezembro, a defesa do presidente afastado teve rejeitado no STF — por seis a dois — o mandado referente à participação de 29 senadores no julgamento, bem como a extensão do prazo de defesa.

Boatos tomavam conta de Brasília. Collor estaria loteando o governo entre os senadores. Para derrubar o impeachment, precisava de apenas 28 votos de um total de 81. O julgamento fora mesmo confirmado para o dia 22 e a expectativa era de que o presidente afastado falasse na sessão, o que era permitido. A defesa — assim como a acusação — teria duas horas para apresentar suas alegações.

Surpreendentemente, a 21 de dezembro, Fernando Collor destituiu seus dois advogados — que continuariam a defendê-lo no STF. Desta forma, o julgamento não poderia começar na data prevista. Era provavelmente uma manobra para ganhar tempo.

A posse de Itamar Franco na Presidência da República também fora adiada. Sydney Sanches marcou nova data: 29 de dezembro.[12]

Com a recusa de Evaristo de Moraes Filho e José Guilherme Villela em funcionarem como advogados dativos, Sanches ficou de indicar, no dia seguinte, um advogado de Brasília. Juristas criticaram duramente a artimanha. Miguel Reale Júnior a considerou "uma confissão de culpa". Já para Clóvis Ramalhete, ex-ministro do STF, "uma manobra como essa pode acontecer nas varas criminais onde se julgam criminosos comuns, mas nunca no Supremo".

Collor divulgou duas cartas. Na primeira agradecia a seus advogados — mantinha-os para o processo que estava tramitando no STF —, e na outra — uma "carta à nação" — atacava os procedimentos adotados no julgamento: "Não posso compactuar com a tentativa que está sendo feita pelos poderosos de ocasião para criar constrangimentos aos senadores com o intuito de forçá-los a executar uma sentença já proferida." Falou que era "vítima de uma campanha difamatória sem precedentes na história do país". E exigia "um julgamento justo e imparcial".

A polêmica continuaria. A 22 de dezembro, Sydney Sanches nomeou Inocêncio Mártires Coelho[13] advogado de Collor. Ele não aceitou. Sanches considerou a recusa mais uma manobra e manteve

---

[12]Roberto Jefferson, ironicamente, afirmou que a insistência de Sanches de marcar o julgamento antes de acabar o ano tinha uma razão: "Em janeiro tem um encontro marcado com Pateta, Pato Donald e Mickey na Disneylândia."

[13]Inocêncio Mártires Coelho foi colaborador do Ministério da Justiça tanto na gestão Bernardo Cabral como na de Jarbas Passarinho. Era conhecido de Collor. Chegou a ser cogitado para o STF em 1991. "Consultei os doutores Antonio Evaristo de Moraes Filho e José Guilherme Villela se concordariam em atuar como defensores dativos, pois o próprio Collor admitiu que continuavam de sua confiança e, claro, minha também. Sentiram-se constrangidos e não aceitaram. Lembrei que o Inocêncio tinha acompanhado o processo assistindo a todas as sessões. Quando fiz o convite, ele me disse que conhecia bem os autos" (entrevista com Sydney Sanches, 24 de novembro de 2015).

o indicado, além de reafirmar que o julgamento ocorreria no dia 29. Collor, então, resolveu designar como seu advogado José Moura Rocha, que também defendia sua esposa em outros processos. Era um artifício — no campo legal — para atrasar o julgamento. Rocha solicitou vistas do processo pelo prazo de um mês.

O Senado tinha pressa. O Congresso Nacional — pela primeira vez em sua história — fez uma sessão no Natal. Reuniu apenas doze senadores e cinco deputados. Tudo para que não houvesse descontinuidade dos trabalhos legislativos e pudesse ocorrer o julgamento de Collor na data prevista. Sydney Sanches aceitou a designação de Rocha apenas na véspera do julgamento — mas manteve o advogado dativo com receio de novo adiamento — e indeferiu o pedido de vistas. O STF também negou o *habeas corpus* e o mandado de segurança impetrados pela defesa. Foram três derrotas da defesa no mesmo dia.

Finalmente, a 29 de dezembro, teve início o julgamento. O prazo constitucional dado ao Senado era de 180 dias. Mas tudo fora feito em apenas 88 — e após 22 reuniões da Comissão Especial. A sessão começou às 9h13. Fernando Collor não compareceu, como tinha sido aventado dias antes — nem assistiu aos trabalhos pela televisão. A defesa tentou um novo adiamento — o pedido foi recusado por Sanches.

Quando era ouvida a testemunha Francisco Gros, ex-presidente do Banco Central, José Moura Rocha pediu a palavra e leu a carta manuscrita de Collor. Em apenas sete linhas, apresentou sua renúncia.[14] Eram 9h43. A sessão, por determinação de seu presidente,

---

[14]"A decisão tinha sido tomada no dia anterior. Ele ainda mantinha esperança de que teria os votos necessários no Senado. A carta só seria lida pelo advogado após sua expressa autorização. É importante registrar que o general Carlos Tinoco procurou Collor para manifestar o seu apoio, mas o presidente não aceitou" (entrevista com Etevaldo Dias, 16 de junho de 2015).

ministro Sydney Sanches, foi suspensa para que o Parlamento tomasse conhecimento do fato.

Às 11h30 teve início a sessão do Congresso Nacional. Estiveram presentes 81 senadores e 124 deputados. Havia número regimental. O senador Mauro Benevides comunicou oficialmente a renúncia de Fernando Collor, declarou vago o cargo de presidente da República e comunicou que a posse de Itamar Franco ocorreria uma hora depois, às 12h30. A pressa fez com que Itamar apresentasse uma declaração manuscrita de que seus bens eram os mesmos de sua última interinidade à frente do governo. Foi lido o termo de posse que oficializou a transferência do cargo.[15]

Criou-se um impasse. A renúncia interromperia o processo de impeachment, pois Collor não era mais presidente da República. De acordo com Paulo Brossard,

> [...] o término do mandato, por exemplo, ou a renúncia ao cargo trancam o impeachment ou impedem a sua instauração. Não pode sofrê-lo a pessoa que, despojada de sua condição oficial, perdeu a qualidade de agente político. Não teria objetivo, seria inútil o processo.[16]

Este não foi o entendimento do Senado. A sessão seria reaberta às 13h30. Depois de amplos debates, às 18h30, o Senado, como Tribunal Constitucional, considerou que a natureza da sanção era autônoma. E, por 73 votos a favor e apenas oito contra, deu continuidade ao julgamento. Os senadores ignoraram que a pena acessória é prejudicada quando não há a pena principal, o impea-

---

[15]Itamar Franco queria tomar posse no dia seguinte, à tarde. Porém teve de aceitar as ponderações do presidente do Senado e assumiu o governo às 13h06.
[16]Brossard, Paulo. *O impeachment*. São Paulo: Saraiva, 1992, p. 133-34.

chment. A aplicação da punição só teria cabimento se o acusado fosse julgado culpado. No momento em que aceita a renúncia, o processo teria de ser interrompido.

O caráter político do julgamento, portanto, foi levado ao limite. A sessão continuou. José Moura Rocha solicitou — e teve deferimento — que Inocêncio Mártires Coelho dividisse com ele o tempo de defesa.[17] Foram ouvidas ainda quatro testemunhas. A sessão foi suspensa às 21h10 e reaberta para debates finais às 21h42. Por mais quatro horas duelaram defesa e acusação. Após os debates, Sydney Sanches passou à fase de votação e apresentou a pergunta que deveria ser respondida pelos senadores: "Cometeu o acusado, Fernando Affonso Collor de Mello, qualquer dos crimes que lhe são imputados e deve ser ele condenado à inabilitação por oito anos para o desempenho de qualquer outra função pública?"

A votação foi concluída de madrugada, depois de quase dezesseis horas de sessão, e com a presença dos advogados de Collor. Por 76 votos favoráveis e três contrários (dois senadores se ausentaram do plenário), Fernando Collor foi condenado à inabilitação para o exercício de função pública por oito anos. A sessão seria encerrada às 4h30 do dia 30.

Anos depois, o senador Josaphat Marinho recordaria de debate com o senador Pedro Simon nesta sessão:

> V. Exa. sustenta que o presidente da República, àquela altura do processo, já não podia renunciar. Se não podia fazê-lo, o Congresso não poderia aceitar a renúncia. Mas o Congresso aceitou, sem discutir. E tirou todas as consequências da renúncia, tudo,

---

[17] "Eu pedi ao Inocêncio Mártires Coelho que permanecesse acompanhando o julgamento, pois poderia ser chamado como advogado dativo caso Rocha renunciasse à defesa de Collor" (entrevista com Sydney Sanches, 24 de novembro de 2015).

numa só manhã. Aceitou a renúncia, convocou o vice-presidente e deu-lhe posse na Presidência. Então, o Congresso legitimou o ato de renúncia.[18]

No dia 30 foi publicada a Resolução 101 do Senado Federal. Segundo o artigo 1º, "é considerado prejudicado o pedido de aplicação da sanção de perda do cargo de presidente da República, em virtude da renúncia ao mandato apresentada pelo senhor Fernando Affonso Collor de Mello e formalizada perante o Congresso Nacional, ficando o processo extinto nessa parte". O Senado julgou procedente a denúncia por crimes de responsabilidade (artigo 85, incisos IV e V: crime contra a segurança interna do país e a probidade na administração) e impôs "a sanção de inabilitação por oito anos, para o exercício de função pública, sem prejuízo das demais sanções judiciais cabíveis".

Fernando Collor recorreu ao Supremo Tribunal Federal solicitando um mandado de segurança contra a decisão do Senado. Houve empate: quatro a quatro. Octavio Gallotti, presidente do STF, resolveu convocar três ministros do Superior Tribunal de Justiça para resolver a pendência. A 16 de dezembro de 1993, por sete a quatro, foi indeferido o mandado. Segundo o STF,

> [...] no sistema do direito anterior à lei nº 1.079, de 1950, isto é, no sistema das leis nº 27 e 30, de 1892, era possível a aplicação tão somente da pena de perda do cargo, podendo esta ser agravada com a pena de inabilitação para exercer qualquer·outro cargo (Constituição Federal de 1891, art. 33, § 3º; lei nº 30, de 1892, art. 2º), emprestando-se à pena de inabilitação o caráter de pena

---

[18]Citado em Almeida, Luiz. *Mestre Josaphat: um militante da democracia*. Feira de Santana: Santa Rita, 2008, p. 324-25. O senador, derrotado na defesa do encerramento do processo, acabou, no mérito, votando pela condenação de Collor.

acessória (lei n° 27, de 1892, artigos 23 e 24). No sistema atual, da lei n° 1.079, de 1950, não é possível a aplicação da pena de perda do cargo, apenas, nem a pena de inabilitação assume caráter de acessoriedade (CF, 1934, art. 58, § 7°; CF, 1946, art. 62, § 3°; CF, 1967, art. 44, parágrafo único; EC n° 1/69, art. 42, parágrafo único; CF, 1988, art. 52, parágrafo único; lei n° 1079, de 1950, artigos 2°, 31, 33 e 34). [...] A renúncia ao cargo, apresentada na sessão de julgamento, quando já iniciado este, não paralisa o processo de impeachment.[19]

Entre os advogados contratados pelo Senado estava Saulo Ramos — o mesmo que produzira um parecer contrário ao impeachment e que se correspondera ativamente com Lafaiete Coutinho, em agosto, catorze meses antes, orientando a defesa do presidente da República.[20]

A 30 de dezembro, pela televisão, Fernando Collor discursou por quase meia hora. Leu um manifesto ao povo brasileiro. Atacou o Congresso Nacional ("verdugo e algoz do presidente"), o processo de impeachment ("punido, antes mesmo de ser julgado"), as "velhas oligarquias", e proclamou-se "vítima de uma campanha difamatória sem precedentes na história do país". Defendeu seu

---

[19]Supremo Tribunal Federal. *Impeachment.* Brasília: STF, 1995, p. 297-98.

[20]Saulo Ramos expõe detalhadamente como realizou a defesa do Senado, mas omite ter ajudado a defesa do presidente, em agosto de 1992, inclusive com a confecção de um parecer. Ver Ramos, Saulo, op. cit., p. 72-92. Quase trezentas páginas depois, de forma nebulosa, escreveu: "Eu já havia recebido vários pedidos de parecer sobre o processo de impeachment contra o presidente Fernando Collor. Nada tinham a ver com o caso Alceni Guerra. Eram coisas do Paulo César Farias, tesoureiro da campanha presidencial, que se propusera a resolver todos os problemas criados pelo próprio governo contra os empresários brasileiros. Aceitei proferir os pareceres e, mais tarde, defender o Senado Federal no mandado de segurança que Collor impetrou contra sua cassação" (op. cit., p. 375-76).

governo, a política de modernização e a probidade administrativa. O discurso cairia no vazio.

A Presidência Fernando Collor era página virada na política nacional. Governou por 932 dias. Renunciou exatamente — mais uma ironia da história — três anos após a diplomação oficial pelo Tribunal Superior Eleitoral, em 1989.

Considerações finais

O governo Collor combinou modernidade com atraso. Não é uma novidade na história do Brasil. Ao longo da República, o país passou por surtos de mudanças, mas sem que as antigas estruturas fossem substituídas. A derrota da velha ordem nunca foi completa. Pelo contrário, a sobrevivência do velho no novo moldou um Estado e uma sociedade peculiares. Nunca tivemos rupturas aos estilos francês (Revolução de 1789), inglês (revoluções do século XVII) e americano (a Guerra Civil), ou reconfigurações estruturais como o nascimento da Alemanha bismarckiana. Aqui, as transformações ocorreram, mas o movimento da história foi mais lento e complacente com o passado.

A vitória eleitoral de 1989 foi um marco. Fernando Collor enfrentou e venceu os principais caciques da política brasileira. E venceu não tendo um partido de verdade e com um grupo de sustentação sem a adequada experiência política. Aproveitou habilmente a divisão entre os setores tradicionalmente dominantes na política, dos estados de São Paulo, Rio de Janeiro, Minas Gerais e Rio Grande do Sul. Só de São Paulo saíram cinco importantes candidatos: Mario Covas, Paulo Maluf, Guilherme Afif Domingos, Luiz Inácio Lula da Silva e Ulysses Guimarães. Fato único na nossa história, produto de uma eleição presidencial solteira e realizada no final de um governo que frustrou as esperanças populares.

Sendo o primeiro presidente eleito diretamente em 29 anos, Collor teve de experimentar as demandas reais e irreais dos brasileiros. Imaginava-se que a eleição permitiria solucionar os graves (e velhos) problemas nacionais, após o fracasso da Nova República. O voto agiria como elemento mágico. Ele próprio incorporou essa visão de mundo e diversas vezes, ao longo de todo o mandato, recordou os 35 milhões de votos obtidos no segundo turno. Não atentou para os novos contrapesos criados pela Constituição de 1988 e para a distinta configuração da relação entre os poderes.

As relações com o Congresso foram sempre difíccis. Por um lado, os parlamentares estavam acostumados às facilidades obtidas no quinquênio José Sarney (1985-1990). O "é dando que se recebe" ficou consagrado especialmente durante os trabalhos da Assembleia Nacional Constituinte (1987-88), e ainda mais no momento da votação da duração do mandato presidencial. O estilo Sarney era o perfil ao gosto dos parlamentares, tanto nos favores obtidos do Executivo como até no trato pessoal. Eram recebidos e ouvidos pelo presidente da República com as devidas vênias.

Fernando Collor tinha um estilo radicalmente distinto — e único. Teve uma breve passagem pelo Congresso — os quatro anos como deputado federal. Não era um político com trânsito na estrutura de poder brasiliense. Era um *outsider*. E durante o governo não buscou uma aproximação com os políticos, nem com as principais lideranças parlamentares, excetuando os últimos dois meses anteriores à abertura do processo de impeachment — aí, mais por desespero.

Mais do que um comportamento bonapartista, sua forma de se relacionar com o Congresso tinha um componente pessoal, de soberba. Collor nunca acreditou que o impeachment fosse uma possibilidade. Desdenhou da Comissão Parlamentar de Inquérito. Caminhou para o cadafalso político em um processo

— aparente — de autodestruição, como se no horizonte visualizasse alguma saída heroica.

O isolamento do Executivo — caso singular na história do Brasil republicano — pode ser explicado também pela manutenção, no exercício da Presidência, do estilo eleitoral de fazer política. Se a agressividade da campanha teve sua eficácia ao vencer as poderosas estruturas partidárias dos adversários, no exercício do governo Collor deveria buscar compor alianças com as forças políticas, sem abdicar de seu programa. Porém não foi isso que ocorreu. Ficou inebriado com a vitória de 1989 por todo o período presidencial.

O tom belicoso e, em alguns momentos, o destempero verbal foram marcas da sua ação política. Procurava — e gostava — do impasse. Considerava a negociação — fundamental ao processo democrático — uma traição aos 35 milhões de votos que havia recebido. Não buscava somar. Pelo contrário, insistia sempre na divisão, no confronto, rompendo com a tradição brasileira. Quando da organização do ministério — e com enorme enxugamento das cadeiras para apenas doze, das quais nove para os civis —, não fez qualquer consulta efetiva às lideranças políticas, inclusive àquelas que o apoiaram na eleição. Escolheu quem quis, da forma que quis — sabendo que a diminuição do número de ministérios seria um complicador político, agravado ainda mais pela escolha de auxiliares distantes dos caciques do Parlamento.

Mesmo assim, Fernando Collor conseguiu aprovar no Congresso Nacional a maioria dos seus projetos de lei, a reforma da estrutura de Estado e, especialmente, dois planos de estabilização econômica, controversos, polêmicos e com efeitos variados sobre diversos setores da sociedade. O número de medidas provisórias foi caindo ao longo dos anos. Em 1990 — devido ao Plano Collor e às ações de reestruturação do Estado; e somente após 15 de março — foram editadas 143; em 1991, caíram para 11; e, em 1992 (até 2 de outubro), apenas seis. O Congresso Nacional teve condições para desempenhar suas funções constitucionais. Não houve uma asfixia legal do Legislativo imposta pelo Executivo. Mas, paradoxalmente, não se estabeleceu uma relação harmônica, constitucional, entre os poderes. Foram dois poderes paralelos, sem contato, sem diálogo.

Se, na campanha eleitoral, o foco esteve nos marajás, na Presidência os funcionários públicos com altos salários foram substituídos pelas elites econômicas. Collor necessitava de um alvo fácil, que fosse compreendido pelo cidadão. No contato com os empresários, a relação sempre foi tensa, mesmo na gestão de Marcílio Marques Moreira no Ministério da Economia. Isto porque Fernando Collor foi o presidente que enfrentou interesses incrustados há décadas na estrutura de Estado. A política de abertura às importações atingiu diretamente o setor secundário da economia. Muitos ramos industriais simplesmente desapareceram. Outros perderam mercado. E todos se transformaram em inimigos do presidente, o mesmo que haviam apoiado em 1989. A aliança eleitoral fora, para os empresários, um anteparo ao projeto que consideravam socialista — primeiro, de Leonel Brizola, no primeiro turno; depois, de Luiz Inácio Lula da Silva, no segundo. Eles desconheciam ou não acreditavam que o programa eleitoral do candidato fosse se transformar em programa de governo.

O presidente enfrentou poderosos cartéis industriais, minerais, comerciais e agrícolas. As medidas provisórias adotadas conjuntamente com o Plano Collor, em março de 1990, representaram uma verdadeira revolução econômica. Contudo, atingindo interesses de poderosos grupos empresariais, fizeram com que a sustentação política do governo, nesses setores, fosse frágil. E, na primeira oportunidade, tais grupos passaram para a oposição aberta. No bimestre agosto-setembro de 1992, deram sinal verde à abertura do processo de impeachment. Mais ainda quando, no relatório Amir Lando, os empresários citados, envolvidos em negociatas com Paulo César Farias, foram considerados vítimas de extorsão e não corruptores ativos e até organizadores de quadrilhas. Migraram de corruptores e quadrilheiros a vítimas. Aí se converteram à ética e à democracia.

A relação com os partidos políticos sempre foi de tensão. Fernando Collor tentou duas vezes uma aproximação com o PSDB — mas fracassou, porque os tucanos relutaram em entrar no governo. O presidente buscou sempre uma relação direta com certas lideranças políticas, evitando o contato com as direções partidárias. Também não deu certo. Não tinha capacidade de articulação política nem quadros que pudessem desempenhar esse papel. O mesmo ocorreu em relação aos governadores. O governo poderia até ter acabado mais cedo. Sua sobrevida esteve diretamente relacionada à grave crise econômica que dificultou o estabelecimento de um relativo consenso entre a elite política — e desta com a elite econômica.

O voluntarismo de Fernando Collor enfrentou a chamada "classe artística", extremamente dependente das generosas verbas estatais, principalmente após a Lei Sarney. Cineastas, atores, atrizes, escritores e dramaturgos foram adversários viscerais do governo. Nem a Lei Rouanet serviu para acalmá-los. Os funcionários dos bancos e empresas estatais perderam privilégios. Muitos foram demitidos ou colocados à disposição. E as medidas para tentar extinguir o imposto sindical — há décadas um instrumento do peleguismo — isolaram ainda mais o governo dos setores organizados.

A abertura do processo de impeachment se desenhou no momento em que se construiu um relativo consenso entre o grande capital e a elite política. Durante os trabalhos da CPI, os adversários do presidente aproveitaram para abastecer os parlamentares com informações privilegiadas. Os sigilos bancário e fiscal acabaram informalmente extintos — e o papel dos sindicatos controlados pelo PT foi fundamental. O silêncio dos militares esteve muito mais ligado à extinção do SNI e de diversos privilégios castrenses do que a um súbito respeito à Constituição. As ruas tiveram participação complementar, mas em momento nenhum determinaram os rumos dos acontecimentos. A crise foi resolvida no interior da estrutura de Estado. Não teve relação direta com o sistema político. Tanto que o parlamentarismo seria derrotado, sete meses depois, no plebiscito de abril de 1993.

O isolamento político, social e econômico deixou Collor sem qualquer base de apoio. Ele acreditava que bastava discursar na televisão para — instantaneamente — obter sucesso. A dura recessão de 1990 (–4,3%), o pífio crescimento de 1991 (1%) e uma nova recessão em 1992 (–0,5%) atingiram principalmente sua base de sustentação eleitoral. Não houve ganhos salariais que justificassem apoio, nem programas assistenciais: não havia recursos orçamentários para tal. Sequer havia condutos organizativos, como no peronismo, implicitamente lembrado no uso costumeiro da expressão "descamisados". A exceção era formada por alguns setores do movimento sindical, que, no entanto, tinham pouca combatividade e disposição para defender o governo. Além disso, o partido do presidente — o Partido da Reconstrução Nacional — não tinha qualquer liderança de expressão no Parlamento.

Em meio a tantas dificuldades políticas, o governo conseguiu melhorar alguns indicadores econômicos. As reservas internacionais saltaram de US$ 9,9 bilhões, em 1990, para US$ 23,7 bilhões, em 1992. Houve, em 1990 e 1991, um razoável superávit das contas públicas, em parte derivado de uma significativa queda das despesas de pessoal e do não pagamento dos juros da dívida externa. Já em 1992 ocorreu um déficit, mas sensivelmente inferior ao existente em 1989, durante a Presidência de Sarney — números que serão importantes para o êxito do Plano Real, em 1994. A dívida externa líquida caíra de US$ 113 bilhões, em 1990, para US$ 112 bilhões, em 1992. No mesmo período as exportações cresceram de US$ 31 bilhões para US$ 35 bilhões, e as importações mantiveram-se relativamente estáveis em torno de US$ 20 bilhões. A inflação foi um ponto negro: em 1990 chegara a 1.476%, no ano seguinte caíra para 480%, mas voltaria a disparar em 1992, batendo em 1.157%.

O governo Collor pôs em prática um ousado programa de privatizações, enfrentando um sólido paradigma, construído nos anos 1930, que associava o desenvolvimento do país à presença estatal na economia; e que tinha respaldo político na direita e na esquerda. Mesmo assim, obteve a aprovação do Congresso Nacional. Desregulamentou diversos setores, verdadeiros cartórios, que havia décadas detinham privilégios. Reatou relações com os banqueiros internacionais, efetuando uma negociação da dívida externa em condições favoráveis ao país, que permitiu retomar linhas de crédito, empréstimos e investimentos estrangeiros, assim como ampliar as reservas cambiais. Teve na ministra Zélia Cardoso de Mello a sua principal assessora. Deu a ela poder (e confiança) que nenhum ministro teve ao longo da nossa história — recorde-se que, no período, houve a incorporação em um só ministério, o da Economia, das atribuições da Fazenda e do Planejamento.

Mas, ao lado dos importantes êxitos no campo econômico, a velha ordem patrimonialista permaneceu. É inegável que, durante o período presidencial, houve uma estrutura de corrupção em algumas áreas do governo. A escala foi bem inferior à divulgada na época — e infinitamente menor em relação ao que o país assistiu nas duas primeiras décadas do século XXI. A festa de "arrecadação" do US$ 1 bilhão nunca passou de pura fantasia. O espírito de denuncismo tomou conta da política e da imprensa. Contudo, as acusações permitiram enxergar uma nova tramitação de ações contra o erário seguindo um caminho que não era o habitual, o da estrutura de Estado e de seus braços, como o Congresso Nacional. Chegou um grupo novo ao poder, ávido por dinheiro, e que não reconheceu — e não dividiu — recursos obtidos de forma ilícita. Este desdém e esta soberba açularam os excluídos na partilha do butim — e a vingança viria em 1992.

Nesta combinação de modernidade e atraso, a Presidência de Collor adotou pela primeira vez, como política de Estado, a defesa do meio ambiente, e transformou a Rio 92 em um sucesso. Avançou também ao demarcar as reservas indígenas e encerrar o programa de construção de uma bomba atômica — restabelecendo a autoridade presidencial sobre as Forças Armadas, tão abalada na gestão de Sarney. A extinção do Serviço Nacional de Informações — promessa de campanha — foi um ato de coragem e de afirmação dos novos tempos, tempos democráticos, tendo em vista o significado do SNI no imaginário político desde 1964. E aí também haveria desforra. Durante os trabalhos da CPI, os arapongas, demitidos em 1990, teriam abastecido a imprensa e os parlamentares com valiosas informações.

Fernando Collor colocou em prática o Sistema Único de Saúde, segundo os moldes estabelecidos pela Constituição de 1988. Apoiou a aprovação do Estatuto da Criança e do Adolescente, criou um Ministério da Criança e tentou — sem sucesso — estabelecer um sistema escolar integral com os Centros Integrados de Atendimento às Crianças. E teve papel importante na implantação do Código de Defesa do Consumidor.

A aposta no Mercosul revelou-se correta. Aproximou-se da Argentina e, numa demonstração de amizade, encerrou as divergências estimuladas pelos governos militares de ambos os lados. Tentou inserir o Brasil na nova conjuntura internacional com o fim da Guerra Fria. Insistiu no reposicionamento nacional frente a um mundo que rompia com a polarização de décadas e em que novos paradigmas eram construídos.

Porém as ironias da história estiveram presentes. O presidente enfrentou a corrupção. A 2 de junho de 1992 foi promulgada a lei de improbidade administrativa. Dispunha sobre as sanções aos agentes públicos nos casos de enriquecimento ilícito no exercício de cargos e funções na administração pública direta ou indireta. Outra medida importante — e que prejudicou a lavagem de dinheiro da corrupção e do crime organizado — foi a abolição dos cheques (que permitiu a identificação dos correntistas fantasmas do esquema Paulo César Farias) e títulos ao portador.

O voluntarismo político caracterizou seu período presidencial. A agenda política não só foi alterada como parte dela de fato implementou-se, como a reforma do Estado. De um lado, isto se deveu à sua ousadia; de outro, à sua concepção do papel de chefe do Executivo Federal. Mas deve-se ressaltar que não integrava o ideário do presidente a construção de um projeto hegemônico que levaria, necessariamente, à ampliação orgânica de sua base política — basta recordar que ele deu pouca importância às eleições para os governos estaduais e a renovação do Congresso, em 1990. Mesmo a tentativa de criação de um partido de viés social-liberal não passou de uma iniciativa sem efetivo engajamento presidencial.

Incapaz de construir uma sólida base política, Fernando Collor optou por levar ao limite a exposição pessoal. Hoje, em retrospecto, é ainda mais grotesco recordar o espetáculo dos finais de semana, quando o presidente corria cercado por seguranças — e eventuais convidados — para demonstrar vigor físico e, ao mesmo tempo, expor mensagens "políticas" nas frases que adornavam suas camisetas. Às sextas-feiras, transformava a descida da rampa do Palácio do Planalto em cerimônia política, acompanhado de políticos e personalidades dos mundos artístico e esportivo. O impacto na elite política era nulo. Collor ganhava as páginas dos jornais e as imagens dos telejornais, mas sem qualquer eficácia. Os espetáculos se encerravam em si mesmos, mas, durante meses, o presidente se apaixonou pelo seu personagem. O bizarro ficava mais evidente quando recebia, nos jardins da Casa da Dinda, duplas sertanejas e cantava seus sucessos, numa curiosa inversão do presidente globalizado, identificado com o que havia de mais moderno no mundo.

Fernando Collor travou uma luta de vida e morte com próceres da política brasileira. Conviveu, no mesmo momento histórico, com Ulysses Guimarães, Mario Covas, Fernando Henrique Cardoso, Luiz Inácio Lula da Silva, Antonio Carlos Magalhães, Leonel Brizola e Orestes Quércia, entre outros. Não tinha a experiência política de qualquer um deles, muito menos inserção na sociedade civil e vinculação com o grande empresariado. Na Presidência, manteve uma atitude imperial — e não perdeu oportunidade, por estranho que pareça, para reafirmar a distância que o separava das principais lideranças políticas do país. Isto teria um alto custo no momento da abertura do processo de impeachment.

A virtude maquiavélica esteve distante da sua ação política. Agia por impulso, sem medir as consequências. O apoio presidencial a todas as medidas do Plano Collor estava bem ao seu gosto, independentemente das tragédias pessoais que rechearam o ano de 1990 — especialmente entre os mais pobres, que foram impedidos de movimentar seus recursos depositados nas contas-correntes e cadernetas de poupança.

Mas, apesar dos percalços, seu governo parecia caminhar para o cumprimento do mandato presidencial. Este era o cenário até o início de maio de 1992. Nesse momento, subitamente, foi atingido por um fator distante da esfera política — a vingança do irmão caçula. Os dilemas do clã familiar ocuparam o primeiro plano da cena política, numa exposição das suas entranhas mais profundas, como em um drama dostoievskiano, acrescido com as tintas do velho patrimonialismo brasileiro.

A complexidade da tarefa de modernização do Brasil — rompendo paradigmas de décadas — estava acima das condições pessoais e políticas de Fernando Collor. Se desempenhava — segundo todos os ministros e secretários — com eficiência e determinação as tarefas e atribuições de chefe de Estado e de governo, dialeticamente, era na esfera da província que se sentia seguro. A sobredeterminação de Alagoas — da pequena política, de assuntos paroquiais e financeiros, das amizades e de onde nasceu para a política nacional — no cotidiano presidencial acabaria sendo sua ruína.

Fatos posteriores, já no século XXI, amplificaram o significado da ação (ou inanição) de Fernando Collor no auge da CPI e da denúncia na Câmara de Deputados por crime de responsabilidade. Ele respeitou as solicitações dos parlamentares, encaminhou, através do Banco Central e da Receita Federal, toda a documentação solicitada, cumpriu as determinações legais, não coagiu o Supremo Tribunal Federal e respeitou a Constituição. Isso tudo em meio ao maior bombardeio midiático da nossa história e tendo de conviver com uma acelerada tramitação da denúncia — e depois do processo — que criou obstáculos à plena defesa. Aceitou o afastamento e se preparou para a defesa no Senado. Perdeu. Buscou reparações na Justiça, defendeu-se em vários processos e acabou absolvido em todos eles — os que envolviam atos quando do exercício da Presidência da República.

A renúncia de Fernando Collor — o impeachment nunca ocorreu — deu a ilusão de que as instituições forjadas pela Constituição de 1988 tinham passado no teste. Ledo engano. Acontecimentos posteriores — e mais graves — demonstraram que a consolidação do estado democrático de direito é um longo processo, tarefa de várias gerações. A crise de 1992 não passou de um momento de ampla e complexa rearticulação das elites política e econômica no interior do Estado, posicionando-se para embates que acabaram sendo travados, ainda na última década do século XX e no início do século seguinte, por aqueles que tinham quadros — mais do que programas — para gerir a coisa pública.

Bibliografia

I. Livros, artigos e relatórios

ALMEIDA, Luiz. *Mestre Josaphat: um militante da democracia*. Feira de Santana: Santa Rita, 2008.

ÁLVARES, Élcio. *A comissão que processou o impeachment*. Brasília: Senado Federal, 1994.

APPY, Bernard et alii. *Crise brasileira: anos oitenta e governo Collor*. São Paulo: Inca, 1993.

ARQUIDIOCESE de São Paulo. *Brasil: nunca mais*. Petrópolis: Vozes, 1985.

BANCO do Brasil. *Estatística parlamentar — Relatório Analítico — Banco do Brasil*. 1991-1992.

BENEVIDES, Mauro. *O impeachment no Senado Federal*. Brasília: 1992.

BONFIM, João Bosco Bezerra. *Palavra de presidente: discursos de posse de Deodoro a Lula*. Brasília: LGE, 2004.

BORJA, Célio. *Célio Borja: depoimento ao CPDOC*. Rio de Janeiro: FGV, 1999.

BRESSER-PEREIRA, Luiz Carlos. *Os tempos heroicos de Collor e Zélia: aventuras da modernidade e desventuras da ortodoxia*. São Paulo: Nobel, 1991.

BROSSARD, Paulo. *O impeachment*. São Paulo: Saraiva, 1992.

CAMPOS, Roberto. *A lanterna na popa*, v. 2. Rio de Janeiro: Topbooks, 1994.

CARDOSO, Fernando Henrique. *O improvável presidente do Brasil: recordações*. Rio de Janeiro: Civilização Brasileira, 2013.

CARREIRÃO, Yan de Souza. *A decisão do voto nas eleições presidenciais brasileiras*. Rio de Janeiro/Florianópolis: FGV/UFSC, 2002.

CARVALHO, Carlos Eduardo. As origens e a gênese do Plano Collor. In: *Nova Economia* 16, nº 1, jan.-abr. 2006.

CASTRO, Célio e Maria Celina D'Araújo (orgs.). *Militares e política na Nova República*. Rio de Janeiro: FGV, 2001.

COLLOR, Fernando. *Brasil: um projeto de reconstrução nacional*. Brasília: Imprensa Nacional, 1991.

_____. *Mensagem ao Congresso Nacional*. Brasília: Presidência da República, 1992.

_____. *Relato para a história*. Brasília: Senado Federal, 2007.

CONTI, Mario Sergio. *Notícias do Planalto: a imprensa e o poder nos anos Collor*. São Paulo: Companhia das Letras, 2012.

COSTA Júnior, Paulo José. *O homem que mudou o país*. São Paulo: Revista dos Tribunais, 1993.

CRUZ, Sebastião Velasco. *O presente como história: economia e política no Brasil pós-64*. Campinas: Unicamp, 1997.

DIMENSTEIN, Gilberto e Ricardo Kotscho. *A aventura da reportagem*. São Paulo: Summus, 1990.

DREYER, Lilian. *Sinfonia inacabada: a vida de José Lutzenberger*. Porto Alegre: Vidicom, 2004.

FALCÃO, Cleto. *Dez anos de silêncio*. Brasília: LGE, 2004.

FARO, Clóvis de (org.). *Plano Collor: avaliações e perspectivas*. Rio de Janeiro: LTC, 1990.

_____. *A economia pós-Plano Collor II*. Rio de Janeiro: LTC, 1991.

FERREIRA, José de Castro. *Itamar: o homem que redescobriu o Brasil*. Rio de Janeiro: Record, 1995.

FIGUEIREDO, Lucas. *Morcegos negros*. Rio de Janeiro: Record, 2013.

FISCHETTI, Décio. *Ozires Silva, um líder da inovação*. São Paulo: Bizz Editorial, 2011.

GIAMBIAGI, Fábio et alii. *Economia brasileira contemporânea: 1945-2010.* Rio de Janeiro: Elsevier, 2011.

GREGORI, José. *Os sonhos que alimentam a vida.* São Paulo: Jaboticaba, 2009.

JOBIM, Nelson. *Impeachment.* Brasília: Centro de Documentação e Informação, Câmara dos Deputados, 1993.

JOSÉ, Emiliano. *Imprensa e poder: ligações perigosas.* São Paulo/Salvador: Hucitec/Edufba, 1996.

KANDIR, Antônio. *A dinâmica da inflação.* São Paulo: Nobel, 1990.

KRIEGER, Gustavo et alii. *Todos os sócios do presidente.* São Paulo: Scritta, 1992.

LAFER, Celso. *Desafios: ética e política.* São Paulo: Siciliano, 1995.

LAMOUNIER, Bolívar (org.). *De Geisel a Collor: o balanço da transição.* São Paulo: Idesp, 1990.

_____. *Depois da transição: democracia e eleições no governo Collor.* São Paulo: Loyola, 1991.

MAINWARING, Scott P. *Sistemas partidários em novas democracias: o caso do Brasil.* Rio de Janeiro: FGV, 2001.

MALTA, Rosane. *Tudo o que vi e vivi.* São Paulo: LeYa, 2014.

MANTEGA, Guido. *A economia política brasileira.* São Paulo/Petrópolis: Polis/Vozes, 1984.

MARIZ, Antonio. *O impeachment do presidente do Brasil.* Brasília: Senado Federal, 1994.

MELLO, Pedro Collor de. *Passando a limpo: a trajetória de um farsante.* Rio de Janeiro: Record, 1993.

MELO, Carlos. *Collor: o ator e suas circunstâncias.* São Paulo: Novo Conceito, 2007.

MENESES, Francisco (org.). *Política agrícola e governo Collor.* Rio de Janeiro: Fase, 1991.

MENDONÇA, Kátia. *A salvação pelo espetáculo: mito do herói e política no Brasil.* Rio de Janeiro: Topbooks, 2002.

MINISTÉRIO da Agricultura e Reforma Agrária. *Administração Ministro Antonio Cabrera.* Março de 1990-setembro de 1992. Brasília: 1992.

MINISTÉRIO das Relações Exteriores. *A inserção internacional do Brasil: a gestão do ministro Celso Lafer no Itamaraty.* Brasília: MRE, 1993.

MOREIRA, Marcílio Marques. *Diplomacia, política e finanças.* Rio de Janeiro: Objetiva, 2001.

NÊUMANNE, José. *A República na lama: uma tragédia brasileira.* São Paulo: Geração Editorial, 1992.

OLIVEIRA, Eliezer Rizzo de. *De Geisel a Collor: forças armadas, transição e democracia.* Campinas: Papirus, 1994.

OLIVEIRA, Francisco de. *Collor, a falsificação da ira.* Rio de Janeiro: Imago, 1992.

PASSARINHO, Jarbas. *Um híbrido fértil.* Rio de Janeiro: Expressão e Cultura, 1996.

RAMOS, Saulo. *Código da vida.* São Paulo: Planeta, 2007.

REIS Velloso, João Paulo dos (org.). *Brasil em mudança.* São Paulo: Nobel, 1991.

_____. *Condições para a retomada do desenvolvimento.* São Paulo: Nobel, 1991.

_____. *Visões de Brasil.* São Paulo: Nobel, 1992.

ROSA e Silva, Cláudio Humberto. *Mil dias de solidão: Collor bateu e levou.* São Paulo: Geração Editorial, 1993.

ROSENN, Keith S. e Richard Downes (orgs.). *Corrupção e reforma política no Brasil: o impacto do impeachment de Collor.* Rio de Janeiro: FGV, 2000.

SABINO, Fernando. *Zélia, uma paixão.* Rio de Janeiro: Record, 1991.

SALLUM Jr., Brasílio. *O impeachment de Fernando Collor: sociologia de uma crise.* São Paulo: Editora 34, 2015.

SUASSUNA, Luciano e Luís Costa Pinto. *Os fantasmas da Casa da Dinda.* São Paulo: Contexto, 1992.

SUPREMO Tribunal Federal. *Impeachment.* Brasília: STF, 1995.

TAVARES, Maria da Conceição et alii. *Aquarella do Brasil: ensaios políticos e econômicos sobre o governo Collor.* Rio de Janeiro: Rio Fundo, 1990.

TAVARES, Olga. *Fernando Collor: o discurso messiânico e o clamor ao sagrado*. São Paulo: Annablume, 1998.

VELHO, Gilberto. A vitória de Collor: uma análise antropológica. In: *Novos Estudos* 26, mar. 1990.

WERNECK Vianna, Luiz. *De um Plano Collor a outro*. Rio de Janeiro: Revan, 1991.

II. Sites

WWW.CARLOSCASTELLOBRANCO.COM.BR
WWW.ESTADAO.COM.BR
WWW.FOLHA.UOL.COM.BR
WWW.G1.COM.BR
WWW.ISTOE.COM.BR
WWW.UOL.COM.BR
WWW.VEJA.COM.BR

Além dos entrevistados, agradeço a Almir Pazzianotto, Antônio Cláudio Mariz de Oliveira, Bia Parreiras, Carlos Graieb, Cláudio Humberto, Joberto Mattos de Sant'Anna, José Leonardo do Nascimento e Roberto Guimarães.

Este livro foi composto na tipologia Minion Pro
Regular, em corpo 12/16, e impresso em
papel off-white no Sistema Cameron da
Divisão Gráfica da Distribuidora Record.